C. G. JUNG

THE RED BOOK

LIBER NOVUS

赤の書

［図版版］

C.G.ユング
［著］

創元社

赤の書
［図版版］
THE RED BOOK

2018年１月20日　第１版第１刷発行
2025年５月20日　第１版第５刷発行

著者
C・G・ユング
発行者
矢部敬一
発行所
株式会社 創元社
〒541-0047 大阪市中央区淡路町4-3-6 Tel.06-6231-9010 Fax.06-6233-3111
https://www.sogensha.co.jp/
印刷
TOPPANクロレ株式会社

ISBN978-4-422-11675-4

第一の書
Liber Primus

Der·weg·des komenden

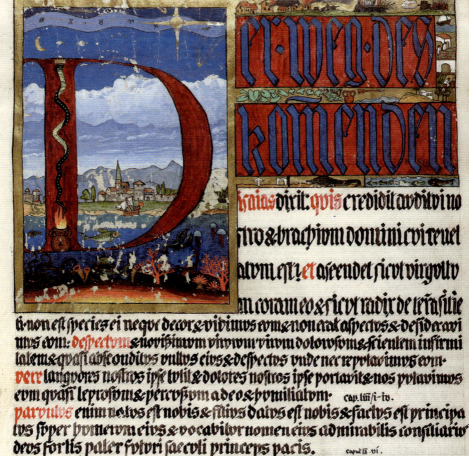

isaias dixit: quis credidit auditui nostro & brachium domini cui reuelatum est? et asendet sicut virgultum coram eo & sicut radix de terra sitienti· non est species ei neque decor & vidimus eum & non erat aspectus & desideravimus eum: despectum & novissimum virorum virum dolorosum & scientem infirmitatem & quasi absconditus vultus eius & despectus unde nec reputavimus eum· vere langvores nostros ipse tulit & dolores nostros ipse portavit & nos putavimus eum quasi leprosum & percussum a deo & humiliatum· cap.liii/i-iv.

parvulus enim natus est nobis & filius datus est nobis & factus est principatus super humerum eius & vocabitur nomen eius admirabilis consiliarius deus fortis pater futuri saeculi princeps pacis. caput IX.vi.

ioañes dixit: et verbum caro factum est & habitavit in nobis & vidimus gloriam eius gloriam quasi unigeniti a patre plenum[um] gratiae & veritatis· ioañ.cap.i/xiiii.

isaias dixit: laetabitur deserta & invia & exultabit solitudo & florebit quasi lilium· germinans germinabit & exultabit laetabunda & laudans· tunc aperientur oculi caecorum & aures surdorum patebunt· tunc saliet sicut cervus claudus & aperta erit lingua mutorum: quia scissae sunt in deserto aquae & torrentes in solitudine & quae erat arida erit in stagnum & sitiens in fontes aquarum· in cubilibus in quibus prius dracones habitabant orietur viror calami & iunci· & erit ibi semita & via sancta vocabitur· non transibit per eam pollutus & haec erit vobis directa via ita ut stulti non errent per eam· cap.xxxv.

meam prop. scripta C.G. Jung año dñi mcmxv in dom. s. Kusnach turic:

enn ich im Geiste dieser Zeit rede, so muss ich sagen: Niemand und nichts kann rechtfertigen, was ich euch verkünden muss. Rechtfertigung ist mir überflüssig, denn ich habe keine Wahl, sondern ich muss. Ich habe gelernt, dass außer dem Geiste dieser Zeit noch ein anderer Geist am Werke ist, nämlich jener, der die Tiefe alles Gegenwärtigen beherrscht. Der Geist dieser Zeit möchte von Nutzen und Werth hören. Auch ich dachte so, und mein menschliches Denken immer noch so. Aber jener andere Geist zwingt mich dennoch zu reden, jenseits von Rechtfertigung, Nutzen und Sinn. Erfüllt von menschlichem Stolze und verblendet vom vermessenen Geiste dieser Zeit suchte ich lange, jenen andern Geist von mir zu halten. Aber ich bedachte nicht, dass der Geist der Tiefe seit alters und in alle Zukunft hinaus die höhere Macht besitzt, als der Geist dieser Zeit, der mit den Generationen wechselt. Der Geist der Tiefe hat allen Stolz und allen Hochmuth der Urtheilskraft unterworfen. Er nahm den Glauben an die Wissenschaft von mir, er raubte mir die Freude des Erklärens und Einordnens, und er ließ die Hingabe an die Ideale dieser Zeit in mir erlöschen. Er zwang mich hinunter zu den letzten und einfachsten Dingen.

Andere Abbreviation.

v̄ = und	ɂ = ch	z' = zu
‾ = dopl.	kᵗ = keit	dᵉ = des
~ = en	hᵗ = heit	⁊ = st
¬ = em	° = er	

Der Geist der Tiefe nahm meinen Verstand und alle meine Kenntnisse und stellte sie in den Dienst des Unerklärbaren und des Widersinnigen. Er raubte mir Sprache und Schrift für alles, das nicht im Dienste dieses Einen stand, nämlich der Ineinanderschmelzung von Sinn und Widersinn, welche den Übersinn ergibt.

Der Übersinn aber ist die Bahn, der Weg und die Brücke zum Kommenden. Das ist der kommende Gott. Nicht ist es der kommende Gott selber, sondern sein Bild, das im Übersinn erscheint. Gott ist ein Bild, und die ihn anbeten, müssen ihn im Bilde des Übersinns anbeten. Der Übersinn ist nicht Sinn und nicht Widersinn, er ist Bild und Kraft in einem, Herrlichkeit und Kraft zusammen. Der Übersinn ist Anfang und Ziel. Er ist Brücke und Hinübergehen und Erfüllung. Die andern Götter starben an ihrer Zeitlichkeit, doch der Übersinn stirbt nicht, er wandelt sich zu Sinn und dann zu Widersinn, und aus dem Feuer und dem Blute des Zusammenstoßes der beiden erhebt sich der Übersinn verjüngt aufs neue. Das Bild Gottes hat einen Schatten. Der Übersinn ist wirklich und wirft einen Schatten. Denn was könnte wirklich und körperlich sein und hätte keinen Schatten? Der Schatten ist der Unsinn. Er ist unkräftig und hat durch sich keinen Bestand. Aber der Unsinn ist der unzertrennliche und unsterbliche Bruder des Übersinnes. Wie die Pflanzen, so wachsen auch die Menschen, die einen im Lichte, die andern im Schatten. Es sind viele, die des Schattens bedürfen und nicht des Lichtes.

Das Bild Gottes wirft einen Schatten, der eben so groß wie es selber ist. Der Übersinn ist groß und klein, er ist weit wie der Raum des gestirnten Himmels und eng wie die Zelle des lebendigen Körpers.

Der Geist dieser Zeit in mir wollte wohl die Größe und Weite des Übersinnes anerkennen, nicht aber seine Kleinheit. Der Geist der Tiefe aber bezwang diesen Hochmuth, und ich musste das Kleine als ein Heilmittel der Unsterblichkeit in mich schlucken. Es verbrannte mir wohl meine Eingeweide, denn es war unrühmlich, unheroisch, es war sogar lächerlich und widerlich. Aber die Zange des Geistes der Tiefe hielt mich, und ich musste den bittersten aller Tränke trinken. Der Geist dieser Zeit versuchte mich mit dem Gedanken, dass all dies zu den Schattenhaften des Gottesbildes gehöre. Dieses wäre verderbliche Täuschung, denn der Schatten ist der Unsinn. Das Kleine, Enge, Alltägliche ist aber kein Unsinn, sondern eine der beiden Essenzen der Gottheit. Ich sträubte mich anzuerkennen, dass das Alltägliche zum Bilde der Gottheit gehöre. Ich floh diesen Gedanken, ich verbarg mich davor hinter den höchsten und kältesten Gestirnen. Aber der Geist der Tiefe holte mich ein und zwang den bittern Trank zwischen meine Lippen. Der Geist dieser Zeit flüsterte mir ein: „Dieser Übersinn, dieses Gottesbild, diese Ineinanderschmelzung des Heißen und des Kalten, das bist du und nur du." Aber der Geist der Tiefe sprach zu mir: „Dieser Übersinn, du bist ein Bild der unendlichen Welt, alle letzten Geheimnisse des Werdens und Vergehens wohnen in dir. Wenn du nicht all dies besäßest, wie könntest du erkennen?" Um meiner menschlichen Schwachheit willen gab mir der Geist der Tiefe dieses Wort. Auch dieses Wort ist überflüssig, denn ich rede nicht daraus, sondern weil ich muss. Weil mir der Geist die Freude und das Leben raubt, wenn ich nicht rede, darum rede ich. Ich bin der Knecht, der es bringt, und er weiß nicht, was er auf seiner Hand trägt. Es würde seine Hand verbrennen, wenn er es nicht hinlegte, wo ihm der Herr befahl, es hinzulegen.

Der Geist dieser Zeit sprach zu mir und sagte: „Welche Noth könnte es sein, die dich zwänge, all dieses zu reden?" Diese Versuchung war schlimm. Ich wollte nachdenken, welche innere oder äußere Noth mich dazu zwingen könnte, und weil ich keine begreifbare Noth fand, so war ich nahe daran, eine zu erfinden. Damit aber hätte der Geist dieser Zeit beinahe bewirkt, dass ich, anstatt zu reden, über Gründe und Erklärung weiterdachte. Der Geist der Tiefe aber sprach zu mir und sagte: „Eine Sache verstehen ist Brücke und Möglichkeit der Rückkehr in die Bahn. Eine Sache erklären aber ist Willkür und bisweilen sogar Mord. Hast du die Mörder unter den Gelehrten gezählt?" Der Geist dieser Zeit aber trat zu mir und legte vor mich große Bücher, die all mein Wissen enthielten. Ihre Blätter waren von Erz, und ein stählerner Griffel hatte unerbittliche Worte in sie eingegraben, und er wies auf jene unerbittlichen Worte und sprach zu mir und sagte: „Was du redest, das ist der Wahnsinn." Es ist wahr, es ist wahr, es ist die Größe und der Rausch und die Häßlichkeit des Wahnsinns, was ich rede. Der Geist der Tiefe aber trat zu mir und sprach: „Was du redest, ist. Die Größe ist, der Rausch ist, die würdelose, die kranke, die läppische Alltäglichkeit ist. Sie rennt auf allen Straßen, wohnt in allen Häusern und regiert den Tag der ganzen Menschheit. Auch die ewigen Gestirne sind alltäglich. Sie ist die große Herrin und die eine Essenz der Gottheit. Man lacht über sie, auch das Lachen ist. Glaubst du, Mensch dieser Zeit, das Lachen sei geringer als das Anbeten? Wo sind deine Maße, Vermessener? Die Summe des Lebens im Lachen und im Anbeten entscheidet, nicht dein Urtheil." Ich muss auch das Lächerliche reden. Ihr kommenden Menschen! Ihr werdet den Übersinn daran erkennen, dass er Lachen und Anbetung ist, ein blutiges Lachen und eine blutige Anbetung. Das Opferblut bindet die Pole. Wer dieses weiß, lacht und betet an in gleichem Athem. Dann aber trat mein Menschliches vor mich und sprach: „Welche Einsamkeit, welche Kälte der Verlassenheit legst du auf mich, wenn du solches redest! Bedenke die Vernichtung des Seienden und die Blutströme des ungeheuren Opfers, das die Tiefe fordert." Der Geist der Tiefe aber sagte: „Niemand kann oder soll Opfer hindern. Opfer ist nicht Zerstörung, Opfer ist Grundstein des Kommenden. Habt ihr nicht Klöster gehabt? Sind nicht ungezählte Tausende in die Wüste gegangen? Ihr sollt Klöster in euch selber tragen. Die Wüste ist in euch. Die Wüste ruft euch und zieht euch zurück, und wenn ihr mit Eisen an die Welt dieser Zeit geschmiedet wäret, der Ruf der Wüste bricht alle Ketten. Wahrlich, ich bereite euch vor auf Einsamkeit." Dann schwieg mein Menschliches. Meinem Geistigen aber geschah etwas, das ich die Gnade nennen muss. Meine Sprache ist unvollkommen. Nicht weil ich mit Worten glänzen will, sondern aus Unvermögen jene Worte zu finden, rede ich in Bildern. Denn nicht anders vermag ich die Worte der Tiefe auszusprechen.

Die Gnade, die mir geschah, gab mir Glaube, Hoffnung, Wagemuth genug, dem Geiste der Tiefe nicht weiter zu widerstreben, sondern seine Worte zu reden. Bevor ich mich aber aufraffen konnte, es wirklich zu thun, bedurfte ich eines sichtbaren Zeichens, das mir zeigen sollte, dass der Geist der Tiefe in mir zugleich auch der Herr der Tiefe des Weltgeschehens ist.

Es geschah im October des Jahres 1913, als ich allein auf einer Reise begriffen war, dass ich untertags plötzlich von einem Gesicht befallen wurde: Ich sah eine ungeheure Sintfluth, die alle nördlich und tiefgelegenen Länder zwischen der Nordsee und den Alpen bedeckte. Sie reichte von England bis nach Russland und den Küsten der Nordsee bis fast zu den Alpen. Ich sah die gelben Wogen, die schwimmenden Trümmer und den Tod von ungezählten Tausenden. Dieses Gesicht währte an die zwei Stunden, es verwirrte mich und machte mir übel. Ich vermochte nicht, es zu deuten. Es vergiengen darauf zwei Wochen, dann kehrte das Gesicht wieder, noch heftiger als zuvor, und eine innere Stimme sprach: „Sieh es an, es ist ganz wirklich, und es wird so sein. Du kannst nicht daran zweifeln." Ich rang wiederum an die zwei Stunden mit diesem Gesicht, aber es hielt mich fest. Es ließ mich erschöpft und verwirrt. Und ich dachte, dass mein Geist krank geworden sei. Von da an kehrte die Angst vor dem ungeheuren Ereigniß, das unmittelbar vor uns stehen sollte, wieder. Einmal auch sah ich ein Meer von Blut über den nördlichen Ländern.

Im Jahre 1914 im Monat Juni zu Anfang des Monats und im Ende und im Anfang des Monats Juli hatte ich zu dreien Malen denselben Traum: Ich war in einem fremden Lande, und plötzlich über Nacht, und zwar in der Mitte des Sommers, war eine unbegreifliche und ungeheure Kälte aus dem Weltraum hereingebrochen, alle Seen und Flüsse waren zu Eis erstarrt, alles lebendig Grüne war erfroren. Der zweite Traum war diesem ganz ähnlich. Der dritte Traum im Anfang des Monats Juli aber war so: Ich war in einem fernen Englischen Lande. Es war nothwendig, dass ich mit einem schnellen Schiffe so rasch wie möglich nach der Heimath zurückkehrte. Ich gelangte rasch nach Hause. In der Heimath fand ich, dass mitten im Sommer eine ungeheure Kälte aus dem Weltraum hereingebrochen war, die alles Lebendige zu Eis hatte erstarren lassen. Da stand ein blättertragender, aber früchteloser Baum, dessen Blätter sich durch die Einwirkung des Frostes in süße Weinbeeren voll heilenden Saftes verwandelt hatten. Ich pflückte die Trauben und schenkte sie einer großen harrenden Menge.

In Wirklichkeit nun war es so: In der Zeit, in der der große Krieg zwischen den Völkern Europas ausbrach, befand ich mich in Schottland, gezwungen durch den Krieg, entschloss ich mich, mit dem schnellsten Schiff auf dem kürzesten Wege heimzukehren. Ich fand die ungeheure Kälte, die alles erstarren ließ, ich fand die Sintfluth, das Blutmeer, und fand meinen früchtelosen Baum, dessen Blätter der Frost in das Heilmittel verwandelt hatte. Und ich pflückte die reifen Früchte und gebe sie euch und weiß nicht, was ich euch schenke, welch bittersüßen Rauschtrank, der einen Blutgeschmack auf eurer Zunge hinterlässt.

Glaubt mir: Es ist keine Lehre und keine Belehrung, die ich euch gebe. Woher sollte ich nehmen, euch zu belehren? Ich gebe euch Kunde vom Wege dieses Menschen, von seinem Wege, aber nicht von eurem Wege. Mein Weg ist nicht euer Weg, also kann ich ein nicht lehr. der weg i in uns/ ab nicht in göttern noch in lehr noch in gesetz. in uns i der weg/ die wahrheit v das leben. wehe den/ die nach beispiel leb: das leb i nicht mit ihn. wenn ihr nach ein beispiele lebt/ so lebt ihr das leb des beispieles/ ab w sollen eu leb leb/ wenn ihr nicht selb? also lebt eu selb: die wegweiser sind gefall/ unbestimmte pfade lieg vor uns. seid nicht gierig die früchte fremd feld zu verschlucken. wißt ihr nicht/ daß ihr selber d fruchtbare ack seid/ d alles trägt/ was eu frommt: doch w weiß es heute: w kennt d weg zum ewig fruchtbar gefilde d seele: ihr sucht d weg durch äuß es/ ihr leset bücher v höret die meinung. was soll es nütz: es gibt nur ein weg v das i eu weg. ihr sucht d weg: ich warne eu vor mein wege. er kann eu irrweg sein. ein jeder gehe sein weg. i will eu kein heiland/ kein gesetzgeb kein erzieh sein. ihr seid doch keine kind mehr. das gesetz geb/ das bessern woll/ das leichter mach i zum irrthum v übel geword. ein jed suche sein weg. d weg führt zu wechselseitig liebe in d gemeinschaft. die mensch werd die ähnlichkeit v gemeinsamkeit ihr wege seh v fühl. gemeinsame gesetze v lehren nöthig d mensch zum einzelsein/ damit er d drucke ungewollt gemeinschaft entrinne/ das einzelsein ab macht d mensch feindselig v giftig. also gebet d mensch die würde v lasset ihn einzeln sein/ damit er seine gemeinschaft finde v sie liebe. gewalt steht geg gewalt/ verachtung geg verachtung/ liebe geg liebe. gebet d menschheit die würde v vertrauet/ daß das leb d bessern weg findet. das eine auge d gottheit ist blind/ das eine ohr d gottheit taub/ ihre ordn i durchkreuzt von

also seid geduldig mit der krüppelhaftigkeit d welt v überschätzt nicht ihre vollkomene schönheit.

Die wiederfindung d seele. cap. i.

Da als i im octob des jahres 1913 das gesicht d sintfluth hatte/ geschah dieß in einer zeit/ die für d mensch bedeutsam war. i hatte damals in meinem vierzigsten lebensjahre alles erreicht/ was i mir je gewünscht habe. ich habe ruhm macht/ reichthum/ wiss v jedes menschliche glück erreicht. da hörte mein begehr nach vermehrung dies güt auf/ das begehr trat in mi zurück/ v das grauen kam üb mi. das gesicht d sintfluth erfaßte mi v ich fühlte d geist d tiefe/ ab i verstand ihn nicht. er ab zwang mi mit unerträglicher inner sehnsucht v i sprach: meine seele/ wo bist du? hörst du mi/ i spreche/ i rufe di/ bist du da? i bin wiedergekehrt/ i bin wied da/ i habe all länd staub von mein füß geschüttelt v bin zu dir gekomm/ i bin bei dir/ nach langen jahre langen wanders bin i wiederum zu dir gekomm. soll i dir erzähl/ was i alles geschaut/ erlebt/ in mi getrunk habe. od willst du nichts hör von all jem geräuschvoll des lebens v d welt? ab eins mußt du wiss: das eine habe i gelernt/ daß man nämlich dieses leb leb muß. dieses leb i d weg/ d längst gesuchte weg zum unfaßbar/ das wir göttlich nenn. es giebt kein andern weg/ alle andern wege sind irrpfade. ich fand d recht weg/ er führte mi zu dir/ zu meiner seele. i kehre wied/ ausgeglüht v gereinigt. kennst du mi noch? wie lange währte die trennung! alles i so anders geword. v wie fand i di? wie wunderlich war meine fahrt! mit welch wort soll i dir beschreib/ auf was für verschlungen pfad mi ein gut stern zu dir geleitete? gieb mir deine hand/ meine fast vergessene seele. welche wärme d freude/ di wiederzuseh/ di lange verleugnete seele. das leb hat mi zu dir wied zugeführt. wir wollen d leb dank/ daß i gelebt habe/ für alle heitern v für alle traurig stund/ für jegliche freude v für jeglich schmerz. meine seele/ mit dir soll meine reise weitergeh. mit dir will i wandern v aufsteig zu mein einsamkeit. dieses zwang mi d geist der tiefe zu sprech v zugleich zu erleb/ geg mi selb/ denn i erwartete es nicht. i war damals noch ganz befang im geiste dies zeit v dachte anders von d menschlich seele. ich dachte v sprach viel von d seele/ i wußte viele gelehrte worte üb sie/ i habe sie beurtheilt v ein gegenstand d wissenschaft aus ihr gemacht. i bedachte nicht/ daß meine seele nicht d gegenstand meines urtheilens v wissens sein kann/ vielmehr ist mein urtheil v wiss gegenstand mein seele. darum zwang mi d geist d tiefe/ zu mein seele zu red/ sie anzuruf als ein lebendiges un sich selb bestehendes wes. i mußte inne werd/ daß i meine seele verlor hatte.

Daraus lern wir/ was d geist d tiefe von d seele hält: er sieht sie an als ein in sich selb bestehendes lebendiges wes/ v damit widerspricht er d geiste dies zeit/ der die seele eine vom mensch abhängige sache ist/ die sich beurtheil v einordn läßt v der umfang wir begreifen könn. i habe einseh müss/ daß das/ was i zuvor meine seele genannt habe/ gar nicht meine seele gewes i/ sondern ein todtes lehrgebäude. i mußte dah zu mein seele sprech als zu etwas fern v unbekannt/ das nicht durch mi bestand hat/ sondern durch das i bestand habe. wess begehr sich also von d äußern ding abwendet/ d gelangt an ort d seele. findet er die seele nicht/ so wird ihn das grauen d leere befall/ v die angst wird ihn mit vielfach geschwungen geißel hinaustreib in ein verzweifeltes streb v in ein blindes begehr nach d hohl ding dies welt. er wird zum narr seines endlos begehrens/ v verliert sich von sein seele weg/ um sie nie wied zu find. er wird hint all ding renn/ er wird sie alle an sich reiß/ nicht ab seine seele find/ den er fände sie nur in sich. wohl lag seine seele in d ding v in d mensch/ ab d blinde ergreift die dinge v die mensch/ nicht ab seine seele in d ding v in d mensch. er weiß nichts von sein seele. wie könnte er sie unterscheid von d mensch v d dingen? er fände wohl seine seele im begehr selb/ nicht ab in d gegenständ des begehrens. besäße er sein begehr/ nicht ab sein begehr ihn/ so hätte er eine hand auf seine seele gelegt/ denn sein begehr i bild v ausdruck sein seele. besitz wir das bild eines dinges/ so besitz wir die hälfte des dinges. das bild d welt i die hälfte d welt. w die welt besitzt/ nicht ab ihr bild/ besitzt nur die hälfte d welt/ denn seine seele i arm v besitzlos. der reichthum der seele besteht aus bildern. w das bild d welt besitzt/ besitzt die hälfte d welt/ auch wenn sein menschliches arm v besitzlos i. d hunger ab macht die seele zur bestie/ die unzuträgliches verschlingt v sich daran vergiftet. meine freunde/ es i weise/ die seele zu nähr/ sonst züchtet ihr drach v teufel in euerm herz.

Seele & gott. cap. ii

In d zweit nacht rief ich meine seele an: i bin müde meine seele/ zu lange dauerte mein wandern/ mein such nach mir außer mir. nun bin i durch die dinge gegang v fand di hint d allerlei. also i entdeckte auf mein irrfahrt durch die dinge menschheit v welt. ich habe mensch gefund. v di/ meine seele fand i wied/ zuerst im bilde im mensch v dann di selb. i fand di dort/ wo i di am wenigst erwartete. dort stiegst du mir aus dunkelm schacht empor. du hattest di mir im voraus angekündet in träum/ sie brannt in mein herz v trieb mi zu all kühnsten v verwegenst v zwang mi üb mi selb emporzusteig. du ließest mi wahrheit seh/ von i früh nichts ahnte. du ließest mi wege zurücklegen/ der endlose länge mi geschreckt hätte/ wenn nicht das wiss um sie in dir geborg gewes wäre. i wanderte viele jahre/ so lange/ bis i vergaß/ daß i eine seele besitze. wo warest du in all d zeit? welches jenseits barg di v gab dir eine stätte? oh daß du durch mi sprech mußt/ daß meine sprache v i dir symbol v ausdruck sind! wie soll i di enträthseln? wer bist du kind? als kind/ als mädch hab meine träume di dargestellt/ i weiß nichts von dein geheimniß. verzeih/ wenn i wie im traume rede/ wie ein trunkener/ bist du gott? i gott ein kind/ ein mädch? vergieb/ wenn i verwirrtes rede. niemand hört mi. i rede still mit dir/ v du weißt/ daß i kein trunkener/ kein verwirrter bin/ v daß mein herz sich in schmerz windet unt d wunde/ aus d die finsterniß höhne redet: du lügst dir etwas vor. du sprichst so/ um andern etwas vorzugaukeln v um and glauben zu mach. du willst prophet sein v rennst dein ehrgeiz nach. die wunde blutet noch v i bin ferne davon/ die eigene spottrede überhör zu könn. wie wunderlich klingt es mir/ di kind zu nenn/ die du unendlichkeit in dein hand hältst. i gieng auf d wege des tages/ v du giengest unsichtbar mit mir/ sinnvoll stück zum stücke fügend/ v ließest mi in jed stücke ein ganzes seh. du nahmst wo i festzuhalt gedachte v du gabest mir/ wo i nichts erwartete v imm wied von neu v unerwartet schicksale herbei. wo i säete/ raubtest du mir die ernte/ v wo i nicht säete/ gabst du mir hundertfältige frucht. v imm wied verlor i d pfad/ um ihn da wiederzufind/ wo i ihn nie erwartet hätte. du hieltest mein glaub/ wo i allein v d verzweiflung nahe war. du ließest in all entscheidend augenblicke mi an mein selb glaub. wie ein müd wanderer/ d nichts gesucht hat in d welt außer ihr/ soll i zu mein seele kehr. i soll lern/ daß hint all zuletzt meine seele liegt/ v wenn i die welt durchmesse/ so geschieht es am ende/ um meine seele zu find. selbst die theuerst mensch sind nicht ziel v ende d suchend liebe/ sie sind symbole d eigen seele. meine freunde/ errathet ihr/ zu welch einsamkeit wir emporsteig? i habe zu lern/ daß d abschaum meines denkens/ meine träume/ die sprache mein seele sind. i muß sie in mein herz trag v in mein sinne hin v wiederbeweg/ wie die worte des theuerst mensch. die träume sind die leitend worte d seele. wie sollte i da meine träume nicht lieb v ihre räthselvoll bild nicht zum gegenstand mein täglich betrachtung mach? du meinst d traum sei thöricht v unschön. was i schön/ was i unschön? was i klug/ was i thöricht? d geist dies zeit i dein maß/ d geist d tiefe ab überragt ihn an beid end. nur d geist dies zeit kennt d unterschied zwischen groß v klein. dies unterschied i ab hinfällig/ wie d geist/ d ihn erkennt.

der geist der tiefe lehrte mich, sogar mein thun und mein entschließen als in abhängigkeit von den träumen zu betrachten. die träume bereiten das leben vor und sie bestimmen dich, ohne daß du ihre sprache verstehst. man möchte diese sprache lernen, aber wer vermag sie zu lehren und zu lernen? denn gelehrsamkeit allein genügt nicht; es giebt ein wissen des herzens, das tiefere aufschlüsse giebt. das wissen des herzens ist in keinem buche und in keines lehrers munde zu finden, sondern es wächst aus dir, wie das grüne korn aus schwarzer erde. gelehrsamkeit gehört zum geiste dieser zeit, dieser geist aber erfaßt den traum keineswegs, denn die seele ist überall, wo das gelehrte wissen nicht ist. wie aber kann ich das wissen des herzens erlangen? du kannst dieses wissen nur dadurch erlangen, daß du dein leben völlig lebst. du lebst dein leben völlig, wenn du auch das lebst, was du noch nie gelebt, sondern nur anderen zu leben oder zu denken überlassen hast. du wirst sagen: ich kann doch nicht an das leben oder denken, was andere leben und denken. du sollst aber sagen: das leben, das ich noch leben könnte, sollte ich leben, und das denken, das ich noch denken könnte, sollte ich denken. du willst dir wohl selbst entfliehen, um das bisher nicht gelebte nicht leben zu müssen. du kannst dir aber nicht entfliehen. es ist allezeit mit dir und verlangt erfüllung. wenn du dich blind und taub gegen dieses verlangen stellst, so stellst du dich blind und taub gegen dich selbst. so wirst du das wissen des herzens nie erreichen. Das wissen des herzens ist, wie dein herz ist. Aus einem argen herzen erkennst du arges. Aus einem guten herzen erkennst du gutes. damit eure erkenntnis vollkommen sei, bedenket, daß euer herz beides ist, gut und böse. du fragst: wie, soll ich auch das böse leben? der geist der tiefe verlangt: das leben, das du noch leben könntest, sollst du leben. das wohl entscheidet, nicht dein wohl, nicht das wohl der andern, sondern das wohl. das wohl ist zwischen mir und dem andern, in der gemeinschaft. auch ich lebte, was ich zuvor nicht that, und was ich noch thun konnte. ich lebte in die tiefe und die tiefe fieng an zu reden. die tiefe lehrte mich die andere wahrheit. also fügte sich in mir zusammen sinn und widersinn. Ich mußte erkennen, daß ich nur ausdruck und symbol der seele bin. im sinne des geistes der tiefe bin ich, als der ich bin in dieser sichtbaren welt, ein symbol meiner seele, und bin ganz knecht, ganz unterworfenheit, ganz gehorsam. der geist der tiefe lehrte mich zu sagen: Ich bin der diener eines kindes. und lernte durch dieses wort vor allem die äußerste demuth, als das, was mir am meisten noth thut. der geist dieser zeit ließ mich an meine vernunft glauben, er ließ mich ein bild meiner selbst sehen, als eines führers mit reifen gedanken. der geist der tiefe aber lehrte mich, daß ich ein diener bin und zwar der diener eines kindes. dieses wort widerstrebte mir und ich haßte es. ich mußte aber erkennen und annehmen, daß meine seele ein kind ist und daß mein gott in meiner seele ein kind ist.

Seid ihr knaben, so ist euer gott ein weib. seid ihr weiber, so ist euer gott ein knabe. seid ihr männer, so ist euer gott ein mädchen. der gott ist, wo ihr nicht seid. also: es ist weise, daß man einen gott hat, das dient zu eurer vollkommenheit. Ein mädchen ist gebärende zukunft. ein knabe ist zeugende zukunft. ein weib ist geboren haben. ein mann ist gezeugt haben. also: seid ihr als gegenwärtige wesen kinder, so wird euer gott von den höhen der reife hinunter steigen zu alter und tod. seid ihr aber erwachsene wesen, die gezeugt oder geboren haben, sei es im körper oder im geiste, so steigt euer gott empor aus strahlender wiege zur unermeßlichen höhe der zukunft, zur reife und fülle der kommenden zeit. Wer sein leben noch vor sich hat, ist ein kind. wer sein leben gegenwärtig lebt, ist erwachsen. wenn ihr also all das lebt, was ihr leben könnt, so seid ihr erwachsen. Wer in dieser zeit ein kind ist, dem stirbt der gott. wer in dieser zeit erwachsen ist, dem lebt der gott fort. dieses geheimniß lehrt der geist der tiefe.

Wohl und wehe, der gott erwachsen ist. wohl und wehe denen, der gott ein kind ist. was ist besser, daß der mensch sein leben vor sich habe, oder daß der gott sein leben vor sich habe? ich weiß keine antwort. lebet, das unvermeidliche entscheidet. Der geist der tiefe lehrte mich, daß mein leben umschlossen ist vom göttlichen kinde. aus seinen händen kam mir alles unerwartete, alles lebendige. dieses kind ist es, was ich als ewig quellende jugend in mir fühle. im kinde fühlst du hoffnungslose vergänglichkeit. all das, was du vergehen sahest, ist für ihn noch das kommende. seine zukunft ist voll vergänglichkeit. die vergänglichkeit deiner kommenden dinge aber hat noch nie ein menschlicher sinn erfahren. dein weiterleben ist hinüberleben. du zeugest und gebärest das kommende, du bist fruchtbar, du lebst hinüber. das kindische ist unfruchtbar, sein kommendes ist das schon gezeugte und schon wiederverwelkte. es lebt nicht hinüber.

Mein gott ist ein kind, also wundert euch nicht, daß der geist dieser zeit in mir sich empörte zu spott und hohngelächter. es wird keiner mich so verlachen, wie ich mich verlachte. nicht soll euer gott ein mann des spottes sein, sondern ihr selber werdet männer des spottes sein. ihr sollt euch selber verspotten und darüber emporsteigen können. habt ihr das noch nicht gelernt aus den alten heiligen büchern, so gehet hin, trinket das blut und esset den leib des verspotteten und um unserer sünde willen gequälten, daß ihr ganz zu seiner natur werdet, leugnet sein außereuchsein; ihr sollt ihn selber sein, nicht christiani, sondern christi, sonst taugt ihr nicht für den kommenden gott. sollte einer unter euch sein, der glaubt, er könne sich den weg ersparen? er könne sich neben der qual des christus durchbetrügen? ich sage: ein solcher betrügt sich zu seinem eigenen schaden. er bettet sich auf stacheln und feuer. der weg des christus kann niemandem erspart werden, denn dieser weg führt zum kommenden. ihr sollt alle zu christi werden. ihr überwindet die alte lehre nicht dadurch, daß ihr weniger, sondern daß ihr mehr thut. Jeder schritt näher zu meiner seele erregte das hohngelächter meiner teufel, jener feigen ohrenbläser und giftmischer. es war ihnen leicht zu lachen, denn ich hatte wunderliches zu thun.

Über den dienst der seele. cap. iii.

In der folgenden nacht mußte ich alle träume, derer ich mich entsinnen konnte, getreu ihrem wortlaut aufschreiben. der sinn dieses thuns war mir dunkel. warum all das? vergieb den lärm, der sich in mir erhebt. doch du willst, daß ich solches thue. was für wunderliche dinge kommen an mich! ich weiß zu viel, um nicht zu sehen, auf was für schwanken brücken ich gehe. wohin führst du? vergieb meine von wissen übervolle bangigkeit, mein fuß zögert, dir zu folgen. in welche nebel und dunkelheiten führt dein pfad? muß ich auch den sinn missen lernen? wenn du es verlangst, so sei es. diese stunde gehört dir. was ist, wo kein sinn ist? nur unsinn oder wahnsinn, so scheint mir. giebt es auch einen übersinn? ist das dein sinn, meine seele? ich hinke dir nach auf verstandeskrücken. ich bin ein mensch und du schreitest wie ein gott. Welche qual! ich muß zu mir zurück, zu meinen kleinsten dingen. ich sah die dinge meiner seele klein, erbärmlich klein. du zwingst mich, sie groß zu sehen, sie groß zu machen. ist das deine absicht? ich folge, aber mir graut es. höre meine zweifel, sonst kann ich nicht folgen, denn dein sinn ist ein übersinn und deine schritte sind eines gottes schritte. Ich verstehe, ich soll auch nicht denken, auch das denken soll nicht mehr sein. ich soll mich ganz in deine hand geben, aber wer bist du? ich vertraue dir nicht. nicht einmal vertrauen ist das meine liebe zu dir, meine freude an dir? vertraue ich nicht jedem wackern manne, und dir nicht, meine seele? deine hand liegt schwer auf mir, aber ich will, ich will. habe ich nicht versucht, menschen zuliebe und ihnen zu vertrauen, und soll es dir nicht thun? vergieb meinen zweifel, ich weiß, es ist unschön, an dir zu zweifeln. du weißt, wie schwer ich den bettelstolz auf eigene denken lassen kann. ich vergaß, daß auch du zu meinen freunden gehörst und das erste recht auf mein vertrauen hast. was ich jenen gebe, soll dir nicht gehören? ich anerkenne meine ungerechtigkeit. ich verachtete dich, wie mir scheint. meine freude, dich wiederzufinden, war unecht. ich erkenne, daß auch das hohngelächter in mir recht hatte. ich muß dich lieben lernen. Du, die selbstbeurtheilung soll ich lassen? ich fürchte mich. da sprach die seele zu mir und sagte: diese angst zeugt gegen mich. es ist wahr, sie zeugt gegen dich, sie tötet das heilige vertrauen zwischen dir und mir.

Welche härte des schicksals! wenn ihr zu eurer seele tretet, werdet ihr als erstes den sinn missen. ihr glaubt, daß ihr in das sinnlose versinket, in das ewig ungeordnete. ihr habt recht! nichts errettet euch vor dem ungeordneten und sinnlosen, denn dieses ist die andere hälfte der welt. euer gott ist ein kind, sofern ihr nicht kindisch seid. ist das kind ordnung, sinn oder unordnung, laune? unordnung und sinnlosigkeit sind die mütter von ordnung und sinn. ordnung und sinn sind gewordenes und nicht werdendes. ihr öffnet die pforte der seele, um in euere ordnung und euern sinn die dunkeln ströme des chaos hereinfließen zu laßen. vermählet dem geordneten das chaos und ihr erzeugt das göttliche kind, den übersinn jenseits von sinn und widersinn. ihr fürchtet euch das thor zu öffnen; auch ich fürchtete mich, denn wir hatten vergessen, daß der gott furchtbar ist. der christus lehrte: gott ist die liebe. ihr sollt aber wissen, daß die liebe auch furchtbar ist. ich sprach zu einer liebenden seele, und als ich näher zu ihr trat, befiel mich das grauen und ich thürmte einen wall von zweifeln auf und ahnte nicht, daß ich mich damit vor meiner furchtbaren seele schützen wollte. es graut euch vor der tiefe; es soll euch grauen, denn darüber führt der weg des kommenden. du mußt die versuchung der angst und des zweifels bestehen und dabei bis aufs blut einsehen, daß deine angst berechtigt und dein zweifel vernünftig ist. wie wäre es sonst eine wahrhafte versuchung und eine wahrhafte überwindung? der christ überwindet wohl die versuchung des teufels, nicht aber die versuchung gottes zum guten und vernünftigen. der christ unterliegt also der versuchung. das habt ihr noch zu lernen, keiner versuchung zu unterliegen, sondern alles freiwillig zu thun, dann seid ihr frei und jenseits des christenthums. ich musste erkennen, dass ich mehr, das ich fürchtete, zu unterliegen habe, ja noch mehr, dass ich das, wovor mir graute, sogar lieben muss. solches müssen wir von jenen heiligen lernen, die, als es ihr vor dem pestkranken ekelte, den eiter der pestbeulen tranken und gewahr wurden, dass er wie rosen duftete. die taten der heiligen waren nicht umsonst. du bist in jeglichen dingen, das deine erlösung und die erlangung der gnade betrifft, von deiner seele abhängig. es kann dir daher kein opfer zu schwer sein. hindern dich deine tugenden an der erlösung, lege sie ab, denn sie sind dir zum übel geworden. der tugendsklave findet den weg ebensowenig wie der lastersklave. glaubst du, du seist herr deiner seele, dann werde zu ihrem diener; warst du ihr diener, so ergreife die herrschaft über sie, denn dann bedarf sie der beherrschung. dieses seien deine ersten schritte.

W(ä)hrend sieben nächten nunmehr schwieg der geist der tiefe in mir, denn ich schwankte zwischen furcht, trotz und ekel und war ganz die beute meiner leidenschaften. ich konnte und wollte nicht hinhorchen nach der tiefe. in der siebenten nacht aber sprach der geist der tiefe zu mir: „schaue in deine tiefe, bete zu deiner tiefe, wecke die toten auf.“ aber ich stand hilflos und wusste nicht, was ich thun konnte. ich schaute in mich selber, und das einzige, was ich in mir fand, war die erinnerung an frühere träume, die ich alle aufschrieb, nicht wissend, wozu das gut wäre. ich wollte alles wegwerfen und zurückkehren zum licht des tages. aber der geist hielt mich und zwang mich zurück in mich selber.

Die wüste. c. iv.

Sechste nacht. Meine seele führt mich in die wüste, in die wüste meines eigenen selbst. ich dachte nicht, dass mein selbst eine wüste ist, eine dürre heiße wüste, staubig und ohne trank. die reise führt durch heißen sand, langsam watend, ohne sichtbares ziel, auf hoffnung? wie schaurig ist diese oede. mir scheint, der weg führe so weit weg von menschen. ich gehe meinen weg schritt für schritt und weiss nicht, wie lange meine reise währen wird. warum ist mein selbst eine wüste? habe ich zu sehr außer mir gelebt in menschen und dingen? warum mied ich mein selbst? war ich mir nicht theuer? aber ich habe den ort meiner seele gemieden. ich war meine gedanken, nachdem ich nicht mehr die dinge und die anderen menschen war. ich war aber nicht mein selbst, meinen gedanken gegenüber gestellt. ich sollte aber meine gedanken emporsteigen zu meinem eigenen selbst. dahin geht meine reise und darum führt sie weg von menschen und dingen in die einsamkeit. ist das einsamkeit, mit sich selber zu sein? einsamkeit wohl nur dann, wenn das selbst eine wüste ist. soll ich auch die wüste ein garten machen? soll ich ein ödes land bevölkern? soll ich den lustigen zaubergarten der wüste öffnen? was führt mich in die wüste und was soll ich da? giebt es eine täuschung, die ich meinem denken nicht zutrauen kann? wahr ist nur das leben und nur das leben führt mich in die wüste, wahrlich nicht mein denken, das zu gedanken, zu menschen, zu dingen zurückkehren möchte, denn es ist ihm unheimlich in der wüste. meine seele, was soll ich hier? meine seele aber sprach zu mir und sagte: „warte.“ ich hörte das grausame wort. zur wüste gehört die qual.

Dadurch, dass ich meiner seele alles gab, was ich geben konnte, kam ich an den ort der seele und fand, dass dieser ort eine heiße wüste war, öde und unfruchtbar. keine geistes cultur genügt, um aus deiner seele einen garten zu machen. ich hatte meinen geist gepflegt, den geist dieser zeit in mir, nicht aber jenen geist, den geist der tiefe, der sich zu den dingen der seele, der seelenwelt wendet. die seele hat ihre ihr eigenthümliche welt. darein tritt nur das selbst ein oder der mensch, der ganz sein selbst geworden ist, der also weder in den dingen, noch in den menschen, noch in seinen gedanken ist. durch die abwendung meines begehrens von dingen und menschen habe ich mein selbst von dingen und menschen abgewendet, aber eben dadurch wurde ich die sichere beute meiner gedanken, ja ich wurde ganz zu meinen gedanken. nun von meinen gedanken musste ich mich absondern, dadurch dass ich mein begehren von ihnen wegwandte. und alsbald merkte ich, dass mein selbst zur wüste wurde, wo einzig die sonne ungestillten begehrens brannte. ich war überwältigt von der unendlichen unfruchtbarkeit dieser wüste. wie auch hätte dort etwas gedeihen können, fehlte doch die schöpferkraft des begehrens. wo immer die schöpferkraft des begehrens ist, da entspriesst der boden die ihm eigenthümliche saat. aber vergiss nicht zu warten. sahest du nicht, als deine schöpferkraft sich zur welt wandte, wie sich unter ihr die toten dinge bewegten, wie sie wuchsen und gediehen und wie deine gedanken in reichen flüssen strömten? wenn sich nun deine schöpferkraft dem orte der seele zuwendet, so wirst du sehen, wie deine seele ergrünt und wie ihr acker wundersame frucht trägt. Keiner wird sich das warten ersparen, die meisten werden diese qual nicht ertragen können, sondern mit gier werden sie sich auf die dinge, menschen und gedanken zurückwerfen, deren sklaven sie von da an werden. denn dann hat es sich klar erwiesen, dass dieser mensch unfähig ist, jenseits von dingen, menschen und gedanken auszuharren, und darum werden sie zu seinen herren, und er wird ihr narr, denn er kann ohne sie nicht sein, nicht einmal so lange, bis seine seele zum fruchtbaren felde geworden ist. auch der, dessen seele ein garten ist, bedarf der dinge, menschen und gedanken, aber er ist ihr freund und nicht ihr sklave und narr. Alles zukünftige war schon im bilde: um ihre seele zu finden, giengen die alten in die wüste. dieses ist ein bild. die alten lebten ihre symbole, denn noch war ihnen die welt nicht wirklich geworden. darum giengen sie in die einsamkeit der wüste, um uns zu lehren, dass der ort der seele einsame wüste ist. dort fanden sie die fülle der gesichte, die früchte der wüste, die wundersamen blumen der seele. denke fleißig den bildern nach, die uns die alten hinterlassen haben. sie weisen den weg des kommenden. schaue zurück auf den zusammenbruch der reiche, auf wachsthum und tod, auf wüste und klöster, sie sind die bilder des kommenden. alles ist vorhergesagt. wer aber weiss es zu deuten? Wenn du sagst, der ort der seele ist nicht, dann ist er nicht. wenn du aber sagst, dass er sei, dann ist er. merke, was die alten im bilde sagten: das wort ist schöpferische that. die alten sagten: im anfang war das wort. betrachte dieses und denke ihm nach. Die worte, die zwischen unsinn und übersinn schwanken, sind die ältesten und wahrsten.

Erfahrung in der wüste.

Nach harten kampf ebin ich der um ein stück weges näher gekommen. wie hart war dieser kampf. ich bin in ein gestrüpp von zweifeln verwirrt und hohnlachen gefallen. ich erkenne, dass ich einsam sein muss mit meiner seele. ich komme mit leeren händen zu dir meine seele. was willst du hören? die seele aber sprach zu mir und sagte: „wenn du mein freunde kommst, wirst du kommen, um zu nehmen?“ ich weiss, es sollte wohl nicht so sein, aber es scheint mir, ich sei arm und leer, ich möchte mich in deiner nähe niedersetzen und wenigstens den hauch deiner belebenden gegenwart verspüren. mein weg ist heisser sand, alle die tage lang sonnige, staubige straße. meine geduld ist bisweilen schwach, und einmal war ich an mir verzweifelt, wie du weisst. da antwortete die seele und sprach: „du sprichst zu mir, wie wenn du ein kind wärest, das sich bei der mutter beklagt. ich bin nicht deine mutter.“ ich will nicht klagen, aber lass mich dir sagen, dass meine straße lang und voll staubes ist. du bist mir wie ein schattiger baum in der einöde. ich möchte deines schattens geniessen. aber die seele antwortete: „du bist genusssüchtig. wo ist deine geduld? noch ist deine zeit nicht um. hast du vergessen, warum du in die wüste giengest?“ mein glaube ist schwach, mein gesicht ist blind von all dem flimmernden glanz der wüstensonne. die hitze lastet auf mir wie blei. der durst quält mich und ich wage nicht auszudenken, wie unendlich lange mein weg ist, und vor allem, ich sehe nichts vor mir. die seele aber antwortete: „du sprichst, wie wenn du noch nichts gelernt hättest. kannst du nicht warten? soll dir alles reif und vollendet in den schooss fallen? du bist voll, ja du strotzest von absichten und begehrlichkeiten! weisst du noch nicht, dass der weg zur wahrheit nur den absichtslosen offen steht?“ ich weiss, dass alles, was du sagst, o meine seele, auch mein gedanke ist. aber ich lebe kaum danach. die seele sagte: „wie, sage mir, glaubst du dann, dass deine gedanken dir helfen sollten?“ ich möchte mich immer darauf berufen, dass ich ein mensch sei, bloss ein mensch, der schwach ist und bisweilen nicht sein bestes thut. die seele aber sprach: „denkst du so vom menschsein?“ du bist hart, meine seele, aber du hast recht. wie wenig sind wir doch zum leben geschickt. wir sollten wachsen wie ein baum, der auch nicht um sein gesetz weiss. wir umschnüren uns aber mit absicht, nicht eingedenk der tatsache, dass absicht beschränkung, ja ausschliessung des lebens ist. wir glauben mit einer absicht ein dunkel erhellen zu können und zielen damit am lichte vorbei. wie können wir uns vermessen, im voraus wissen zu wollen, woher das licht uns kommen wird? nur eine klage lass mich vor dich bringen: ich leide am hohngelächter, an eigenem hohnlachen. die seele aber sprach zu mir: „denkst du gering von dir?“ ich glaube nicht. die seele antwortete: „dann höre, denkst du gering von mir? weisst du noch nicht, dass du kein buch schreibst, um deine eitelkeit zu füttern, sondern dass du mit mir sprichst? wie kannst du am hohngelächter leiden, wenn du mit mir sprichst, mit den worten, die ich dir gebe? weisst du denn, wer ich bin? hast du mich umfasst, abgegrenzt und zu einer toten formel gemacht? hast du die tiefe meines abgrundes gemessen und alle die wege ausgeforscht, die ich dich noch führen werde? dich kann ein hohngelächter nicht anfechten, wenn du nicht eitel bist bis ins mark deiner knochen.“ deine wahrheit ist hart. ich möchte dir meine eitelkeit hinlegen, denn sie blendet mich. sieh, darum auch glaubte ich, meine hände seien leer, als ich heute zu dir kam. ich dachte nicht, dass du es bist, die leere hände füllt, wenn sie sich nur ausstrecken wollen. aber sie wollten es nicht. ich wusste nicht, dass ich dein gefäss bin, leer ohne dich, aber überquellend mit dir.

Dieses war die xxv. nacht der wüste. so lange brauchte meine seele, bis sie vom schatten dasein zu eigenem leben erwacht war, bis sie als ein selbständiges und von mir abgesondertes wesen mir entgegentreten konnte und ich empfing harte worte von ihr, aber heilsame und bedurfte der erziehung, denn ich konnte das hohnlachen in mir nicht überwinden.

Der geist dieser zeit dünkt sich, wie alle zeitgeister zu allen zeiten, überaus klug. die weisheit aber ist einfältig, nicht bloss einfach. darum spottet der kluge über die weisheit, denn spott ist seine waffe. er gebraucht die spitze, vergiftete waffe, weil er getroffen ist von der einfältigen weisheit. wäre er nicht getroffen, er bedürfte der waffe nicht. in der wüste erst werden wir unserer schrecklichen einfalt inne, aber wir scheuen uns, sie einzugestehen. darum hohnlachen wir. das einfältige aber erreicht der spott nicht. der spott fällt auf den spötter und in der wüste, wo niemand hört und antwortet, erstickt er am eigenen hohnlachen. je klüger du bist, desto närrischer ist deine einfalt. die ganz klugen sind ganz narren in ihrer einfalt. wir können uns von der klugheit des geistes dieser zeit nicht dadurch erlösen, daß wir unsere klugheit mehren, sondern daß wir das, was unserer klugheit am meisten zuwider strebt, nämlich die einfalt annehmen. wir wollen aber auch nicht zu künstlichen thoren werden dadurch, daß wir der einfalt verfallen, sondern wir werden kluge thoren sein. das führt zum übersinn. klugheit paart sich mit absicht. einfalt kennt keine absicht. klugheit erobert die welt, einfalt aber die seele. also leget das gelübde der armuth des geistes ab, damit ihr der seele theilhaftig werdet. dagegen erhob sich das hohnlachen meiner klugheit über meine thorheit. wer aber wird mehr lachen, als ich selber lachte. so überwand ich das hohnlachen. als ich es aber überwunden hatte, da war ich meiner seele nahe, und sie konnte zu mir sprechen und bald sollte ich sehen, daß die wüste ergrünte.

Höllenfahrt in die Zukunft. Cap. V.

In der folgenden nacht war die luft erfüllt von vielen stimmen. eine laute stimme rief: „ich falle". andere riefen verwirrt und erregt dazwischen: „wohin? was willst du?" soll ich mich dieser quelle anvertrauen? mir schauderte. es ist eine grausige tiefe. du willst, daß ich mich dem zufall meiner selbst überlasse, dem wahnsinn der eigenen dunkelheit? wohin? wohin? du fällst, ich will mit dir fallen, wer du auch immer seiest. Da öffnete der geist der tiefe meine augen und ich erblickte die innern dinge, die welt meiner seele, die vielgestaltige und wandelbare.

Ich sehe graue felswände, an denen entlang ich in große tiefe sinke. ich stehe in schwarzem schmutz bis an die knöchel vor einer dunkeln höhle. schatten umschweben mich. mich faßt die angst, aber ich weiß, ich muß hinein. ich krieche durch eine enge felsritze und gelange in eine innere höhle, deren boden mit schwarzem wasser bedeckt ist. aber jenseits erblicke ich einen rothleuchtenden stein, zu dem ich gelangen muß. ich wate durch das schlammwasser. die höhle ist erfüllt von einem ungeheuren getöse schreiender stimmen. ich fasse den stein, er deckt eine dunkle öffnung im felsen. ich halte den stein in der hand, fragend um mich blickend. ich will nicht auf die stimmen hören, sie halten mich weg. ich will aber wissen. hier soll etwas zu worte kommen. ich lege mein ohr an die öffnung. ich höre das brausen unterirdischer ströme. Ich sehe ein blutiges menschenhaupt auf dem dunkeln strom. ein verwundeter, ein erschlagener schwimmt dort. dieses bild betrachte ich lange mit schaudern. Ich sehe einen großen schwarzen scarabäus vorbeiziehen im dunkeln strome. Im tiefsten grunde des stromes leuchtet eine röthliche sonne auf, das dunkle wasser durchstrahlend. Da sehe ich, mit einem grausen faßt mich, schlangengeringel an dunkeln felswänden nach der tiefe strebend, wo die sonne matter leuchtet. tausend schlangen umringeln, verhüllen die sonne. tiefe nacht bricht herein. Ein rother strahl von blut, dickes rothes blut springt auf, lange quellend, dann versiegend. ich bin von schrecken gebannt. was sah ich?

Heile die wunden, die mir der zweifel schlägt, meine seele. auch das ist zu überwinden, damit ich deinen übersinn erkenne. wie fern ich alles und wie zurückgekehrt bin ich. mein geist ist ein qualgeist, er zerreißt mein inneres schauen, möchte alles zerlegen und auseinander reißen. noch bin ich opfer meines denkens. wann kann ich meinem denken ruhe gebieten, daß meine gedanken, die widerspenstigen hunde, zu meinen füßen kriechen? wie kann ich je hoffen, deine stimme lauter zu vernehmen, deine gesichte klarer zu sehen, wenn alle meine gedanken mich umheulen? ich bin fassungslos, aber ich will fassungslos sein, denn ich habe es dir meine seele zugeschworen, dir zu vertrauen, auch wenn du mich durch wahnsinn führst. wie soll ich deiner sonne theilhaftig werden, wenn ich nicht den bittern schlummertrank trinke und bis zur neige leere? hilf, daß ich nicht im eigenen wissen ersticke. die fülle meines wissens droht auf mich zu stürzen. mein wissen hat ein heer von tausend rednern mit stimmen wie löwen; die luft zittert, wenn sie reden, und ich bin ihr wehrloses opfer. halte weg von mir das kluge erklären, die wissenschaft, jenen übeln kerkermeister, der die seelen bindet und in lichtleere zellen sperrt. aber vor allem schütze mich vor der schlange des urtheils, die nur der oberfläche eine heilschlange ist, in deiner tiefe aber höllisches gift und qualvolles verenden. ich möchte als reiner in deine tiefe steigen, mit weißen kleidern, und nicht wie ein dieb hastig kommen, an mich reißen und atemlos entfliehen. laß mich verharren in göttlicher fassungslosigkeit, damit ich bereit bin, deine wunder zu schauen. laß mich mein haupt auf einen stein vor deinem thore legen, damit ich bereit bin, dein licht zu empfangen.

Wenn die wüste anfängt, fruchtbar zu werden, dann bringt sie seltsames gewächs. du wirst dich für wahnsinnig halten, und auch im gewissen sinne wahnsinnig sein. In dem maße, als das christenthum dieser zeit des wahnsinns entbehrt, entbehrt es des göttlichen lebens. merket, was die alten im bilde uns lehrten: der wahnsinn ist göttlich. aber weil die alten dieses bild im dinge lebten, wurde es eine täuschung für uns, denn wir wurden meister der wirklichkeit der welt. es ist unzweifelhaft: wenn du in die welt der seele eintrittst, so bist du wie wahnsinnig, und ein arzt würde dich für krank halten. das, was ich hier sage, kann für krankhaft gelten. niemand aber kann es mehr für krank halten, als ich selber.

so habe ich den wahnsinn überwunden. wenn ihr nicht wißt, was göttlicher wahnsinn ist, enthaltet euch des urtheils und wartet auf die früchte. wisset aber, daß es einen göttlichen wahnsinn giebt, der nichts anderes ist als die überwältigung des geistes dieser zeit durch den geist der tiefe. sprecht dann von krankem wahn, wenn der geist der tiefe nicht mehr weichen kann und den menschen zwingt, in zungen zu reden statt in menschlicher sprache, und ihn glauben macht, daß er selber der geist der tiefe sei. sprecht aber auch dann von krankem wahne, wenn der geist dieser zeit einen menschen nicht läßt und ihn zwingt, nur die oberfläche zu sehen, den geist der tiefe zu leugnen und sich selber für den geist dieser zeit zu halten. der geist dieser zeit ist ungöttlich, der geist der tiefe ist ungöttlich, die wage ist göttlich. weil ich im geiste dieser zeit befangen war, mußte mir dieses geschehen, was mir eben in dieser nacht geschah, daß nämlich der geist der tiefe mit macht hervorbrach und den geist dieser zeit mit gewaltiger woge hinwegräumte. der geist der tiefe aber hatte diese macht gewonnen dadurch, daß ich während 25 nächten in der wüste zu meiner seele gesprochen und ihr alle meine liebe und alle meine unterwerfung gegeben hatte. während der 25 tage aber gab ich alle meine liebe und alle meine unterwerfung den dingen, den menschen und den gedanken dieser zeit. nur des nachts gieng ich in die wüste. daran möget ihr kranken und göttlichen wahn unterscheiden. wer das eine thut und das andere läßt, möget ihr krank nennen, denn seine wage steht schief. Wer aber konnte, wenn der göttliche rausch und wahnsinn ihn ankommt, der angst widerstehen? liebe, seele und gott sind schön und furchtbar. die alten holten etliches von der schönheit gottes herüber in diese welt und darum wurde diese welt so schön, daß sie den geistern dieser zeit erfüllung zu sein schien und besser als der schoß der gottheit. das furchtbare und das grausame der welt lag unter der decke und in der tiefe unserer herzen. wenn euch der geist der tiefe faßt, so werdet ihr die grausamkeit fühlen und aufschreien vor qual. der geist der tiefe geht schwanger mit eis, feuer und mord. mit recht fürchtet ihr den geist der tiefe, denn er ist voll grauen. ihr seht es in diesen tagen, was der geist der tiefe barg. ihr glaubtet es nicht, ihr hättet es aber gewußt, wenn ihr eure angst befragt hättet. Auf dem rothen lichte des krystalls leuchtete mir bluth entgegen, und als ich ihn anhob, um sein geheimniß zu entdecken, da lag das schreckliche entblößt vor mir: in der tiefe des kommenden lag der mord, der blonde held lag erschlagen. der schwarze käfer ist der tod, der zur erneuerung nöthig ist, darum erglühte nach ihm eine neue sonne, die sonne der tiefe, die räthselvolle, eine sonne der nacht. und wie die steigende sonne des frühlings die tote erde belebt, so belebte auch die sonne der tiefe das tote und es entstand der schreckliche kampf zwischen licht und finsterniß. da sprang der mächtige und lange nicht versiegende blutquell empor. dieß war das kommende, das ihr jetzt an eurem leibe erfahret, und es ist noch mehr als das. [ich hatte dieses gesicht in der nacht des XII decembers des jahres 1913.]

Tiefe und oberfläche sollen sich mischen, damit neues leben entstehe. das neue leben aber entsteht nicht außer uns, sondern in uns. was außer uns in diesen tagen geschieht, ist das bild, das die völker im dinge leben, um dieses bild unvergeßlich fernen zeiten zu hinterlassen, damit sie daraus lernen für ihren eigenen weg, so wie wir für uns lernten aus den bildern, die uns die alten im dinge vorgelebt hatten. Das leben kommt nicht aus den dingen, sondern aus uns. alles, was außen geschieht, war schon.

Darum, wer das geschehen von außen betrachtet, immer nur sieht, daß es schon war und daß es immer das gleiche ist. wer aber von innen schaut, der weiß, daß alles neu ist. die dinge, die geschehen, sind immer die gleichen. die schaffende tiefe des menschen aber ist nicht immer die gleiche. die dinge bedeuten nichts, sie bedeuten nur in uns. wir erschaffen die bedeutung der dinge. die bedeutung ist und war immer künstlich, wir schaffen sie. Darum suchen wir in uns selbst nach der bedeutung der dinge, damit uns der weg des kommenden offenbar werden und uns leben weiterströmen kann. Das, dessen ihr bedürfet, kommt aus euch selber, nämlich die Bedeutung der Dinge. Die Bedeutung der Dinge ist nicht der ihnen eigenthümliche Sinn. Dieser Sinn steht in den gelehrten Büchern. Die Dinge haben keinen Sinn. Die Bedeutung der Dinge ist der von euch erschaffene Weg der Erlösung. Die Bedeutung der Dinge ist die von euch erschaffene Möglichkeit des Lebens in dieser Welt, sie ist die Beherrschung dieser Welt und die Behauptung eurer Seele in dieser Welt. Diese Bedeutung der Dinge ist der Übersinn, der nicht in den Dingen ist und nicht in der Seele, sondern der zwischen den Dingen und der Seele stehende Gott, der Mittler des Lebens, der Weg, die Brücke und das Hinübergehen.

Ich hätte das Kommende nicht sehen können, wenn ich es nicht in mir selber hätte sehen können. Ich bin also an jenem Morde betheiligt; in mir erstrahlt auch die Sonne der Tiefe, nachdem der Mord vollbracht; und in mir sind auch die tausend Schlangen, die die Sonne verschlingen wollten. Ich selber bin Mörder und Gemordeter, Opferer und Opfer. Aus mir selber strömt der Quell des Blutes. Ihr alle habt Theil am Morde. In euch wird das wiedergeborene Sein, und die Sonne der Tiefe aufgehen, und tausend Schlangen werden sich aus euren toten Stoffe entwickeln und auf die Sonne fallen, um sie zu ersticken. Euer Blut wird dahinströmen. Dieß stellen die Völker dar in diesen Tagen in unvergeßlichen Thaten, die mit Blut in unvergeßliche Bücher eingeschrieben werden zu ewigem Gedächtnisse.

Wenn aber ihr fraget, wieso fallen die Menschen ihre Brüder an mit Waffengewalt und blutiger That, so thun sie solches, dann wenn sie nicht wissen, daß ihre Brüder sie selber sind. Sie sind Selbstopferer, aber sie thun sich gegenseitig den Opferdienst. Sie haben sich alle zu opfern, denn noch ist die Zeit nicht gekommen, wo der Mensch das Blutmesser an sich selber setzt, um sich zu opfern, den er in seinem Bruder tötet. Wen aber töten die Menschen? Sie töten die Edeln, die Tapfern, die Helden. Nach diesen zielen sie und wissen nicht, daß sie mit diesen sich selber meinen. Sie sollten den Helden in ihnen selber opfern, und weil sie es nicht wissen, töten sie ihre tapfern Brüder. Die Zeit ist noch nicht reif. Durch dieses Blutopfer aber soll sie reifen. So lange es möglich ist den Bruder zu morden, anstatt sich selber, ist die Zeit nicht reif. Es muß Furchtbares geschehen, bis die Menschen reif werden. Anders wird aber der Mensch nicht reif. Daher dieses alles, was in diesen Tagen geschieht, auch so sein muß, damit die Erneuerung kommen kann. Denn der Blutquell, welcher der Umhüllung der Sonne folgt, ist auch der Quell des neuen Lebens. Wie es euch die Schicksale der Völker im Dinge darstellen, so wird es in euren Herzen geschehen. Wenn der Held in euch erschlagen ist, dann geht euch die Sonne der Tiefe auf, von ferne leuchtend und von unerhörten Orten. Aber alsogleich wird sich alles in euch beleben, was bisher tot zu sein schien, und wird sich in giftige Schlangen verwandeln, welche die Sonne verhüllen wollen, und ihr werdet in Nacht und Verwirrung fallen. Euer Blut wird aus den vielen Wunden dieses schrecklichen Kampfes strömen. Euer Entsetzen und euer Verzweifeln werden groß sein, aber aus solcher Qual wird das neue Leben geboren. Geburt ist Blut und Qual. Eure Finsterniß, die ihr nicht ahntet, weil sie tot war, wird sich beleben und ihr werdet den Andrang des gänzlich Bösen und Lebenswidrigen, das im Stoffe eures Körpers jetzt noch begraben liegt, fühlen. Die Schlangen aber sind unerhört böse Gedanken und Gefühle. Ihr dachtet, ihr kenntet jenen Abgrund? O ihr Klugen! Es ist ein anderes Ding, ihn zu erleben. Es wird alles an euch kommen. Denket an all die Schrecknisse der teuflischen Grausamkeiten, welche die Menschen selber ihren Brüdern gebracht haben. Das soll an euch kommen in eurem Herzen. Erleidet es an euch selber durch eure eigene Hand und wisset, daß es eure eigne ruchlose und teuflische Hand ist, die euch den Schmerz zufügt, nicht aber euer Bruder, der mit seinen eigenen Teufeln ringt.

Ich möchte, daß ihr sehet, was der gemordete Held bedeutet. Jene namenlosen Menschen, die in unsern Tagen Fürsten ermorden, sind blinde Propheten, welche in Dingen darstellen, was doch nur für die Seele gilt. Durch den Fürstenmord werden wir belehrt, daß der Fürst in uns, der Held, bedroht ist. Ob dieß als ein gutes oder ein schlechtes Zeichen anzusehen sei, darum wollen wir uns nicht kümmern. Was heute schlimm ist, ist in hundert Jahren gut und in zweihundert Jahren wiederum schlecht. Wir müssen aber erkennen, was geschieht: es giebt namenlose in euch, welche euren Fürsten bedrohen, den angestammten Herrscher. Unser Herrscher aber ist der Geist dieser Zeit, der in uns alles beherrscht und führt. Es ist der allgemeine Geist, in dem wir heute denken und handeln. Er ist von ungeheurer Macht, denn er hat dieser Welt unermeßliche Güter gebracht und den Menschen mit unglaublichen Genüssen gefesselt. Er ist geschmückt mit den schönsten heldenhaften Tugenden und möchte die Menschheit zu glänzender Sonnenhöhe emportreiben, in unaufhörlichem Anstiege. Der Held will alles entfalten, was er kann. Der namenlose Geist der Tiefe aber führt heran alles, was der Mensch nicht kann. Das Nichtkönnen hindert fernern Anstieg. Größere Höhe erfordert größere Tugend. Wir besitzen sie nicht. Wir haben sie erst zu schaffen dadurch, daß wir lernen mit unserm Nichtkönnen zu leben. Ihm müssen wir Leben geben. Denn wie sollte es sich anders je zum Können entwickeln? Wir können unser Nichtkönnen nicht erschlagen und uns darüber erheben. Das aber gerade wollten wir. Das Nichtkönnen wird über uns kommen und seinen Antheil am Leben fordern. Wir werden unser an unser Nichtkönnen verlieren und wir werden im Sinne des Geistes dieser Zeit glauben, daß es ein Verlust sei. Es ist aber kein Verlust, sondern ein Gewinn, allerdings nicht an äußern Gütern, aber an innerer Fähigkeit. Wer mit seinem Nichtkönnen leben lernt, hat viel gelernt. Dieß wird uns zur Schätzung der kleinsten Dinge führen und zur weisen Beschränkung, welche durch die größere Höhe erfordert ist. Wenn alles Heldenhafte ausgelöscht ist, fallen wir zurück in die Erbärmlichkeit des Menschlichen und in noch Schlimmeres. Unsere tiefsten Gründe werden in Erregung gerathen, denn unsere höchste Spannung, die der Äußerung galt, wird sie aufrühren. Wir werden in den Schlammpfuhl unserer Unterwelt fallen, in den Schutt aller Jahrhunderte in uns. Das Heldenhafte in dir ist, daß du beherrscht bist durch den Gedanken, daß dieses oder jenes das Gute sei, daß diese oder jene Leistung unerläßlich sei, daß diese oder jene Sache verwerflich sei, daß dieses oder jenes Ziel in geradeausstrebender Arbeit erreicht werden müsse, daß diese oder jene Lust unter allen Umständen und unerbittlich zu unterdrücken sei. Damit sündigst du gegen das Nichtkönnen. Das Nichtkönnen aber ist. Niemand sollte es leugnen, bemängeln oder überschreien.

Zerspaltung des Geistes.

cap. vi.

In der vierten Nacht aber rief ich: In die Hölle fahren heißt selber zur Hölle werden. Es ist alles schrecklich verworren und verwoben. Auf diesen Wüstenpfaden ist nicht bloß glühender Sand, sondern es giebt auch furchtbar umschlingende Unsichtbare, welche die Wüste bewohnen. Das wußte ich nicht. Der Weg ist nur anscheinend frei, die Wüste nur anscheinend leer. Sie scheint belebt zu sein von zauberischen Wesen, die mich mörderisch anfallen und meine Gestalt dämonisch verwandeln. Ich habe wohl ungeheuerliche Form angenommen, in der ich mich nicht mehr erkennen kann. Mir scheint, ich sei eine monströse Thierform, gegen die ich meine Menschlichkeit eingetauscht habe. Dieser Weg ist von höllischen Zaubern umgeben, unsichtbare Schlingen sind über mich geworfen und umschnüren mich. Der Geist der Tiefe aber trat zu mir und sprach: Steige herunter in deine Tiefe, versinke! Ich aber empörte mich gegen ihn und sprach: Wie kann ich versinken? Ich bin unfähig es aus mir selber zu thun. Da sprach der Geist Worte zu mir, die mir lächerlich erschienen, und er sagte: Setze dich nieder, ruhe. Ich aber rief empört: Fürchterlich, es klingt wie Unsinn, verlangst du auch das von mir? Du stürzest die Götter, die mächtig sind und uns Höchstes bedeuten. Meine Seele, wo bist du? Habe ich mich einem blöden Thiere anvertraut, taumle ich wie ein Betrunkener der Grube zu, stammle ich Tolles wie ein Verrückter? Ist das dein Weg, meine Seele? Das Blut kocht mir, und ich könnte dich erwürgen, wenn ich dich fassen könnte. Du spinnst dichteste Finsterniß, und ich bin wie ein Toller in deinen Netzen eingefangen. Aber ich will, lehre mich. Die Seele aber sprach zu mir und sagte: Mein Pfad ist Licht. Ich aber antwortete empört: Nennst du das, was wir Menschen ärgste Finsterniß nennen, Licht? Nennst du Tag Nacht? Darauf sprach meine Seele Worte, die meinen Zorn erregten: Mein Licht ist nicht von dieser Welt. Ich rief: Ich weiß nichts von einer andern Welt. Die Seele antwortete: Soll sie nicht sein, weil du nichts davon weißt? Ich: Aber unser Wissen? Auch unser Wissen gilt dir nichts? Was soll es sein, wenn es nicht Wissen ist? Wo ist Sicherheit? Wo festes Land? Wo Licht? Deine Finsterniß ist nicht bloß schwärzer als Nacht, sondern auch bodenlos. Wenn es das Wissen nicht sein soll, dann vielleicht auch nicht Sprache und Worte? Die Seele: Auch keine Worte. Ich: Vergieb, vielleicht höre ich schlecht, vielleicht mißdeute ich dich? Vielleicht umgarne ich mich mit Selbstbelügen und Affenspiel, mir selber eine Fratze aus eigenen Spiegeln mich angrinsend, ein Narr in meinem eigenen Tollhaus. Vielleicht stolperst du über meine Narrheit? Die Seele: Du täuschest dich, mich belügst du nicht. Deine Worte sind dir Lügen, mir nicht. Ich: Aber ich könnte mich in rasenden Unsinn wälzen, das Widersinnige, das Pervers-stumpfsinnige aushecken? Die Seele: Wer giebt dir Gedanken und Worte? Schaffst du sie? Bist du nicht mein Knecht, ein Empfangender, der vor meiner Thüre liegt und meine Almosen aufliest? Und du wagst es zu denken, daß das, was du ersinnst und sprichst, Unsinn sein könnte? Weißt du noch nicht, daß es aus mir kommt und mir gehört? Ich aber rief voll Zornes: Dann aber muß meine Empörung auch aus dir kommen, dann empörst du dich in mir gegen dich selber. Die Seele sprach darauf die zweideutigen Worte: Das ist Bürgerkrieg. Da befiel mich Schmerz und Wuth und ich antwortete zurück: Welch ein Schmerz, meine Seele, dich hohle Worte machen zu hören, mir ist wie schlechte Comoedie und Gefasel. Aber ich will, ich kann auch durch den Schlamm, das verhaßteste Banale, kriechen, ich kann auch Staub fressen. Das gehört zur Hölle. Ich weiche nicht, ich trotze. Mögen ihre Weisen Qualen ersinnen, spinne bezwinge Monstra, lächerlich-gräßliche Theaterungeheuer heran, ich bin bereit. Bereit, meine Seele, die du ein Teufel bist, auch mit dir zu ringen. Du nahmst eines Gottes Maske vor und ich verehrte dich. Nun nimmst du eines Teufels Maske, welche eine ungeheuerliche, die Maske des Banalen, des ewig Mittelmäßigen! Nur eine Gunst! Laß mich einen Augenblick zurücktreten und überlegen: Lohnt der Kampf mit dieser Maske? Lohnte die Verehrung der Gottesmaske? Ich kann nicht, mir brennt die Kampflust in den Gliedern. Nein, nicht besiegt kann ich den Kampfplatz räumen. Ich will dich fassen, dich erdrücken, Hanswurst, Affe. Wehe, der Kampf ist ungleich, meine Hände greifen Luft. Aber deine Schläge sind auch Luft, und ich merke Posse.

Ich finde mich wieder auf dem Pfade der Wüste. Es war ein Wüstengesicht, ein Gesicht der Einsamen, die die lange Straße wandern. Auf ihr lauern unsichtbare Räuber und Meuchelmörder und senden vergiftete Geschoße. Der Mordpfeil steckt mir wohl im Herzen?

Wie es mir das erste Gesicht vorausgesagt hatte, trat der Meuchelmord aus der Tiefe hervor und kam an mich, so wie im Schicksal der Völker dieser Zeit ein Namenloser hervortrat und die Mordwaffe gegen den Fürsten erhob. Ich fühlte mich verwandelt in eine reißende Bestie, mein Herz glühte in Wuth gegen das Hohe und Geliebte, gegen meinen Fürsten und Helden, so wie der Namenlose des Volkes von Mordgier getrieben sich auf seinen theuern Fürsten stürzte. Weil ich den Mord in mir trug, sah ich ihn voraus. Weil ich den Krieg in mir trug, sah ich ihn voraus. Ich fühlte mich getäuscht und belogen von meinem König. Warum fühlte ich so? Er war nicht das, als das ich ihn haben wollte. Er gab anderes, als was ich erwartete. Er sollte in meinem Sinne König sein, nicht in seinem Sinne. Was ich Ideal nannte, sollte er sein. Meine Seele erschien mir hohl, geschmacklos und nichtssagend. Was ich aber von ihr dachte, galt in Wirklichkeit meinem Ideal. Es war ein wüstengesicht/ ich kämpfte mit meinen eigenen spiegelbildern. es war bürgerkrieg in mir. ich war mir selber mörder und gemordeter. mir stack der tödtliche pfeil im herzen/ und ich wußte nicht/ was es bedeuten sollte. meine gedanken waren mord und todesangst/ die wie gift sich überall in meinem körper verbreitete. und so war das schicksal der völker: der mord des einen war der vergiftete pfeil der in das herz der menschen flog und den gewaltigsten krieg entfachte. dieser mord und die empörung des [illegible] gegen das wollen/ ein judasverrath/ wovon man gerne möchte/ daß ein anderer ihn begangen hätte. wir suchen immer noch den bock/ der unsere sünde tragen soll.

alles/ was zu alt wird/ wird zum übel/ also auch euer höchstes. lernet das von den leiden des gekreuzigten gottes/ daß man einen gott auch verrathen und kreuzigen kann/ nämlich den gott des alten jahres. wenn ein gott aufhört/ der weg des lebens zu sein/ dann muß er heimlich fallen. der gott wird krank/ wenn er die höhe des zenithes überschreitet. darum faßte mich der geist der tiefe/ als mich der geist dieser zeit auf die höhe geführt hatte.

Heldenmord. cap. vii.

Und folgender nacht aber hatte ich ein gesicht: ich war mit einem jüngling in einem hohen gebürge. es war vor tagesanbruch/ der östliche himmel war schon hell. da tönte über die berge das horn Siegfrieds in jubelndem laut. da wußten wir/ daß unser todfeind komme. wir waren bewaffnet/ und lauerten an einem schmalen felspfad/ um ihn zu ermorden. da sahen wir ihn hoch über die berge kommen auf einem wagen aus todtengebein. er fuhr kühn und herrlich über schroffe felsen hinunter und gelangte auf den schmalen pfad/ an dem wir verborgen warteten. als er vor uns um eine ecke bog/ feuerten wir zugleich und er stürzte zu tode getroffen. und ich wandte mich hierauf zur flucht/ und ein ungeheuerer regen rauschte hernieder. danach aber ging ich durch eine qual bis zum tode und ich fühlte es als sicher/ daß ich mich selber tödten müße/ wenn ich das räthsel des heldenmordes nicht lösen könne. da trat der geist der tiefe zu mir und sprach das wort: höchste wahrheit ist eines und dasselbe mit dem widersinnigen. dieses wort erlöste mich und wie ein regen nach langer hitze rauschte in mir hernieder all das zu hoch gespannte. dann hatte ich ein zweites gesicht: ich sah einen herrlichen garten/ darin gingen gestalten in weiße seide gekleidet/ jede umgeben von farbig leuchtenden hüllen/ die einen röthlich/ die andern bläulich und grünlich.

Ich weiß/ ich bin über die tiefe weggeschritten/ und bin durch schuld ein neugeborener geworden. wir leben auch in unseren träumen/ wir leben nicht nur am tage. bisweilen vollbringen wir unsere größten thaten im traume. in jener nacht war mein leben bedroht/ denn ich hatte meinen herrn und gott zu tödten/ nicht in offenem zweikampf/ denn welcher sterbliche vermöchte einen gott im zweikampf zu tödten? du kannst den gott nur mit meuchelmord erreichen/ wenn du ihn überwinden willst. dieses aber ist das bitterste für den sterblichen menschen: unsere götter wollen überwunden sein/ da sie bedürfen der erneuerung. wenn die menschen ihre fürsten tödten/ so thun sie es/ weil sie ihre götter nicht tödten können/ und weil sie nicht wissen/ daß sie ihre götter in ihnen tödten sollen.

wenn der gott alt wird/ wird er zum schatten/ zum unsinn/ er geht zum untergang. größte wahrheit wird zu größter lüge/ hellster tag zu dunkelster nacht. wie tag nacht und nacht tag voraussetzt/ so setzt sinn widersinn/ und widersinn sinn voraus. tag ist nicht durch sich selbst/ nacht ist nicht durch sich selbst. das wirkliche/ das durch sich selbst ist/ ist tag und nacht. also ist das wirkliche sinn und widersinn. mittag ist ein augenblick/ mitternacht ist ein augenblick/ der morgen kommt von der nacht/ der abend geht zur nacht/ aber auch kommt der abend vom tag und geht der morgen zum tag. also ist sinn ein augenblick und übergang von widersinn zu widersinn/ und widersinn nur ein augenblick und übergang von sinn zu sinn.

nun daß Siegfried/ der blonde blauäugige/ der deutsche held durch meine hand fallen mußte/ der treueste und tapferste! er hatte alles in sich/ was ich als das größere/ schönere schätzte/ er war meine kraft/ meine kühnheit/ mein stolz. im gleichen kampfe hätte ich unterliegen müssen/ also blieb mir nur der meuchelmord. wenn ich weiter leben wollte/ konnte es nur sein durch list und tücke. urtheilet nicht! denket an die blonden wilden der deutschen wälder/ die den hammerschwingenden donar an den bleichen asiatischen gott/ der wie ein hühnermarder ans holz genagelt war/ verrathen mußten. die tapferen beschlich gewiß verachtung ihrer selbst. ihre lebenskraft aber gebot ihnen/ weiter zu leben/ und sie verriethen ihre schönen wilden götter/ ihre heiligen bäume und die ehrfurcht der deutschen wälder. was bedeutet Siegfried für den deutschen? was will es sagen/ daß der deutsche Siegfried stirbt! darum habe ich es beinahe vorgezogen/ mich selber zu tödten/ um ihn zu schonen. ich wollte aber weiter leben mit einem neuen gotte. nach dem kreuzestode fuhr der christus zur unterwelt und wurde zur hölle. so nahm er die gestalt des antichrist/ des drachen an. das bild des antichristen/ das uns die alten überliefert haben/ giebt kunde vom neuen gotte/ dessen kommen die alten vorausgesehen. götter sind unvermeidlich. je mehr du den gott fliehst/ desto sicherer fällst du in seine hand. der regen ist die große thränenfluth/ die über die völker kommen wird/ die thränenfluth der entspannung nach der einengung des sterbens/ die die völker mit ungeheuerm drucke belastet hatte. er ist die beweinung des todten in mir/ welche der grablegung und der wiedergeburt vorangeht. der regen ist die befruchtung der erde/ er zeugt den neuen weizen/ den jung aufsprießenden gott.

Gottesempfängniß. cap. viii

In der zweiten nacht dann sprach ich zu meiner seele und sagte: schwer und künstlich scheint mir diese neue welt. künstlich ist ein schlimmes wort/ aber das senfkorn/ das zum baume gedieh/ das wort/ das im schooß einer jungfrau empfangen ward/ wurde zu einem gott/ dem die erde unterthan war. als ich so sprach/ da brach plötzlich der geist der tiefe hervor/ erfüllte mich mit rausch und nebel und sprach mit starker stimme diese worte:

Ich habe dein keim empfangen/ du kommender/ ich habe ihn in tiefster niedrigkeit empfangen/ ich hüllte ihn in strohenhafte lappen und bettete ihn auf das lager armer worte/ und der spott betet ihn an/ dein kind/ dein wundersames kind/ das kind eines kommenden/ das den vater verkündigen soll/ eine frucht/ die älter ist als der baum/ auf dem sie wuchs. mit schmerzen wird du empfangen und freude ist deine geburt. angst ist dein herold/ zweifel steht zu deiner rechten/ enttäuschung zu deiner linken. wir vergiengen in unserer lächerlichkeit und nutzlosigkeit/ als wir dich erblickten. unsere augen erblindeten und unser wissen verstummte/ als wir deinen glanz empfiengen. du neuer funke vom ewigen feuer/ in welche nacht bist du hineingeboren? du wirst von deinen gläubigen wahrhafte gebete erzwingen und sie müssen zu deiner ehre in zungen reden/ die ihnen ein greuel sind. du wirst über sie kommen in der stunde ihrer schmach/ und du wirst ihnen offenbar werden in dem/ das sie hassen/ fürchten und verabscheuen. deine stimme/ der seltenste wohllaut/ wird man vernehmen im gestammel des ungeordneten/ des weggeworfenen und des als werthlos verdammten. dein reich werden die mit händen tasten/ die auch vor der tiefsten niedrigkeit anbeten und deren sehnsucht sie durch den schlammstrom des übels trieb. deine gabe giebst du denen/ die in grauen und zweifel zu dir beten/ und dein licht wird denen leuchten/ deren knie sich widerwillig und voll empörung vor dir beugen müssen. dein leben ist mit dem/ der sich selbst überwunden und seine überwundenheit wieder

der

sich selbst verleugnet hat. Ich weiß, das heil der gnade ist nur denen gegeben, die an das höchste glauben und sich selbst treulos verrathen für dreissig silberlinge. Zu dem grossen mahle sind geladen, die ihre reinen hände beschmutzt und ihr bestes wissen gegen irrthum tauschen und die ihre tugenden aus einer mördergrube holen. Das gestirn deiner geburt ist ein irrender und wandelstern. Dies, o kind des kommenden, sind die wunder, die dafür zeugen werden, daß du ein wahrhafter gott bist.

Als mein führer gefallen war, öffnete der geist der tiefe mein gesicht und ließ mich der geburt des neuen gottes gewahr werden. Das göttliche kind trat mir entgegen aus dem schrecklich zweideutigen, dem häßlich-schönen, dem bös-guten, dem lächerlich-ernsten, dem krankhaft-gesunden, dem unmenschlich-menschlichen und dem ungöttlich-göttlichen. Ich verstand, dann wir im absoluten suchen, nämlich nicht im absolut schönen, guten, ernsten, hohen, menschlichen oder sogar göttlichen zu finden sei. Dort war einst der gott. Ich verstand, daß der neue gott im relativen sei. Ist der gott das absolut schöne und gute, wie soll er die fülle des lebens umfassen, welches schön und häßlich, gut und böse, lächerlich und ernst, menschlich und unmenschlich ist? Wie kann der mensch im schoße der gottheit leben, wenn die gottheit sich nur seiner einen hälfte annimmt? Wenn wir emporgestiegen sind nahe zur höhe des guten und schönen, dann liegt unser schlechtes und häßliches in äußerster qual. Seine qual ist so groß und die luft der höhe so dünn, daß der mensch kaum mehr leben kann. Das gute und das schöne erstarren darum zum eise der absoluten idee, und das schlechte und häßliche werden zu schlammpfützen voll verruchten lebens. Darum mußte der christus nach seinem tode zur höllenfahrt, denn sonst wäre ihm der aufstieg zum himmel unmöglich geworden. Der christus mußte zuvor zu seinem antichristus werden, zu seinem unterirdischen bruder. Niemand weiß, was in den drei tagen geschah, als der christus in der hölle war. Ich habe es erfahren. Die menschen der alten zeit sagten, daß er dort den entschlafenen gepredigt hätte. Es ist wahr, was sie sagen, aber wißt ihr, wie das geschah? Es war narrethei und affenspiel, ein greuliches höllenmummenschanz der allerheiligsten mysterien. Wie hätte der christus seinen antichristus anders erlösen können? Leset die unbekannten bücher der alten und ihr werdet vieles daraus lernen. Merket euch, der christus blieb nicht in der hölle, sondern er stieg empor zur jenseitigen höhe.

Unsere überzeugung vom werthe des guten und schönen ist stark und unverlierbar geworden, darum kann das leben sich darüber hinaus dehnen und all das noch erfüllen, was gebunden und sehnend lag. Das gebundene und sehnende aber ist eben das häßliche und schlechte. Du empörst dich wider das häßliche und schlechte? Daran magst du erkennen, wie groß seine kraft und sein werth des lebens sind. Denkst du, es sei tot in dir? Dieses tote kann sich aber auch in schlangen verwandeln. Die schlangen werden den fürsten deines tages auslöschen. Sahest du, welche schönheit und freude über die menschen kam, als die tiefe diesen größten krieg entfesselte? Und doch war es ein schrecklicher anfang.

Wenn wir die tiefe nicht haben, wie haben wir die höhe? Aber ihr fürchtet die tiefe und wollt nicht gestehen, daß ihr sie fürchtet. Es ist aber gut, daß ihr euch fürchtet, sagt es laut, daß ihr euch fürchtet. Es ist weisheit, sich zu fürchten. Bloß die helden sagen, daß sie furchtlos seien. Ihr wißt aber, was den helden geschieht. Mit furcht und mit zittern, misstrauisch umherblickend, so gehet in die tiefe, auch nicht allein, zu zweien oder mehreren ist größere sicherheit, denn die tiefe ist voll mord. Sichert euch auch den weg des rückzuges. Geht vorsichtig, wie wenn ihr feiglinge wäret, damit ihr den seelenmördern zuvor kommt. Die tiefe möchte euch ganz verschlingen und im schlamm ersticken. Wer zur höllenfahrt geht, wird auch zur hölle. Darum vergeßt nicht, von wannen ihr kommt. Die tiefe ist stärker als wir, also seid klug und keine helden, denn nichts ist gefährlicher als vor sich selber ein held zu sein. Die tiefe möchte euch behalten, schon so viele hat sie nicht wiedergegeben, darum flohen die menschen die tiefe und thaten ihr gewalt an. Wie wenn nun infolge der gewaltthat die tiefe sich in den tod verwandelt hat? Die tiefe aber hat sich in den tod verwandelt, darum gab sie tausendfältigen tod von sich, als sie erwachte. Den tod können wir nicht erschlagen, denn wir haben ihm schon alles leben genommen. Wenn wir den tod noch überwinden wollen, dann müssen wir ihn beleben. Darum nehmet auf eure fahrt auch noch goldene schalen voll süßen lebenstrankes mit, rothen wein, und spendet ihn dem toten stoffe, damit er wieder leben gewinne. Der tote stoff wird sich in die schwarze schlange verwandeln. Erschrecket nicht, die schlange wird alsogleich die sonne eures tages auslöschen und eine nacht mit wunderlichen irrlichtern wird über euch kommen. Gebt euch mühe, den tod zu wecken. Grabet tiefe gruben und werfet opfergaben hinein, damit sie zu den toten gelangen. Sinnet in gutem her zu das böse, dies ist der weg zum aufstieg. Vor dem aufstieg aber ist alles nacht und hölle. Was denkt ihr von dem wesen der hölle? Hölle ist, wenn die tiefe an euch kommt mit allem, dessen ihr nicht mehr oder noch nicht mächtig seid. Hölle ist, wenn ihr nicht erreichen könnt, was ihr erreichen könntet. Hölle ist, wenn ihr all das denken, fühlen und thun müßt, von dem ihr wißt, daß ihr es nicht wollt. Hölle ist, wenn ihr wißt, daß euer müssen auch euer wollen ist und daß ihr euch selber dafür verantwortlich seid. Hölle ist, wenn ihr wißt, daß alles ernste, das ihr mit euch vorhabt, auch lächerlich, alles feine auch roh, alles gute auch schlecht, alles hohe auch niedrig ist und alle wohlthaten auch schandthaten sind. Die tiefste hölle aber ist, wenn ihr inne werdet, daß die hölle auch keine hölle, sondern ein lustiger himmel ist, nicht an sich ein himmel, sondern insofern ein himmel und in-

sofern

fern eine hölle. Das ist die zweideutigkeit des gottes, er wird geboren aus einer dunkeln zweideutigkeit und steigt empor zu einer hellen zweideutigkeit. Eindeutigkeit ist einseitigkeit und führt zum tode. Zweideutigkeit aber ist der weg des lebens. Geht der linke fuß nicht, dann geht der rechte, und du gehst, das will der gott. Ihr sagt: der christliche gott ist eindeutig: er ist die liebe. Doch was ist zweideutiger als die liebe? Die liebe ist der weg des lebens, eure liebe ist aber nur dann ein weg des lebens, wenn sie eine linke und eine rechte hat. Nichts ist leichter als zweideutigkeit spielen und nichts schwerer als zweideutigkeit leben. Wer spielt, ist kind, sein gott ist alt und stirbt. Wer lebt, ist erwachsen, sein gott ist jung und geht hinüber. Wer spielt, versteckt den inneren tod. Wer lebt, fühlt hinüber gehen und unsterblichkeit. Also lasset den spielern das spiel. Laßt fallen, was fallen will, haltet ihr es, so reißt es euch mit. Es giebt eine wahre liebe, die sich um den nächsten nicht kümmert.

Als der held erschlagen und der sinn im widersinn erkannt war, als alles gespannte aus schwangeren wolken herniederrauschte, als alles feige geworden war und auf eigene rettung dachte, da wurde ich der geburt des gottes gewahr. Der gott senkte sich wieder mir in mein herz, als ich verwirrt war von spott und verehrung, von trauern und lachen, von ja und nein. Aus dem zusammenschmelzen der zwei entstand der eine. Er wurde geboren als ein kind aus meiner eigenen menschlichen seele, die wie eine jungfrau mit sträuben ihn empfangen hatte. So entspricht es dem bilde, das die alten uns davon gegeben haben. Als aber die mutter, meine seele, schwanger war mit dem gotte, wußte ich es nicht. Es schien mir sogar, als ob meine seele der gott selber sei, obwohl er nur in ihrem leibe wohnte. Und so ist das bild der alten erfüllt: ich verfolgte meine seele, um das kind in ihr zu töten. Denn ich bin auch der schlimmste feind meines gottes. Ich erkannte aber, daß auch meine feindschaft im gotte beschlossen ist. Er ist spott und haß und zorn, denn auch dieses ist ein weg des lebens.

Ich muß sagen, daß der gott nicht werden konnte, ehe nicht der held erschlagen war. Der held, wie wir ihn verstehen, ist zum feinde gottes geworden, denn der held ist vollkommenheit. Die götter neiden die vollkommenheit des menschen, denn der vollkommene bedarf der götter nicht. Aber da niemand vollkommen ist, bedürfen wir der götter. Die götter lieben das vollkommene, denn es ist der völlige weg des lebens. Die götter aber sind nicht mit dem, der vollkommen sein möchte, denn er ist ein nachahmer des vollkommenen. Nachahmung war ein weg des lebens, als der mensch noch des heroischen vorbildes bedurfte. Des affen art und weise ist ein weg des lebens für den affen und für den menschen, solange er äffisch ist. Das äffische des menschen hält an durch ungeheure zeiträume, aber die zeit wird kommen, wo wiederum ein stück des äffischen vom menschen abfällt. Das wird eine zeit der erlösung sein und des herniedersteigens der taube und des ewigen feuers und heiles. Dann wird kein held mehr sein und keiner, der ihn nachahmen kann. Denn von dieser zeit an ist alle nachahmung verflucht. Der neue gott lacht der nachahmung und der gefolgschaft. Er braucht keine nachbeter und kein schülergefolge. Er zwingt den menschen durch sich selber. Der gott ist sich selber gefolgsmann im menschen. Er ahmt sich selber nach.

Wir denken, daß Innen Einzelnsein sei und Äußeres Allgemeinsein. Äußeres ist Allgemein in bezug auf Äußeres, aber Einzelnsein in bezug auf uns. Innen ist Einzelnsein in bezug auf uns, aber Allgemein in bezug auf Äußeres. Wir sind einzeln, wenn wir in uns sind, aber allgemein in bezug auf Äußeres. Wenn wir aber außer uns sind, so sind wir einzeln und selbstisch im allgemeinen. Unser selbst leidet noth, wenn wir außer uns sind, und so erfüllt es mit seinen bedürfnissen das allgemeine, dadurch wird das allgemeine zum einzeln verfälscht. Wenn wir in uns sind, erfüllen wir das bedürfnis des selbst, wir gedeihen, dadurch werden wir der bedürfnisse des allgemeinen gewahr und können sie erfüllen. Wenn wir einen gott außer uns setzen, so reißt er uns los vom selbst, denn der gott ist stärker als wir, unser selbst verfällt der noth. Wenn aber der gott in das selbst einzieht, dann entreißt er uns der Äußerung. Wir kommen ins einzelnsein in uns, so wird der gott allgemein in bezug auf das Äußere, einzeln aber in bezug auf uns. Niemand hat meinen gott, mein gott aber hat alle, mich selber inbegriffen. Die götter aller einzelnen menschen haben mich und alle andern menschen, mich selber inbegriffen. So ist er in der Tat nur der eine gott trotz seiner vielheit. Zu ihm gelangst du in dir selber und nur dadurch, daß dein selbst dich ergreift. Es ergreift dich im weiteren schreiten deines lebens.

Der held muß fallen um unserer erlösung willen, denn er ist vorbild und verlangt nachahmung. Das maß der nachahmung aber ist erfüllt. Wir sollen zur einsamkeit in uns und vom gott im Äußeren erlöst werden. Wenn wir in diese einsamkeit eingehen, dann beginnt das leben des gottes. Wenn wir in uns sind, dann ist der raum außer uns frei, aber erfüllt vom gotte. Unsere beziehung zum menschen geht durch diesen leeren raum, also durch den gott. Früher aber gieng sie durch das selbstische, denn wir waren außer uns. Darum sagte mir der geist voraus, daß die kälte des weltraumes sich auf die erde legen werde. Damit zeigte er mir im bilde, daß der gott zwischen die menschen tritt und mit der peitsche der eisigen kälte jeden einzelnen zu der wärme seines eigenen klösterlichen herdes treiben werde, denn die menschen schwärmten außer sich herum wie tolle.

Die selbstische begierde will am ende sich selbst. Du findest dich selber in deiner begierde, also sage nicht, die begierde sei eitel. Wenn du dich selber begehrst, so zeugst du in der umarmung mit dir selber den göttlichen sohn. Deine begierde ist der gottvater, dein selbst die gottmutter, der sohn aber ist der neue gott, dein herr. Wenn du dein selbst umarmst, dann erscheint es dir, als ob die welt kalt geworden wäre und leer. In diese leere zieht der kommende gott ein. Wenn du in deiner einsamkeit bist und aller raum um dich ist kalt und unendlich geworden, dann bist du den menschen ferne gerückt und zugleich bist du ihnen nahe gekommen wie noch nie zuvor. Die selbstische begierde führte dich nur anscheinend zu menschen, wirklich aber führte sie dich von ihnen weg und am ende zu dir selber, in das, was dir von den andern am fernsten war. Nun aber, wenn du in der einsamkeit bist, führt dich dein gott zum gott der andern und dadurch zur wahren nähe, zur nähe des selbst im andern. Wenn du in dir selber bist, so wirst du deines nichtkönnens gewahr. Du wirst sehen, wie wenig du fähig bist, helden nachzuahmen und selber held zu sein. Also wirst du auch andere nicht mehr zwingen, helden zu werden. Sie leiden am nichtkönnen wie du. Das nichtkönnen will auch leben, aber es wird eure götter stürzen.

Mysterium.

Begegnung. cap. ix.

In der Nacht, da ich über das Wesen des Gottes nachdachte, wurde ich eines Bildes gewahr: Ich lag in einer dunkeln Tiefe. Ein alter Mann stand vor mir. Er sah aus wie einer der alten Propheten. Zu seinen Füßen lag eine schwarze Schlange. In einiger Entfernung sah ich ein säulengetragenes Haus. Ein schönes Mädchen tritt aus der Thür. Sie geht unsicher und ich sehe, sie ist blind. Der Alte winkt mir und ich folge ihm zum Hause am Fuße der hohen Felswand. Hinter uns kriecht die Schlange. Im Innern des Hauses herrscht Dunkel. Wir sind in einer hohen Halle mit glitzernden Wänden. Im Hintergrunde liegt ein hellwasserfarbener Stein. Wie ich in seine Spiegelung blicke, erscheint mir das Bild der Eva, des Baumes und der Schlange. Darauf erblicke ich Odysseus und seine Fahrt auf weitem Meer. Plötzlich öffnet sich zur Rechten eine Thür in einen Garten voll hellen Sonnenscheins. Wir treten hinaus und der Alte spricht zu mir: Weißt du, wo du bist? I: Ich bin hier fremd und alles ist mir wunderbar, bang wie ein Traum. Wer bist du? E: Ich bin Elias und dieß ist meine Tochter Salome. I: Die Tochter des Herodes, das blutrünstige Weib? E: Warum urtheilst du so? Du siehst, sie ist blind. Sie ist meine Tochter, die Tochter des Propheten. I: Welches Wunder hat euch vereinigt? E: Es ist kein Wunder, es war von Anbeginn so. Meine Weisheit und meine Tochter sind eins. I: Ich bin erstarrt, ich vermag es nicht zu fassen. E: Denke daran: ihre Blindheit und mein Sehen haben uns zu Gefährten gemacht seit Ewigkeit. I: Vergieb mein Staunen, ich bin wohl in der Unterwelt? S: Liebst du mich? I: Wie kann ich dich lieben? Wie kommst du zu dieser Frage? Ich sehe nur eines, du bist Salome, ein Tiger, das Blut des Heiligen klebt an deinen Händen. Wie sollte ich dich lieben? S: Du wirst mich lieben. I: Ich dich lieben? Wer giebt dir das Recht zu solchen Gedanken? S: Ich liebe dich. I: Laß ab von mir, mir graut vor dir, Bestie. S: Du thust mir unrecht. Elias ist mein Vater und er kennt die geheimnißvollsten Tiefen. Die Wände seines Hauses sind von edeln Steinen. Seine Brunnen halten heilkräftige Wasser und sein Auge schaut die künftigen Dinge. Und was gäbest du nicht um einen einzigen Blick in die unendlichen Dinge des Kommenden? Wären sie dir nicht selbst eine Sünde werth? I: Deine Versuchung ist teuflisch. Ich sehne mich zurück nach der Oberwelt. Hier ist es grauenhaft. Wie schwül und schwer ist die Luft! E: Was willst du? Du hast die Wahl. I: Aber ich gehöre nicht zu den Todten. Ich lebe im Lichte des Tages. Warum soll ich mich hier um Salome quälen? Ich habe doch genug am eigenen Leben zu tragen. E: Du hörtest, was Salome sagte. I: Ich kann es nicht glauben, daß du der Prophet sie als Tochter und Gefährtin erkennen kannst. Ist sie nicht aus ruchlosem Samen gezeugt? War sie nicht eitel Gier und verbrecherische Wollust? E: Sie liebte aber einen Heiligen. I: Und hat schmählich sein theures Blut vergossen. E: Sie liebte den Propheten, der der Welt den neuen Gott verkündigte. Ihn liebte sie, verstehst du das? Denn sie ist meine Tochter. I: Meinst du, weil sie deine Tochter sei, liebte sie in Johannes den Propheten, den Vater? E: An ihrer Liebe magst du sie erkennen. I: Aber wie liebte sie ihn? Nennst du das Liebe? E: Was war es anders? I: Mir graut. Wen sollte es nicht grauen, wenn Salome ihn liebt? E: Bist du feige? Bedenke, ich und meine Tochter sind seit Ewigkeit eins. I: Du giebst mir grausame Räthsel auf. Wie könnte es möglich sein, daß dieses heillose Weib und du der Prophet deines Gottes eins wäret? E: Warum wunderst du dich? Du siehst es doch, wir sind beisammen. I: Was ich mit eigenen Augen sehe, das eben ist mir das Unfaßbare. Du, Elias, der du ein Prophet, der Mund Gottes bist, und sie ein blutdürstiges Ungeheuer. Ihr seid doch die Symbole äußerster Gegensätze. E: Wir sind wirklich und keine Symbole. I: Ich sehe, wie sich die schwarze Schlange am Baum emporwindet und sich in den Zweigen verbirgt. Alles wird düster und zweifelhaft. Elias erhebt sich, ich folge und wir gehen schweigend durch die Halle zurück. Der Zweifel zerreißt mich. Es ist alles so unwirklich, und dennoch bleibt ein Stück meiner Sehnsucht zurück. Werde ich wiederkommen? Salome liebt mich, liebe ich sie? Ich höre wilde Musik, das Tamburin, eine schwüle Mondnacht, das blutig-starre Haupt des Heiligen, mich faßt die Angst. Ich stürze hinaus. Es ist finstere Nacht um mich. Wer hat den Helden gemordet? Liebt mich Salome, darum liebe ich sie? Oder habe ich darum den Helden gemordet? ~~liebt~~ Sie ist eins mit dem Propheten, eins mit Johannes, eins auch mit mir? Wehe, war sie die Hand Gottes? Ich liebe sie nicht, ich fürchte sie. Da sprach der Geist der Tiefe zu mir und sagte: daran erkennst du ihre göttliche Kraft. Muß ich Salome lieben?

Dieses Spiel, das ich schaute, ist mein Spiel, nicht euer Spiel. Es ist mein Geheimnis, nicht eures. Ihr könnt mich nicht nachahmen. Mein Geheimnis bleibt jungfräulich und meine Mysterien sind unverletzt, sie gehören mir und können nie euch gehören. Ihr habt das eurige. Wer in das Seinige eintritt, der muß nach dem Nächsten tasten, muß seinen Weg erfühlen von Stein zu Stein. Er muß das Werthlose und das Werthvolle mit gleicher Liebe umfassen. Ein Berg ist ein Nichts und ein Sandkorn birgt Königreiche oder auch nichts. Das Urtheil muß von dir abfallen, selbst der Geschmack, vor allem aber der Stolz, selbst wenn er auf Verdienst beruht. Ganz arm, elend, demüthig, unwissend gehe durch das Tor. Wende deinen Zorn gegen dich selbst, denn nur du selbst hinderst dich am Schauen wie am Leben. Das Mysterienspiel ist zart wie Luft und dünner Rauch und du bist roher Stoff, der störend schwer ist. Deine Hoffnung aber, die dein höchstes Gut und höchstes Können ist, laß vorangehen und

dir als Führerin in der Welt des Dunkeln dienen, denn sie ist von ähnlicher Substanz wie die Gestaltungen jener Welt.

Der Schauplatz des Mysterienspieles ist eine Tiefe wie der Krater eines Vulcans. Mein Tiefstes ist ein Vulkan, der die feuerflüssige Masse des Ungeformten, des Ununterschiedenen herausstößt. So gebärt mein Innerstes die Kinder des Chaos, der uralten Mutter. Wer in den Krater eingeht, wird selber zu chaotischem Stoffe, er zerschmilzt. Das Geformte in ihm löst sich auf und verbindet sich aufs neue mit den Kindern des Chaos, den Mächten des Dunkels, den beherrschenden und verführenden, den zwingenden und den anlockenden, den göttlichen und den teuflischen. Diese Mächte greifen auf allen Seiten über mein Bestimmtes und Begrenztes hinaus und verbinden mich mit allen Formen und mit allen fernen Wesen und Dingen, wodurch mir innere Kunde wird von ihrem Sein und ihrer Beschaffenheit. Weil ich in den Quell des Chaos, in das Uranfängliche, gefallen bin, so werde ich selber umgeschmolzen in die Verbindung mit dem Uranfänglichen, welches zugleich das Gewesene und das Werdende ist. Zuerst komme ich in das Uranfängliche in mir. Dadurch aber, daß ich ein Theil des Weltstoffes und der Weltgestaltung bin, komme ich auch in das Uranfängliche der Welt überhaupt. Ich habe zwar als ein Geformtes und Bestimmtes am Leben theilgenommen, aber nur vermittels meines geformten und bestimmten Bewußtseins und dadurch am geformten und bestimmten Stücke des Weltganzen, nicht aber am Ungeformten und Unbestimmten der Welt, welches mir ebenfalls gegeben ist. Es ist aber nur meiner Tiefe gegeben, nicht meiner Oberfläche, welche geformtes und bestimmtes Bewußtsein ist. Die Mächte meiner Tiefe sind das Vorbestimmen und die Lust. Das Vorbestimmen oder Vordenken ist der Prometheus, der ohne bestimmte Gedanken das Chaotische zur Form und Bestimmtheit bringt, der die Canäle gräbt und der Lust den Gegenstand vorhält. Das Vordenken ist auch vor dem Denken. Die Lust aber ist die Kraft, die an sich ohne Form und Bestimmtheit Form begehrt und zerstört. Sie liebt die Form, welche sie umfaßt, und zerstört die Form, die sie nicht aufnimmt. Das Vordenkende ist ein Seher, die Lust aber ist blind. Sie sieht nicht vor, sondern begehrt, was sie anrührt. Das Vordenken ist an sich unkräftig und daher nicht bewegend. Die Lust aber ist Kraft und daher bewegend. Das Vordenken bedarf der Lust, um zur Gestaltung zu gelangen. Die Lust bedarf des Vordenkens, um zur Form zu gelangen, deren sie bedarf. Wenn die Lust des Formenden entbehrte, so würde sie an das Mannigfaltige zerfließen und durch unendliche Theilung würde sie zersplittert und ohnmächtig verloren an das Unendliche. Wenn nicht eine Form die Lust in sich faßt und zusammenpreßt, kann sie nicht zu Höherem gelangen, denn sie fließt wie Wasser immer von oben nach unten. Alle Lust, sich selbst überlassen, fließt ins tiefe Meer und endet im unbewegten Tode der Ausstrahlung in den unendlichen Raum. Lust ist nicht älter als Vordenken und Vordenken nicht älter als Lust. Beide sind gleich alt und in der Natur innig eins. Im Menschen nur wird uns das Getrenntsein der beiden Principien offenbar. Außer Elias und Salome fand ich als Drittes Princip die Schlange. Sie ist ein Fremdes zwischen den beiden Principien, obschon es mit beiden verknüpft ist. Die Schlange lehrt mir die unbedingte wesentliche Verschiedenheit der beiden Principien in mir. Wenn ich vom Vordenken zur Lust hinüber sehe, so sehe ich zuerst die abschreckende giftige Schlange. Wenn ich von der Lust zum Vordenken hinüber fühle, so fühle ich zuerst die kalte grausame Schlange. Die Schlange ist das erdhafte Wesen des Menschen, dessen er sich nicht bewußt ist. Seine Art ändert nach Land und Volk, denn es ist das Geheimnis, das ihm aus der nährenden Erdmutter zufließt. Das Erdhafte (numen loci) trennt das Vordenken und die Lust im Menschen, aber nicht an sich. Die Schlange hat das Schwere der Erde an sich, aber auch ihr Wandelbares und Keimendes, aus dem alles Werdende wird. Immer ist es die Schlange, die bewirkt, daß der Mensch bald dem einen, bald dem andern Princip dermaßen verfällt, daß es zum Irrthum wird. Man kann nicht leben mit Vordenken allein oder mit Lust allein. Du bedarfst beider. Du kannst aber nicht zugleich im Vordenken und in der Lust sein, sondern nur abwechselnd im Vordenken und in der Lust sein mußt du, den jeweiligen Gesetzen gehorchend, sozusagen untreu dem andern. Die Menschen ziehen aber das eine oder das andere vor. Die einen lieben das Denken und gründen darauf die Kunst des Lebens. Sie üben ihr Denken und ihre Vorsicht, so verlieren sie ihre Lust. Darum sind sie alt und haben ein scharfes Gesicht. Die andern lieben die Lust, sie üben ihr Fühlen und Erleben, so verlieren sie das Denken. Darum sind sie jung und blind. Die Denkenden gründen die Welt auf Gedachtes, die Fühlenden auf Gefühltes. Du findest Wahrheit und Irrthum in beiden. Der Weg des Lebens windet sich der Schlange gleich von rechts nach links und von links nach rechts, vom Denken zur Lust und von Lust zum Denken. Also ist die Schlange zwar ein Widersacher und Symbol der Feindschaft, aber eine weise Brücke, welche rechts und links durch die Sehnsucht verbindet, wie es unserm Leben nothtut. Der Ort, wo Elias und Salome zusammen wohnen, ist ein dunkler Raum und ein heller. Der dunkle Raum ist der Raum des Vordenkens. Er ist dunkel, darum bedarf der, der ihn bewohnt, des Sehens. Dieser Raum ist begrenzt, darum führt das Vordenken nicht in die ausgedehnte Weite, sondern in die Tiefe des Vergangenen und Zukünftigen. Der Krystall ist der geformte Gedanke, der im Vergangenen Kommendes spiegelt. Vo und die Schlange zeigte mir, daß mein nächster Weg hinüber führe zur Lust und daraus wiederum weiter auf langer Irrfahrt, wie Odysseus. Er fuhr in die Irre, als er Troja listig gefällt hatte. Der helle Garten ist der Raum der Lust. Wer ihn bewohnt, bedarf des Sehens nicht, er fühlt die Unendlichkeit. Ein Denkender, der in sein Vordenken hinuntersteigt, findet einen nächsten Weg in den Garten der Salome. Darum fürchtet der Denkende sein Vordenken, obschon er auf dem Grunde des Vordenkens lebt. Die sichtbare Oberfläche ist sicherer als die Untergründe. Das Denken schützt vor Irrwegen, darum führt es zur Versteinerung. Ein Denkender fürchte Salome, denn sie will seinen Kopf, besonders wo er ein Heiliger ist. Ein Denkender sei kein Heiliger, sonst verfällt sein Kopf. Es hilft nichts, sich im Denken zu verkriechen. Dort ereilt dich die Erstarrung. Du mußt zum mütterlichen Vordenken zurückkehren, um Erneuerung zu holen. Das Vordenken aber führt zu Salome.

Weil ich ein Denkender war und das feindliche Princip der Lust vom Vordenken aus erblickte, erschien sie mir als Salome. Wäre ich ein Fühlender gewesen und hätte mich hinüber getastet nach dem Vordenken, so wäre es mir erschienen als ein schlangenhafter Daemon, wenn ich ihn überhaupt gesehen hätte. Aber ich wäre ja blind gewesen. Ich hätte dabei nur Glitschiges, Totes, Gefährliches, überwunden Geglaubtes, Fades, Süßliches gefühlt, und ich hätte mich mit dem gleichen Schauder abgewandt, mit dem ich mich von Salome abwandte. Die Lüste des Denkenden sind übel, darum hat er keine Lust. Die Gedanken des Fühlenden sind übel, darum hat er keine Gedanken. Wer lieber denkt, als fühlt, der läßt sein Fühlen im Dunkeln vermodern. Es wird nicht reif, sondern treibt im Moder kränkliche Ranken, die das Licht nicht erreichen. Wer lieber fühlt als denkt, der läßt sein Denken im Dunkeln, wo es in schmutzigen Ecken seine Netze spinnt, oder es spinnt, in denen sich Mücken und Nachtfalter fangen. Der Denkende fühlt das Widerwärtige der Gefühle, denn das Gefühl in ihm ist hauptsächlich widerwärtig. Der Fühlende denkt sich das Widerwärtige der Gedanken, denn das Denken in ihm ist hauptsächlich widerwärtig. Also liegt die Schlange zwischen dem Denkenden und dem Fühlenden. Sie sind sich gegenseitig Gift und Heilung. Im Garten mußte es mir offenbar werden, daß ich Salome liebe. Diese Erkenntniß bedrückte mich, denn ich hatte es nicht gedacht. Was ein Denkender nicht denkt, davon glaubt er, es sei nicht, und was ein Fühlender nicht fühlt, davon glaubt er, es sei nicht. Das Ganze beginnst du zu ahnen, wenn du dein Gegenprincip umfassest, denn das Ganze beruht auf zwei Principien, die aus einer Wurzel wachsen. Elias sagte: an ihrer Liebe sollst du sie erkennen. Nicht nur du heiligst das Objekt, sondern das Objekt heiligt auch dich. Salome liebte den Propheten, das heiligte sie. Der Prophet liebte Gott, das heiligte ihn. Salome aber liebte Gott nicht, und das entheiligte sie. Der Prophet aber liebte Salome nicht, und das entheiligte ihn. Also waren sie sich Gift und Tod. Der Denkende empfange seine Lust, der Fühlende sein eigenes Denken. Solches führt auf den Weg.

Belehrung. cap. X.

In der folgenden Nacht wurde ich zu einem zweiten Bilde geführt: Ich stehe in der Felsentiefe, die mir wie ein Krater erscheint. Vor mir sehe ich das säulengetragene Haus. Ich sehe Salome längs der Wand des Hauses nach links gehen, den Weg tastend als eine Blinde. Ihr folgt die Schlange. Am Tore steht der Alte und winkt mir. Ich trete zögernd näher. Er ruft Salome zurück. Sie ist wie eine Leidende. Ich kann an ihr wenig von ihrem Frevel entdecken. Ihre Hände sind weiß und ihr Gesicht ist von sanftem Ausdruck. Vor den beiden liegt die Schlange. Ich stehe vor ihnen, ungeschickt, wie ein thörichter Knabe, überwältigt von Ungewißheit und Zweideutigkeit. Der Alte sieht mich forschend an und sagt: Was willst du hier? I: Vergieb, es ist nicht Zudringlichkeit oder Anmaßung, die mich hieher treibt. Ich bin wie von ungefähr hier, nicht wissend, was ich will. Eine Sehnsucht, die gestern in deinem Hause zurückblieb, hat mich hieher gebracht. Siehe, Prophet, ich bin müde, mein Kopf ist schwer wie Blei. Ich bin verirrt in meiner Unwissenheit. Ich habe genug mit mir selber gespielt. Es waren heuchlerische Spiele, die ich mit mir trieb, und sie wären mir alle zum Ekel geworden, wenn es nicht klug wäre, in der Welt der Menschen das zu spielen, was die andern von uns erwarten. Es ist mir, als ob ich hier wirklicher wäre. Und doch liebe ich es nicht, hier zu sein. Elias und Salome treten wortlos ins Innere des Hauses. Ich folge widerstrebend nach. Mich quält ein Schuldgefühl. Ist es böses Gewissen? Ich möchte umkehren, aber ich kann nicht. Ich stehe vor dem Feuerspiel des leuchtenden Krystalls. Ich sehe im Glanze die Gottesmutter mit dem Kinde. Davor steht Petrus in Verehrung, dann Petrus allein mit den Schlüsseln, der Papst mit dreifacher Krone, ein sitzender starrer Buddha im Feuerkreise, eine vielarmige blutige Göttin, Salome ist es mit verzweifelt gerungenen Händen, es faßt mich an, sie ist meine Seele selber und nun sehe ich Elias im Bilde des Steines. Elias und Salome stehen lächelnd vor mir. I: Dieses Schauen ist qualvoll und der Sinn dieser Bilder ist mir dunkel, Elias, ich möchte dich bitten, gieb Licht. Elias wendet sich schweigend ab und geht nach links voran, Salome wendet sich nach rechts in einen Säulengang. E führt mich in einen noch dunkleren Raum. An der Decke hängt eine röthlich brennende Lampe. Ich setze mich erschöpft nieder. E sitzt vor mir, an einen Marmorlöwen gelehnt, in der Mitte des Raumes. E: Ist dir bange? Deine Unwissenheit trägt Schuld an deinem bösen Gewissen. Nichtwissen ist Schuld, du aber wähnst, der Drang nach verbotenem Wissen sei die Ursache deines Schuldgefühles. Warum denkst du, daß du hier bist? I: Ich weiß es nicht. Ich versank an diesen Ort, als ich unwissend dem Nichtgewußten mir entgegenschritt. So bin ich hier, erstaunt und verwirrt, ein unwissender Thor. Ich erfahre Wunderliches in deinem Hause, Dinge, die mich erschrecken und deren Bedeutung mir dunkel ist. E: Wäre es nicht dein Gesetz, hier zu sein, wie wärest du hier? I: Mich befällt das Gefühl tödlicher Schwäche, mein Vater. E: Du weichst aus. Du kannst dich deinem Gesetz nicht entwinden. I: Wie kann ich mich dem entwinden, was mir unbekannt ist, was ich auch mit Gefühl und Ahnung nicht erreichen kann? E: Du lügst. Weißt du nicht, daß du selber erkannt hast, was es bedeutet, wenn Salome dich liebt? I: Du hast recht. Es ist mir ein zweifelnder und unsicherer Gedanke emporgestiegen, aber ich hatte ihn wieder vergessen. E: Du hast ihn nicht vergessen, er brannte tief in deinem Innern. Bist du feige? Oder kannst du diesen Gedanken nicht genug von dir selber unterscheiden, sodaß du ihn für dich in Anspruch nehmen wolltest? I: Der Gedanke gieng mir zu weit und ich scheue vor weitfliegenden Ideen. Sie sind gefährlich, denn ich bin ein Mensch, und du weißt, wie sehr die Menschen gewöhnt sind, Gedanken als ihr eigenes anzusehen, sodaß sie sich schließlich selber damit verwechseln. E: Wirst du dich darum mit einem Baum oder Thier verwechseln, weil du sie anschaust und weil sie mit dir in einer und derselben Welt existieren? Mußt du deine Gedanken sein, weil du in der Welt deiner Gedanken bist? Deine Gedanken sind aber doch ebensosehr außerhalb deines Selbst, wie Bäume und Thiere außerhalb deines Körpers sind. I: Ich verstehe. Meine Gedankenwelt war für mich mehr Wort als Welt. Ich dachte von meiner Gedankenwelt: sie sei ich. E: Sagst du zu deiner Menschenwelt und zu jeglichem Wesen außer dir: du bist ich? I: Ich trat in dein Haus, mein Vater, mit der Angst eines Schulknaben. Du aber lehrtest mich heilsame Weisheit. Ich kann meine Gedanken als außerhalb meiner selbst seiend betrachten. Das hilft mir, zu jenem erschreckenden Gedanken zurückkehren, den meine Zunge auszusprechen scheut. Ich dachte nämlich, Salome liebe mich, weil ich Johannes oder dir ähnlich sei. Dieser Gedanke schien mir unglaubhaft. Deßhalb verwarf ich ihn und dachte, sie liebe mich, weil ich dir gerade sehr entgegengesetzt sei, sie liebe ihr Schlechtes in meinem Schlechten. Dieser Gedanke war vernichtend. Elias schweigt. Schwere liegt auf mir. Da tritt Salome herein, nähert sich mir und legt ihren Arm um meine Schultern. Sie hält mich wohl für ihren Vater, in dessen Stuhl ich sitze. Ich wage mich nicht zu rühren, noch zu sprechen. S: Ich weiß, du bist nicht der Vater. Du bist sein Sohn und ich bin deine Schwester. I: Du Salome, meine Schwester? War dies der schreckliche Reiz, der von dir ausströmte, jenes unnennbare Entsetzen vor dir, vor deiner Berührung? Wer war unsere Mutter? S: Maria. I: Ist es ein höllischer Traum? Maria, unsere Mutter? Welcher Wahnsinn lauert in deinen Worten? Die Mutter des Heilandes, unsere Mutter? Als ich heute eure Schwelle überschritt, ahnte mir Unheil. Wehe, es ist eingetroffen. Bist du von Sinnen, Salome? Elias, Hüter des göttlichen Rechtes, sage: ist es ein teuflischer Zauber der Verworfenen? Wie kann sie solches sagen? Oder seid ihr beide von Sinnen? Ihr seid Symbole, und Maria ist ein Symbol. Ich bin nur zu verwirrt, um euch jetzt zu durchschauen. E: Du magst uns Symbole nennen, mit dem gleichen Rechte, mit dem du auch deine Mitmenschen Symbole nennen kannst, wenn du Lust dazu hast. Aber wir sind ebenso wirklich wie deine Mitmenschen. Du entkräftest nichts und lösest nichts dadurch, daß du uns Symbole nennst. I: Du stürzest mich in eine ungeheuerliche Verwirrung. Ihr wollt wirklich sein? E: Gewiß sind wir das, was du wirklich nennst. Hier sind wir und du hast uns anzunehmen. Du hast die Wahl. I schweige. Salome hat sich von mir entfernt. Ich blicke zweifelnd um mich. Hinter mir brennt eine hohe gelbröthliche Flamme auf einem runden Altar. Um die Flamme herum hat sich die Schlange im Kreis gelegt. Ihre Augen glitzern gelblichen Widerschein. Ich wende mich schwankend zum Ausgang. Wie ich in die Halle hinaustrete, sehe ich vor mir einen gewaltigen Löwen gehen. Draußen ist weite kalte Sternennacht.

Es ist kein Kleines, sich seine Sehnsucht einzugestehen. Viele bedürfen dazu einer besondern Anstrengung ihrer Ehrlichkeit. All zu viele wollen nicht wissen, wo ihre Sehnsucht ist, denn es erschiene ihnen unmöglich oder zu betrübend. Und doch ist die Sehnsucht der Weg des Lebens. Wenn du deine Sehnsucht dir nicht eingestehst, dann folgst du dir nicht selber, sondern gehst fremde Wege, die durch andere dir vorgezeichnet sind. So lebst du nicht dein, sondern ein fremdes Leben. Wer aber soll dein Leben leben, wenn du es nicht lebst? Es ist nicht nur dumm, sein eigenes Leben gegen ein fremdes zu vertauschen, sondern auch ein heuchlerisches Spiel, denn nie kannst du wirklich das Leben des andern leben, du giebst es nur vor, täuschest den andern und dich selbst, denn du kannst nur dein eigenes Leben leben. Wenn du dich selbst aufgiebst, so lebst du es im andern, dadurch wirst du dem andern selbstisch, und so täuschest du den andern. Alle glauben dann, daß solch ein Leben möglich sei. Es ist aber nur äffische Nachahmung. Damit daß du deinem äffischen Gelüsten nachgiebst, steckst du die andern an, weil der Affe das Äffische anregt. So machst du dich und die andern zu Affen. Durch wechselseitige Nachahmung lebt ihr nach der durchschnittlichen Erwartung, für die von jeder Zeit durch die Nachahmungsgelüste allen ein Bild aufgestellt wurde, ein Held. Darum wurde der Held gemordet, denn wir sind alle an ihm zu Affen geworden. Weißt du, warum du vom Äffischen nicht lassen kannst? Aus Furcht vor der Einsamkeit und dem Unterliegen.

Sich selber leben heißt: sich selber Aufgabe sein. Sage nie, es sei eine Lust, sich selber zu leben. Es wird keine Freude sein, sondern ein langes Leiden, denn du mußt dein eigener Schöpfer werden. Wenn du dich erschaffen willst, dann fängst du nicht mit dem Besten und Höchsten an, sondern mit dem Schlechtesten und Tiefsten. Darum sage, es widerstehe dir, dich selber zu leben. Das Zusammenfließen der Lebensströme ist nicht Freude, sondern Schmerz, denn es ist Gewalt wider Gewalt, Schuld, und zerbricht Geheiligtes. Das Bild der Gottesmutter mit dem Kinde, das ich vorschaue, deutet mir das Geheimniß der Verwandlung. Wenn Vordenken und Lust sich in mir einigen, so entsteht daraus ein Drittes, der göttliche Sohn, welcher ist der Übersinn, das Symbol, das Hinübergehen in eine neue Creatur. Ich werde nicht selber zum Übersinn oder Symbol, sondern das Symbol wird in mir, derart, daß es seine Substanz hat und ich meine. So stehe ich wie Petrus in Verehrung vor dem Wunder der Verwandlung und der Wirklichwerdung Gottes in mir. Obschon ich also der Gottessohn nicht selber bin, so vertrete ich ihn dennoch als einer, der der Gottesmutter war der. Darum im Namen des Gottes die Freiheit des Bindens und Lösens gegeben ist. Das Binden und Lösen geschieht in mir. Der weil es in mir geschieht und ich ein Theil bin der Welt, so geschieht es auch durch mich in der Welt, und niemand kann es hindern. Es geschieht nicht etwa auf dem Wege meines Willens, sondern auf dem Wege unvermeidlichen Wirkens. Nicht ich bin Herr über es, sondern das Sein des Gottes in mir. Mit dem einen Schlüssel schließe ich die Vergangenheit ab, mit dem andern eröffne ich die Zukunft. Dies geschieht, indem ich mich verwandle. Das Wunder der Verwandlung gebietet. Ich bin sein Diener, gleichsam wie der Papst. Du siehst, wie wahnwitzig es wäre, solches von sich zu glauben. Es gilt nicht mir, sondern dem Symbol. Das Symbol wird zu meinem Herrn und unfehlbaren Gebieter. Es wird seine Herrschaft befestigen und wird sich zu einem starren und räthselvollen Bilde wandeln, dessen Sinn sich ganz nach innen wendet und dessen Lust nach außen strahlt, wie flammendes Feuer, ein Buddha in der Flamme. Und ich dermaßen in mein Symbol mich versenke, wandelt mich das Symbol von meinem Einen in mein Anderes und jene grausame Göttin meines Innern, meine weibliche Lust, mein eigenes Anderes, das Gequälte, Quälende, das zu Quälende. Ich habe diese Bilder gedeutet, so gut ich es kann, mit armen Worten.

Folge im Augenblicke deiner Verwirrung deinem Vordenken und nicht deinem blinden Begehren, denn das Vordenken führt dich zum Schwierigen, das immer zuerst kommen soll. Es kommt jeder: wenn du ein Licht suchst, fällst du zuerst in ein noch tieferes Dunkel. In diesem Dunkelsten findest du ein Licht mit schwacher röthlicher Flamme, das nur geringe Helligkeit giebt, aber es genügt, um Nächstes zu sehen. Es ist erschöpfend, an dieses Ziel zu gelangen, das kein Ziel zu sein scheint. Und es ist gut so: ich bin gelähmt und darum bereit, anzunehmen. Mein Vordenken stützt sich auf den Löwen, meine Kraft. Ich hielt an der geheiligten Form und wollte dem Chaos nicht gestatten, seine Dämme zu brechen. Ich glaubte an die Ordnung der Welt und haßte alles Ungeordnete und Ungeformte. Darum mußte ich vor allem einsehen, daß mein eigenes Gesetz mich an diesen Ort gebracht hatte. Als der Gott in mir ward, dachte ich, er sei ein Theil meines Selbst. Ich dachte, daß mein Ich ihn umfaßte, und hielt ihn darum für meinen Gedanken. Von meinen Gedanken dachte ich aber, daß sie Theile meines Ichs seien. Ich setzte so mich selber in meine Gedanken, und so mich selber auch in den Gottgedanken, und ich ihn einen Theil meines Selbst hielt. Ich hatte ob meinen Gedanken mich selbst verlassen. Darum wurde mein Selbst hungrig und machte Gott zu einem selbstischen Gedanken. Wenn ich mein Selbst verlassen habe, so wird der Hunger mich treiben, mein Selbst in meinen Gegenstand zu suchen, also in meinen Gedanken. Darum liebst du vernünftige und geordnete Gedanken, denn du könntest es nicht ertragen, wenn dein Selbst in ungeordneten, d. h. unpassenden Gedanken wäre. Durch deinen Selbstsuchtwunsch pflückest du alles in deinen Gedanken auf, was dir nicht geordnet, d. h. nicht passend erscheint. Ordnung schaffst du nach dem, was du weisst. Die Gedanken des Chaos aber weisst du nicht, und doch sind sie. Meine Gedanken sind nicht mein Selbst, und mein Ich umfasst den Gedanken nicht. Dein Gedanke hat diese Bedeutung und eine andere, nicht bloss eine, sondern viele Bedeutungen. Niemand weiss wie viele. Meine Gedanken sind nicht mein Selbst, sondern genau so wie die Dinge der Welt, Lebendes und Totes. So wie ich nicht beschädigt bin dadurch, dass ich in einer theilweise ungeordneten Welt lebe, so bin ich auch nicht geschädigt, wenn ich in meiner theilweise ungeordneten Gedankenwelt lebe. Gedanken sind Naturereignisse, die du nicht besitzest und deren Bedeutung du nur ganz unvollkommen kennst. Die Gedanken wachsen in mir wie ein Wald, welchen Thiere bevölkern. Aber der Mensch ist herrisch in seinen Gedanken, dadurch tötet er die Lust des Waldes und der wilden Thiere. Der Mensch ist gewaltthätig in seinen Begehren und wird selber zum Walde und zum wilden Gethier. Sowie ich die Freiheit in der Welt habe, habe ich auch die Freiheit in meinen Gedanken. Die Freiheit ist bedingt. Zu gewissen Dingen der Welt muss ich sagen: ihr sollt nicht so, sondern anders sein. Ich schaue aber ihre Zukunft vorher sorgfältig an, sonst kann ich sie nicht ändern. Gleicherweise verfahre ich mit gewissen Gedanken. Du änderst jene Dinge der Welt, die ohne selber nützlich zu sein, dein Wohl gefährden. Ebenso verfahre mit Gedanken. Nichts ist vollkommen und vieles ist im Widerstreit. Der Weg des Lebens ist verwickelt, nicht ausschliesslich. Das Wohl ist ein besseres Richtmass als das Recht.

Als ich aber der Freiheit in meiner Gedankenwelt gewahr wurde, da nahm mich Salome und so wurde ich zum Propheten. Den ich hatte lieber am Uranfänglichen, am Walde und den andern wilden Thieren gefunden. Zu nahe liegt es mir, mich mit meinen geschauten Gleichnissen zu setzen, als dass ich mich an ihnen schauend freuen könnte. Ich bin in Gefahr zu glauben, dass ich selber von Bedeutung sei, weil ich das Bedeutende schaue. Daran werden wir immer und immer wieder verrückt und wir machen das Geschaute zur Narrheit und zum Affenspiel, weil wir von der Nachahmung nicht lassen können.

So wie mein Denken der Sohn des Vordenkens ist, so ist meine Lust die Tochter der Liebe, der unschuldigen und empfangenden Gottesmutter. Maria hat neben dem Christo Salome geboren. Darum sagt der Christus im Evangelio der Aegypter zu Salome: „Iss jegliches Kraut, aber das bittere iss nicht." Und als Salome wissen wollte, da sprach der Christus zu ihr: „Wenn ihr die Hülle der Scham zertretet und wenn die zwei eins werden und das Männliche mit dem Weiblichen, weder männlich noch weiblich." Das Vordenken ist der Zeugende, die Liebe der Empfangende. Beide sind jenseits dieser Welt. Hier sind Verstand und Lust, der andere Ahnen wir bloss. Es wäre Wahnsinn zu behaupten, sie sei in dieser Welt. Um dieses Licht liegt soviel Räthselvolles und Schlanghaftes. Ich gewann die Macht aus der Tiefe wieder zurück und wie ein Löwe gieng sie vor mir her.

Lösung · cap. xi ·

In der dritten Nacht dann erfasste mich tiefe Sehnsucht, das Mysterium weiter zu erleben. Gross war der Widerstreit zwischen Zweifel und Wunsch in mir. Aber plötzlich sah ich, dass ich an einem steilen Felsgrat in wüster Gegend stand. Es ist blendender heller Tag. Der Blick aber mir in grösserer Höhe den Propheten. Seine Hand macht eine abwehrende Bewegung und ich stehe ab von meinem Entschluss hinaufzusteigen. Ich harre unten und aufblickend schaue ich: rechts ist dunkle Nacht, links ist heller Tag. Der Fels scheidet Tag und Nacht. Auf der dunkeln Seite liegt eine grosse schwarze Schlange, auf der hellen Seite eine weisse Schlange. Sie recken kampfbegierig ihre Häupter gegen einander. Elias steht in der Höhe über ihnen. Da stürzen die Schlangen gegen einander und ein furchtbares Ringen hebt an. Die schwarze Schlange scheint stärker zu sein, die weisse weicht zurück. Grosse Staubwolken erheben sich vom Kampfplatz. Ich sehe aber: die schwarze Schlange zieht sich wieder zurück. Der vordere Theil ihres Körpers ist weiss geworden. Beide Schlangen ringeln sich auf und verschwinden, die eine im Licht, die andere im Dunkel. Elias: Was hast du gesehen? Ich: Ich sah den Kampf zweier gewaltiger Schlangen. Es schien mir, als ob die schwarze die weisse Schlange überwinden werde, aber siehe da, die schwarze zog sich zurück und ihr Haupt und der vordere Theil ihres Körpers war weiss geworden. E: Verstehst du dies? I: Ich habe nachgedacht, aber ich kann es nicht verstehen. Soll es heissen, dass die Macht des guten Lichtes so gross sei, dass selbst das Dunkel, das ihm widerstrebt, davon erhellt wird? Elias steigt vor mir zur Höhe empor, zu einer sehr grossen Höhe; ich folge. Auf dem Gipfel kommen wir an ein Mauerwerk aus gewaltigen Blöcken gefügt. Es ist ein runder um den Gipfel gezogener Wall. Innen liegt ein grosser Hofraum und in der Mitte befindet sich ein mächtiger Felsblock, wie ein Altar. Auf diesem Stein steht der Prophet und spricht: Dies ist der Tempel der Sonne. Dieser Raum ist ein Gefäss, welches das Licht der Sonne sammelt. Elias steigt von Steine herunter, seine Gestalt wird im Herunterstehen kleiner, schliesslich zwerghaft, ihm selber unähnlich. Ich frage: Wer bist du? Ich bin Mime und ich will dir die Quellen zeigen. Das geschmolzene Licht wird zu Wasser und fliesst in vielen Quellen vom Gipfel in die Erdtäler. Er taucht grauenhaft in eine Felsspalte hinunter. Ich folge hinunter in eine dunkle Höhle. Ich höre das Plätschern einer Quelle. Ich höre von unten die Stimme des Zwerges: Hier sind meine Brunnen, weise wird, wer daraus trinkt. Aber ich kann nicht hinunter

gelangen. Mir wird leer zu Muthe. Ich verlasse die Höhle und schreite zweifelnd auf den Quadern des Hofes hin und her. Mir erscheint alles fremd und unverständlich. Es ist hier einsam und todesstille. Die Luft ist klar und kühl wie auf hohen Bergen. Eine wunderbare Fluth des Sonnenlichtes überall, rings um mich die grosse Mauer. Da kriecht eine Schlange über die Steine. Es ist die Schlange des Propheten. Wie kommt sie aus der Unterwelt in die Oberwelt? Ich folge ihr und sehe wie sie zur Mauer kriecht. Mir wird es seltsam zu Muthe: dort steht ja ein kleines Haus mit einer Säulenhalle, winzig klein an den Fels geschmiegt. Die Schlange wird unendlich klein. Ich fühle, wie ich auch zusammenschrumpfe. Die Mauern erhöhen sich zu gewaltigen Gebirgen und ich sehe: ich bin unten auf dem Grunde des Kraters in der Unterwelt und ich stehe vor dem Hause des Propheten. Er tritt aus der Thüre seines Hauses. I: Ich merke, Elias, du hast mich allerlei Merkwürdiges sehen und erleben lassen, eher heute zu dir kommen durfte. Aber ich gestehe, es ist mir alles dunkel. Deine Welt erscheint mir heute in einem neuen Lichte. Es war mir noch, als sei ich durch Gestirnesweiten von deinem Orte getrennt, wo ich heute dorthin zu gelangen begehrte und siehe da: es scheint ein und derselbe Ort zu sein. E: Du warst zu begierig hieher zu kommen. Nun ich habe dich getäuscht, du hast dich selber getäuscht. Es sieht nicht gut, wer sehen will, er misst zu sehr, du hast dich verengt. I: Es ist wahr, ich begehrte heftig, zu dir zu gelangen, um das Weitere zu vernehmen. Salome hat mich erschreckt und in Verwirrung gebracht. Mir schwindelte, denn was sie sagte, erschien mir ungeheuerlich und wie Wahnsinn. Wo ist Salome? E: Wie stürmisch du bist! Was kommt dich an? Tritt zum Krystall und bereite dich in seinem Lichte.

Ein Feuerkranz umstrahlt den Stein. Mich packt die Angst. Was sehe ich? Den groben Bundschuh? Den Fuss eines Gewaltigen, der eine ganze Stadt zertritt? Ich sehe das Kreuz, die Kreuzabnahme, die Beklagung — wie qualvoll ist dieses Schauen? Ich will nicht mehr — ich sehe das göttliche Kind, in der rechten Hand die weisse Schlange und in der linken Hand die schwarze Schlange — ich sehe den grünen Berg, darauf das Kreuz Christi, und Ströme von Blut fliessen vom Gipfel des Berges — ich kann nicht mehr, es ist unerträglich — ich sehe das Kreuz und daran Christum in seiner letzten Stunde und Qual — um den Fuss des Kreuzes windet sich die schwarze Schlange — um meine Füsse hat sie sich geschlungen — ich bin gebannt und breite meine Arme aus. Salome naht sich. Die Schlange hat meinen ganzen Körper umwunden und mein Antlitz ist das eines Löwen. Salome spricht: Maria war die Mutter Christi, verstehst du? I: Ich sehe, dass eine furchtbare und unbegreifliche Gewalt mich zwingt, den Herrn in seiner letzten Qual nachzuahmen. Aber wie könnte ich mir anmassen, Maria meine Mutter zu nennen? S: Du bist Christus. Ich stehe mit ausgebreiteten Armen, wie ein Gekreuzigter, mein Körper eng und grässlich umwunden von der Schlange: Du, Salome, sagst, ich sei Christus? Es ist mir, als stünde ich auf einem hohen Berge allein mit starr ausgebreiteten Armen. Die Schlange presst meinen Körper in ihre furchtbaren Ringe und das Blut strömt aus meinem Körper in Quellen an den Seiten des Berges hinunter. Salome beugt sich zu meinen Füssen und umwickelt sie mit ihren schwarzen Haaren. Sie liegt lange so. Dann ruft sie: Ich sehe Licht! Wirklich, sie sieht, ihre Augen sind geöffnet. Die Schlange fällt von meinem Leibe und liegt matt am Boden. Ich schreite über sie hinweg und kniee zu den Füssen des Propheten, dessen Gestalt wie eine Flamme leuchtet. E: Dein Werk ist hier erfüllt. Es werden andere Dinge kommen. Suche unermüdlich und vor allem schreibe getreu, was du siehst. Salome blickt in verzückter Lichte, das vom Propheten ausstrahlt. Elias verwandelt sich in eine gewaltige weissleuchtende Flamme. Die Schlange legt sich um ihren Fuss wie gelähmt. Salome kniet vor dem Licht in wunderbarer Hingebung. Mir stürzen die Thränen aus den Augen und ich eile hinaus in die Nacht, wie einer, der nicht Theil hat an der Herrlichkeit des Geheimnisses. Meine Füsse berühren den Boden nicht dieser Erde und es ist mir, als ob ich gienge in Luft.

Meine Sehnsucht führte mich hinauf zum überhellen Tage, dessen Gegensatz ist der dunkle Raum des Vordenkens. Das Gegenprincip ist, wie ich zu verstehen glaube, die himmlische Liebe, die Mutter. Die Dunkelheit, die das Vordenken umgiebt, scheint davon herzurühren, dass es unsichtbar im Innern und in der Tiefe stattfindet. Die Helligkeit der Liebe aber scheint daher zu kommen, dass die Liebe sichtbares Leben und Thun ist. Meine Lust war mit dem Vordenken und hatte dort ihren lustigen Garten, umgeben von lauter Dunkelheit und Nacht. Ich stieg zu meiner Lust hinunter, zu meiner Liebe aber hinauf. Ich erblicke Elias hoch über mir: das zeigt, dass das Vordenken der Liebe näher steht, als ich der Mensch. Bevor ich zur Liebe emporsteige, muss eine Bedingung erfüllt sein, welche sich als der Kampf der zwei Schlangen darstellt. Links ist Tag, rechts ist Nacht. Hell ist das Reich der Liebe, dunkel das Reich des Vordenkens. Die beiden Principien haben sich streng geschieden, sind einander sogar feindlich und haben Schlangengestalt angenommen. Die Gestalt der Schlange deutet die daemonische Natur der beiden Principien an. Ich erkenne in diesem Kampfe eine Wiederholung jenes Gesichtes, wo ich den Kampf zwischen der Sonne und der schwarzen Schlange sah. Damals wurde das liebende Licht ausgelöscht und das Blut fieng an zu strömen. Dies war der grosse Krieg. Der Geist der Tiefe aber will, dass dieser Krieg als ein Zwiespalt verstanden werde in jedes Menschen eigener Natur. Denn nach dem Tode des Helden konnte unser Lebensdrang nicht mehr nachahmen und deshalb gieng er in die Tiefe eines jeglichen Menschen und erregte den furchtbaren Zwiespalt zwischen den Mächten der Tiefe. Das Vordenken ist Einzelsein, die Liebe Zusammensein. Beide haben sich nöthig und doch tödten sie einander. Da die Menschen nicht wissen, dass der Zwiespalt in ihrem eigenen Innern ist, werden sie wahnsinnig und eine schiebt dem andern das unrecht zu. wenn die eine hälfte der menschheit im unrecht ist / dann ist jeder mensch zur hälfte im unrecht. er sieht aber den zwiespalt in seiner seele nicht / der doch die quelle des äußern unheils ist. wenn du gereizt bist gegen deinen bruder / so denke / daß du gereizt bist gegen den bruder in dir / d. h. gegen das in dir / was deinem bruder ähnlich ist. als ein mensch bist du theil der menschheit und hast darum am ganzen der menschheit so theil / als ob du die ganze menschheit wärest. wenn du deinen mitmenschen / der dir entgegenstrebt / überwältigst und tötest / dann tötest du jenen menschen auch in dir und du hast ein stück deines lebens gemordet. der geist dieses toten folgt dir nach und läßt dich deines lebens nicht froh werden. du brauchst dein ganzes / um hinüber zu leben.

Wenn ich mich in das reine princip begebe / so trete ich auf die eine seite und werde einseitig. darum wird mein vordenken im princip der himmlischen mutter zum häßlichen zwerg / der in dunkeler höhle wohnt wie ein ungeborenes in der gebärmutter. du folgst ihm nicht / auch wenn er dir sagt / daß du weisheit aus seiner quelle trinken könntest. das vordenken erscheint dir dort oder als zwerghafte schlauheit / falsch und nächtig / so wie dir die himmlische mutter dort unten als Salome erscheint. das im reinen princip jeweils fehlende erscheint als schlange. der held strebt nach dem äußersten des reinen principes und darum verfällt er schließlich der schlange. wenn du zum denken gehst / nimm dein herz mit / wenn du zur liebe gehst / nimm deinen kopf mit. leer ist liebe ohne denken / hohl denken ohne liebe. die schlange lauert hinter dem reinen princip. darum wurde es mir leer zu muthe / bis ich die schlange fand / die mich alsbald ins andere princip hinüberführte. im hinuntersteigen schrumpfe ich zusammen.

Groß ist wer in der liebe ist / denn die liebe ist die gegenwärtige that des großen schöpfers / der gegenwärtige augenblick des werdens und vergehens der welt. gewaltig ist / wer liebt. wer sich aber von der liebe entfernt / fühlt sich gewaltig. in dem vordenken erkennst du die nichtigkeit deines augenblicklichen seins als eines kleinsten punktes zwischen der unendlichkeit des vergangenen und der des kommenden. klein ist der denkende / groß fühlt er sich / wenn er sich vom denken entfernt. wenn wir aber vom scheine reden / ist es umgekehrt. wer in der liebe ist / dem ist form ein geringes hinderniß. sein gesichtskreis aber endet mit der ihm gegebenen form. wer im denken ist / dem ist die form unübersteiglich und himmelhoch. aber er sieht in der nacht die mannigfaltigkeit der unzähligen welten und ihren nimmerendenden kreislauf. wer in der liebe ist / ist ein gefülltes und überquellendes gefäß und harrt des gebens. wer im vordenken ist / ist tief und hohl und harrt der erfüllung.

Liebe und vordenken sind an einem und demselben ort. liebe kann nicht ohne vordenken / und vordenken nicht ohne liebe sein. der mensch ist immer zu viel im einen oder im andern. das hängt mit der menschlichen natur zusammen. thiere und pflanzen scheinen auf allen seiten genug zu haben / nur der mensch schwankt zwischen zu viel und zu wenig. der schwankt / der unsicher ist / wieviel er hier und wieviel er dort zu geben hat / einer / dessen wissen und können ungenügend ist / und der doch selber thun muß. der mensch wächst nicht bloß aus sich selber / sondern er ist auch schöpferisch aus sich selber. der gott wird in ihm offenbar. das menschliche wesen ist wenig geschickt zur göttlichkeit / und darum schwankt der mensch zwischen dem zu viel und dem zu wenig.

Der geist dieser zeit hat uns zur hast verdammt. du hast kein zukünftiges und kein vergangenes mehr / wenn du dem geiste dieser zeit dienst. wir bedürfen des lebens der ewigkeit. in der tiefe bergen wir zukunft und vergangenheit. die zukunft ist alt und die vergangenheit ist jung. du dienst dem geiste dieser zeit und meinst dem geiste der tiefe entgehen zu können. die tiefe aber säumt nicht länger und wird dich in das mysterium des christus hineinzwingen. es gehört zu diesem mysterium / daß der mensch nicht durch den helden erlöst wird / sondern selber zum christus werde. das lehrt uns symbolisch das vorgelebte beispiel der heiligen.

Schlecht sieht / wer sehen will. das war mein wollen / das mich täuschte. das war mein wollen / das den großen zwiespalt der daemonen erregte. soll ich also nicht wollen? ich habe / ich habe mein wollen erfüllt so gut ich konnte und beschäftigte ich alles / das in mir strebte ein ende fand und / daß ich in allem den mich selber wollte / ohne mich selber aber zu suchen. darum wollte ich mich nicht mehr außer mir suchen / sondern in mir. dann wollte ich mich selber fassen / und dann wollte ich wieder weiter / ohne zu wissen / was ich wollte / und so fiel ich ins mysterium. soll ich also nicht mehr wollen? ihr wolltet diesen krieg. das ist gut. wenn ihr nämlich nicht wolltet / so wäre das übel dieses krieges klein. mit eurem wollen aber macht ihr das übel groß. wenn es euch nicht gelingt / aus diesem krieg das größte übel zu machen / so werdet ihr nie lernen / die gewaltthat und das außen bekämpfen zu überwinden. darum ist es gut / wenn ihr von ganzem herzen dieses größte übel wollt. ihr seid christen und helden nachläufer und wartet auf erlöser / die die qual für euch auf sich nehmen sollen und euch wohl golgatha ersparen sollen. damit richtet ihr auch einen calvarienberg auf / der ganz europa bedeckt. wenn es euch gelingt / ein furchtbares übel aus diesem kriege zu machen und unzählige opfer in diesen schlund zu werfen / so ist es gut / denn es macht jeden von euch bereit / sich selber zu opfern. denn wie ich / so naht ihr euch der vollendung des christusmysteriums. schon fühlt ihr die faust des eisernen im genick. dieß ist der beginn des weges. wenn blut / feuer / nothgeschrei diese welt erfüllen / dann erkennt ihr euch in euren thaten: trinket euch voll an den blutigen greueln des krieges / sättigt euch am töten und zerstören / dann gehen euch die augen auf / daß ihr selber die seid / die solche früchte tragen. ihr seid auf dem wege / wenn ihr all dieß wollt. das wollen schafft verblendung / und verblendung führt auf den weg. sollen wir den irrthum wollen? du sollst nicht / sondern wir müssen jenen irrthum wollen / den du für die beste wahrheit hältst / wie es die menschen von jeher gethan haben.

Das symbol des krystalles bedeutet das unabänderliche gesetz des geschehnisses / das aus sich selber wird. in diesem kerne erschaust du das kommende. ich sah etwas furchtbares und unfaßliches [es war dieß in der nacht des weihnachtstages des jahres 1913]. ich sah den bundschuh / das zeichen der schrecken des bauernkrieges / des mordbrennens und der blutigen grausamkeit. ich wußte mir dieses zeichen nicht anders zu deuten / als daß vor uns etwas blutiges und schreckliches läge. ich sah den fuß eines gewaltigen / der eine ganze stadt zertrat. wie konnte ich dieses zeichen anders deuten? ich sah / daß hier der weg zum selbstopfer begann. sie werden alle von den großen ereignissen furchtbar bezwungen sein und werden sie in verblendung als äußere geschehnisse verstehen wollen. es ist ein innerliches geschehniß / das ist der weg zur vollendung des mysteriums des christus / daß die völker lernen das selbstopfer. der schrecken möge so groß werden / daß sich das auge der menschen nach innen wenden kann / daß ihr wollen nicht mehr das selbe im andern sondern in sich selber sucht. ich sah es / ich weiß / daß dieß der weg ist. ich sah den tod des christus und ich sah seine beklagung / ich fühlte die qual seines sterbens / des großen sterbens. ich sah einen neuen gott / einen knaben / der die daemonen in seiner hand bändigt. der gott hält die getrennten principien in seiner macht / er vereinigt sie. der gott wird durch die vereinigung der principien in mir. er ist ihre vereinigung. wenn du das eine princip willst / so bist du im einen / aber fern deinem anderssein. wenn du beide principien willst / das eine und das andere / dann erregst du den zwiespalt der principien / denn du kannst nicht beides zugleich wollen. daraus entsteht die noth / darin der gott erscheint / er nimmt dein zwiespältiges wollen in die hand / in die hand eines kindes / dessen wollen einfach und jenseits von zwiespalt ist. du kannst es nicht lernen / es kann nur in dir werden. du kannst es nicht wollen / es nimmt dir das wollen aus der hand und will sich selber. wolle dich selber / das führt auf den weg. aber im grunde graut es dir vor dir selber / darum du lieber zu allen anderen läufst als zu dir selber. ich sah den berg des opfers und das blut floß in strömen von seinen seiten. als ich sah / wie stolz und kraft die männer erfüllte / wie die schönheit aus den augen der frauen strahlte / als der große krieg ausbrach / da wußte ich / daß die menschheit auf dem wege zum selbstopfer war. der geist der tiefe hat die menschheit gefaßt und zwingt ihr das selbstopfer auf. sucht nicht die schuld da oder dort. der geist der tiefe riß das schicksal der menschen an sich / wie er mein schicksal an sich riß. er führt die menschheit durch den blutstrom zum mysterium. im mysterium wird der mensch selber zu den zwei principien / zu löwe und schlange. weil ich auch mein anderssein will / muß ich ein christus werden. ich werde zum christus gemacht / ich muß es erleiden. so fließt das erlösende blut. durch das selbstopfer wird meine lust verwandelt und geht über in ihr höheres princip. liebe ist sehend / lust aber ist blind. die beiden principien sind eins im symbol der flamme. die principien entkleiden sich der menschlichen form.

Das mysterium zeigte mir im bilde / was ich hernach leben sollte. ich besaß nichts von jenen gütern / die mir das mysterium zeigte / sondern ich hatte sie noch alle zu erwerben.

finis part. prim.

第二の書
Liber Secundus

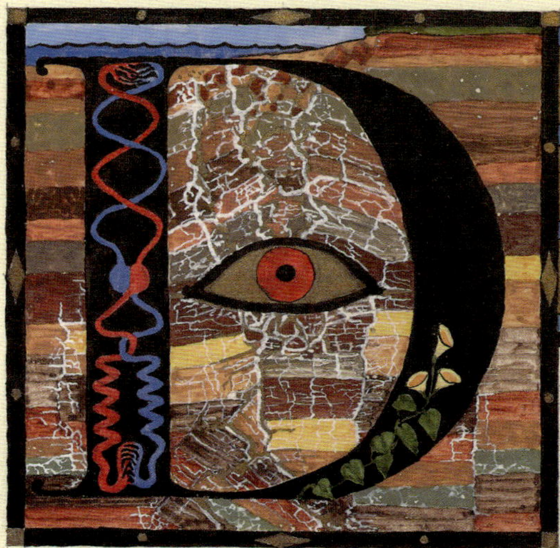

Die Bilder des Irrenden.

Nolite audire verba prophetarum/ qui prophetant vobis et decipiunt vos: visionem cordis sui loquuntur/ non de ore domini· Audivi quae dixerunt prophetantes in nomine meo mendacium/ atque dicentes: somniavi/ somniavi· Usque quo istud est in corde prophetarum vaticinantium mendacium et prophetantium seductionem cordis sui? Qui volunt facere ut obliviscatur populus meus nominis mei propter somnia eorum/ quae narrat unusquisque ad proximum suum: sicut obliti sunt patres eorum nominis mei propter baal· Propheta/ qui habet somnium/ narret somnium et qui habet sermonem meum/ loquatur sermonem meum vere: quid paleis ad triticum? dicit dominus·

Der rothe. cap. i.

Die thüre des mysteriums ī hint° mir geschloss~. ī fühle / dass mein woll gelähmt ist / v~ dass d° geist d° tiefe mī besitzt. ī weiss nichts von einem wage. ī kan darum wed° dieses no' jenes woll~ / den nichts deutet mir an / ob ī dieses od° jenes wolle. ī erwarte / ohne z' wiss~ / was ī erwarte. ab° schon in d° folgend~ nacht fühlte ī / dass ī ein~ fest~ punkt erreicht hatte. Ich finde / dass ī auf d~ höchst~ thurme ein° burg stehe. ī fühle es d° luft an / ī bin ferne zurück in d° zeit. weithin schweift mein blick üb° ein~ sames hügeliges land / eine abwechslung von feldern v~ wäldern. ī trage ein grünes gewand. ein horn hängt mir an d° schult°. ī bin d° thurm~ wächt°. ī schaue hinaus in die weite. dort drauss~ sehe ī ein~ roth~ punkt / er komt näh° auf gewunden° strasse / verschwindet bisweil~ in wäldern v~ komt wied° hervor: es ist ein reit° in roth~ mantel / d° roth reit°. er komt z' mein° burg: er reitet schon durchs thor. ī höre schritte auf d° treppe / die stuf~ knarr~ / es pocht: eine seltsame angst komt mī an: da steht d° rothe / seine lange gestalt ganz in roth gehüllt / selbst sein haar ist roth. ī denke: am ende ist's d° teufel.

D° rothe: ī grüsse dich / man auf hoh~ thurm. ī sah dī von ferne / ausschauend v~ erwartend. deine erwart~ hat mī geruf~.

Ich: wer bist du?

D.r.: wer ī bin? du denkst / ī sei d° teufel. ma' keine urtheile. du kanst vielleicht au' mit mir red~ / ohne dass du weisst / wer ī bin. was bist du für ein abergläubisch° geselle / dass du glei' an d~ teufel denkst?

Ī: wen du nicht ein übernatürliches vermög~ hast / wie kontest du fühl~ / dass ī erwartend auf mein~ thurme stand / ausschauend na' d~ unbekant~ v~ neu~? mein leb~ auf d° burg ī arm / da ī im° hier ob~ sitze v~ niemand z' mir heraufsteigt.

D.r.: was erwartest du den?

Ī: ī erwarte vielerlei v~ besonders erwarte ī / dass etwas vom reichthum d° welt / die wir nicht seh~ / zu mir kom~ möchte.

D.r.: dan bin ī bei dir wohl am recht~ ort. ī wandere seit lang~ dur' alle lande v~ suche mir die / die wie du auf hoh~ thurme sitz~ v~ na' ungesehen~ ding~ umschau halt~.

Ī: du machst mī neugierig. du scheinst von selten° art z' sein. dein ausseh~ ist nicht gewöhnli' / au' — verzeih' mir — scheint es mir / als bringest du eine merkwürdige luft mit dir / so etwas weltliches / freches od° ausgelassenes / od° — eigentli' gesagt — etwas heidnisches.

D.r.: du beleidigst mī nicht / im gegentheil / du triffst den~ nagel auf d~ kopf. ab° ī bin kein alt° heide / wie du zu denk~ scheinst.

Ī: das will ī au' nicht behaupt~ / dazu bist du do' nicht breitspurig v~ lateinisch genug. du hast nichts classisches an dir. du scheinst ein sohn unserer zeit z' sein / ab° / wie ī bemerk~ muss / ein etwas ungewöhnlich° du bist kein ächt° heide / sondern ein heide / d° neb~ unserer christlich~ religion herläuft.

D.r.: du bist wahrhaftig ein gut° räthselrath°. du machst dein° sache besser als viele andere / die mī gänzli' verkant hab~.

Ī: dein ton ist kühl v~ spöttisch. hast du dein herz nie gebroch~ für die allerheiligst~ mysterien unser° christlich~ religion?

D.r.: du bist ja ein unglaubli' schwerfällig° v~ ernsthaft° mensch. bist du im° so eindringli'?

Ī: ī möchte — vor gott — im° so ernsthaft v~ mir selb° getreu sein / wie ī es versuche z' sein. es wird mir allerdings schwer in dein° gegenwart. du bringst eine art galgenluft mit / gewiss bist du ein° von d° schwarz~ schule z' Salerno / wo verderbliche künste gelehrt werd~ von heid~ v~ heidenabkömmling~.

D.r.: du bist abergläubisch v~ z' deutsch. du nimst es auf's wort genau / was die heilig~ schrift~ sag~ / sonst könntest du mī nicht so hart beurtheil~.

R: ein hartes urtheil soll mir ferne lieg. ab meine witterg täuscht mi nicht. du bis ausweichend u willst di nicht verrath. was verbirgs du?

[der rothe scheint röther z werd / es leuchtet wie glühendes eis auf sein gewand.

D.R: i verberge nichts / du treuherzig / i ergötze mi bloss an dein gewichtig erns u an dein komisch wahrhaftigkeit. so was is selt in unser zeit / besonders bei mensch / die üb verstand verfüg.

R: i glaube / du kans mi nicht ganz versteh. du misses mi wohl an den / die du von lebend mensch kens. ab i muss dir sag / um d wahrht will / dass i eigentli nicht in diese zeit u an dies ort gehöre. ein zauber hat mi seit jahr u tag an dies ort u in diese zeit gebant. i bin in wirklichkt nicht d / d du vor dir siehs.

D.R: du sags erstaunliche dinge. wer bis du den?

R: das thut nichts z sache: i stehe vor dir als d / d i gegenwärtig bin. warum i hier u so bin / weiss i nicht. ab das weiss i / dass i hier sein muss / um dir na best wiss red u antwort z steh. i weiss ebensowenig ~~wie du~~ / w du bis / wie du / w i bin.

D.R: das klingt sehr merkwürdig. bis du etwa ein heilig? ein philosoph wohl kaum / denn die gelehrte sprache liegt dir nicht. ab ein heilig? das wohl eh. deine ernsthaftigkt riecht na fanatismus. du has eine ethische atmosphaere u eine einfachht / die an trockenes brot u wass erinert.

R: i kan nicht ja u nicht nein sag: du sprichs als ein im geiste dies zeit befangen. dir fehlt / wie mir scheint / die vergleiche.

D.R: bis du etwa au bei d heid in die schule gegang. du antwortes wie ein sophis. wieso koms du den dazu mi mit d maasstab christlich religion z mess / wen du kein heilig bis?

R: mir scheint / als ob diess d ein masstab wäre / d man anwend kan / au wen man kein heilig is. i glaube erfahr z hab / dass kein si ungestraft um die myster d christlich religion herumdrück darf. i wiederhole / dass w im sein herz nicht mit d herrn Jesu Christo gebroch hat / ein heid in si herumschleppt / d ihn vom best zurückhält.

D.R: wied dies alte ton? wozu das / wen du kein christlich heilig bis? bis du nicht d ein verfluchter sophis?

R: du bis befang in dein welt. ab du kans dir d denk / dass es mögli wäre / den werth des christenthums richtig einzuschätz / ohne dass man geradezu ein heilig wäre.

D.R: bis du ein doctor d theologie / d si das christenthum von auss besieht u historisch würdigt / also d ein sophis?

R: du bis hartnäckig. was i meine / is / dass es wohl kein zufall sei / dass alle welt christli geword is. i glaube au / dass es die aufgabe d occidental menschht gewes is / Christum im herz z trag u an sein leid / sterb u auferstehn emporzuwachs.

D.R: nun es giebt d au jud / die rechte leute sind u d deines gelobt evangeliums nicht bedurft.

R: du bis / wie mir scheint / kein gut mensch ken: has du nie bemerkt / dass d jud etwas fehlt / d ein am kopf / d andern am herz / u dass er es selb fühlt / dass ihm etwas fehlt?

D.R: i bin zwar kein jude / ab i muss d jud d in schutz nehm: du scheins ein judenhasser z sein.

R: damit sprichs du als jen jud na / die eine nicht gerade günstige beurtheilg im des judenhasses bezichtig / während sie selb die blutigst witze üb ihr eigenes geschlecht mach. weil die jud jen gewiss mangel nur zu deutli fühl u d nicht zugeb woll / sind sie so empfindlich für beurtheilg. glaubs du das christenthum sei spurlos an d seele des mensch vorübergegang? u glaubs du / dass einer / d es nicht innerlichs miterlebte / d sein früchte theilhaft werde?

D.R: du has argumente. ab deine ernsthaftigkt?! du könnteс es bequem hab. wen du kein heilig bis / so sehe i wirkli nicht ein / warum du so ernsthaft sein musst. du verdirbs dir ja völlig d spass. was zum teufel, steckt dir den im kopf? nur das christenthum mit sein jamervoll weltflucht kann die leute so schwerfällig und verdrießlich machen.

I: ich denke, es gäbe noch andere dinge, die den ernst predigen.

D.R.: ach, ich weiß schon, du meinst das leben. diese phrase kenne ich. ich lebe auch und lasse mir kein graues haar darüber wachsen. das leben erfordert keine ernsthaftigkeit, im gegentheil, man tanzt sich besser durchs leben.

I: ich kenne das tanzen. ja, wenn es mit dem tanzen gethan wäre! das tanzen gehört zur brunstzeit. ich weiß, daß es menschen giebt, welche immer brunstzeit haben, und solche, welche auch ihren göttern tanzen wollen. die einen sind lächerlich, und die andern spielen alterthum, anstatt daß sie ihren mangel an ausdrucksmöglichkeit ehrlich zugeben.

D.R.: hier, mein lieber, lege ich eine maske ab, jetzt werde ich etwas ernsthafter, denn das betrifft mein gebiet. es wäre denkbar, daß es noch ein drittes gäbe, wofür das tanzen symbol wäre.

Das roth des reiters verwandelt sich in zartröthliche fleischfarbe. und siehe – o wunder – aus meinen grünen gewande sprossen überall blätter.

I: es giebt vielleicht auch eine freude vor gott, die man tanzen nennen könnte. aber diese freude fand ich noch nicht. ich halte ausschau nach den kommenden dingen. es kamen dinge, aber darunter war die freude nicht.

D.R.: erkennst du mich nicht, mein bruder, ich bin die freude!

I: du solltest die freude sein? ich sehe dich wie durch einen nebel. dein bild schwindet mir. laß mich deine hand fassen, geliebter, wo bist du? wo bist du? die freude? war er die freude?

Gewiß war es der teufel, dieser rothe, aber mein teufel. er war nämlich meine freude, die freude des ernsthaften, der allein auf hohen thurme ausschau hält, seine rosenfarbene, rosenduftende, warme hellrothe freude. nicht die heimliche freude an seinen gedanken und an seinem schauen, sondern jene fremde weltfreude, die unvermuthet kommt, wie ein warmer südwind mit schwellenden blüthendüften und der leichtigkeit des lebens. ihr wisset es von euern dichtern, daß ernsthafte, wenn sie erwartend ausschauen nach den dingen der tiefe, zuallererst vom teufel ihrer frühlingshaften freude aufgesucht werden. wie eine woge hebt sie den menschen auf und führt ihn hinaus. wer von dieser freude kostet, vergißt sich selber. und es giebt nichts süsseres als sich selber zu vergessen. es giebt nicht wenige, die vergessen, was sie waren. aber noch viel mehr sind derer, die so fest angewachsen sind, daß nicht einmal die rosige woge es vermag, sie zu entwurzeln. sie sind versteinert und zu schwer, die andern sind zu leicht.

Ich setzte mich mit dem teufel ernsthaft auseinander und benahm mich mit ihm als mit einer wirklichen person. das habe ich im mysterium gelernt, jene unbekannten, freischweifenden, die die innenwelt bewohnen, persönlich und ernst zu nehmen, denn sie sind wirklich, weil sie wirken. es hilft nichts, daß wir im geiste dieser zeit sagen: es giebt keinen teufel. bei mir gab es einen. solches fand in mir statt. ich that mit ihm, was ich konnte. ich konnte mit ihm reden. mit dem teufel ist ein religionsgespräch unvermeidlich, denn er fordert es heraus, wenn man sich ihm nicht bedingungslos unterwerfen will. denn die religion ist gerade das, worin ich mich mit dem teufel nicht verstehe. ich muß mich mit ihm auseinandersetzen, da ich von ihm als einer selbständigen persönlichkeit nicht ohne weiteres erwarten kann, daß er meinen standpunkt annimmt. es wäre flucht, wenn ich mich mit ihm nicht zu verständigen suchte. wenn immer du die seltene gelegenheit hast, den teufel zu sprechen, dann vergiß nicht, dich ernsthaft mit ihm auseinander zu setzen. er ist ja schließlich dein teufel. der teufel ist als der widersacher dein eigener anderer standpunkt, der dich versucht und dir da steine in den weg legt, wo du sie am wenigsten brauchen kannst.

Sich des teufels annehmen, heißt nicht: zu ihm übergehen, sonst wird man des teufels. vielmehr heißt es: sich verständigen. dadurch nimmst du dich deines anderen standpunktes an. damit verliert der teufel etwas an boden, und du auch. und das dürfte wohl gut sein. obschon die religion dem teufel sehr zuwider ist wegen ihrer besondern ernsthaftigkeit und treuherzigkeit, so zeigte es sich doch, daß es gerade die religion ist, durch die der teufel zu einer verständigung gebracht werden kann. was ich über den tanz sagte, traf ihn, denn ich sprach über etwas, das zu seinem gebiete gehört. er nimmt nur das, was andere angeht, nicht ernst, denn das ist die eigenthümlichkeit aller teufel. solchermaßen komme ich zu seiner ernsthaftigkeit, und damit erreichen wir gemeinsamen grund / wo verständigung möglich ist. der teufel ist überzeugt / daß das tanzen weder brunst noch verrücktheit sei / sondern ausdruck von etwas / das weder zu einem noch zum andern gehört / nämlich der freude. darin bin ich mit dem teufel einig. darum vermenschlicht er sich vor meinen augen. ich aber ergrüne wie ein baum im frühling.

Daß aber die freude der teufel oder der teufel die freude ist / das muß dich bedenklich stimmen. ich habe eine wochelang darüber nachgedacht / und ich fürchte / es sei nicht genug gewesen. du bestreitest / daß deine freude der teufel sei. es scheint aber / als ob andere freude immer etwas teuflisches sei. wenn deine freude für dich kein teufel ist / dann wohl für deinen nächsten / denn freude ist höchstes erblühen und ergrünen des lebens. das reißt dich weg zum abstieg / und du mußt nach einer neuen fährte tappen / denn das licht ist dir im freudenfeuer gänzlich ausgegangen. oder deine freude reißt deinen nächsten weg und wirft ihn aus der bahn / denn das leben ist wie ein großes feuer / das alles brennbare in der nähe ansteckt. das feuer ist aber das element des teufels.

Als ich sah / daß der teufel die freude ist / hätte ich wohl gerne einen pakt mit ihm gemacht. aber mit der freude kannst du keinen pakt machen / denn sie vergeht dir sofort wieder. daher du auch den teufel nicht einfangen kannst. ja / es gehört zu seinem wesen / daß er nicht einzufangen ist. läßt er sich fangen / so ist er dumm / und du hast keinen gewinn davon / einen dummen teufel mehr zu haben. der teufel sucht immer den ast abzusägen / auf dem du sitzest. das ist nützlich und bewahrt vor dem einschlafen und den damit verbundenen lastern.

Der teufel ist ein böses element. aber die freude? daß die freude auch das böse in sich hat / siehst du / wenn du ihr nachläufst / denn dann gelangst du zur lust / und von der lust geradewegs zur hölle / zu deiner dir eigenthümlichen hölle / die für jedweden verschieden ausfällt. durch die verständigung mit dem teufel nahm er etwas von meiner ernsthaftigkeit an / und ich etwas von seiner freude. das gab mir muth. wenn der teufel aber an ernsthaftigkeit gewonnen hat / dann muß man sich auf etwas gefaßt machen. es ist immer eine gewagte sache / die freude anzunehmen / aber sie führt uns zum leben und seinen enttäuschungen / aus welchen das ganze unseres lebens wird.

Das schloß im walde.

cap. ii.

In der zweiten nacht danach gehe ich einsam im finstern walde und ich merke / daß ich mich verirrt habe. ich bin auf einem schlechten karrenweg und stolpere durch die dunkelheit. ich komme endlich an ein stilles dunkles sumpfwasser und mitten drin steht ein kleines altes schloß. ich denke / es sei gut / hier um herberge für die nacht zu fragen. ich klopfe am thor / ich warte lange / es fängt an zu regnen. ich muß nochmals klopfen. jetzt höre ich jemand kommen: man öffnet; ein mensch in altmodischem gewande / ein diener / fragt nach meinem begehren. ich bitte um unterkunft für die nacht / und er läßt mich eintreten in einen dunkeln vorraum. dann führt er mich eine ausgetretene dunkle holztreppe hinauf. oben komme ich in einen weitern und höhern hallenartigen raum mit weißen wänden / ihnen entlang schwarze truhen und schränke. ich werde in eine art empfangszimmer geführt. es ist ein einfacher raum mit alten polstermöbeln. das matte licht einer alterthümlichen ampel erhellt das zimmer in nur sehr dürftiger weise. der diener klopft an eine seitenthüre und öffnet sie dann leise. ich thue rasch einen blick hinüber: es ist das arbeitszimmer eines gelehrten / büchergestelle an allen vier wänden / ein großer schreibtisch / an dem ein alter sitzt in langem / schwarzem talar. er winkt mir / näher zu treten. die luft im zimmer ist schwer und der alte macht einen sorgenvollen eindruck. er ist nicht ohne würde / das heißt / er scheint zu jenen zu gehören / die soviel würde haben / als man ihnen giebt. er hat jenen bescheiden-ängstlichen ausdruck des gelehrten menschen / der von der fülle des wissens längst zu nichts zerdrückt ist. ich denke / er sei ein wahrhafter

6

gelehrt° / d° die große bescheidenh^t vor d° unermeßlichk^t des wißens gelernt u~ si° ohne res~ d~ stoff d° wiß=
schaft dahingegeb~ hat / ängstli° gerecht abwägend / wie wen er selb° in persona d~ proceß des wißen=
schaftlich~ erwahrheitens verantwortli° darzustell~ hätte. er begrüßt m° verleg~ / wie abwesend u~
abwehrend. i° wundere mi° nicht darüb° / den i° sehe aus / wie ein gewöhnlich° mensch. er kan d~ blick
nur mühsam von seiner arbeit wegwend~. i° wiederhole meine bitte um ein° unterkunft für die nacht.
na° länger° pause bemerkt d° alte: „so / du wills schlaf~ / schlafe nur ruhig.“ i° merke / er i° abwesend
u~ bitte ihn deßhalb / d~ dien° z' befehl~ / daß er mir eine kam° anweise. darauf sagt er: „du ver=
langs viel / warte / i° kan mi° nicht gerade los mach~!“ er versinkt wied° in sein bu°. i° warte gedul
dig. na° ein° weile blickt er erstaunt auf: „was wills du hier? oh – verzeih – i° vergaß ganz / daß
du hier warte. i° werde glei° d~ dien° ruf~.“ d° dien° komt u~ führt mi° auf d~ gleich~ stock in eine
kleine kam° mit nackt~ weiß~ wänd~ u~ ein~ groß~ bett. er wünscht mir gute nacht u~ entfernt
si°. da i° müde bin / kleide i° mi° sofort aus u~ lege mi° z' bett / na° d~ i° das licht / eine talgkerze ausgelöscht
habe. die leinwand i° ungewöhnli° rauh / das kopfkiß~ hart. mein irrweg hat mi° an ein~ seltsam~ ort
geführt: ein kleines altes schloß / deß~ gelehrt° besitz° offenbar sein~ lebensabend allein mit sein~ büchern ver=
bringt. es schein~ sons~ keine lebend~ wes~ im hause z' sein / auß° d~ dien° / d° drüb~ im thurme wohnt. ein ideales /
d° einsames dasein / dieses leb~ des alt~ mannes mit sein~ büchern / denke i°. u~ hier verweil~ mei=
ne gedank~ lange zeit / bis i° schließli° bemerke / daß ein anderer gedanke mi° nicht losläßt /
daß nämli° d° alte hier seine schöne tocht° verborg~ hat – abgeschmackte romanidee – ein fades u~
erschöpftes sujet – ab° das romantische steckt ein~ d° in all~ gliedern – eine richtig romanhafte
idee – ein schloß im walde – einsam~ nächtig – ein in sein~ büchern versteinert° greis / d° ein~ kost=
bar~ schatz hütet u~ all° welt neidisch verbirgt – was für lächerliche gedanke~ kom~ mi° an!
i° es hölle od° fegefeu° / daß i° auf mein° irrfahrt au° dergleich~ kindische träume aus heck~ muß?
ab° i° fühle mi° unfähig / meine gedank~ z' irgend etwas stärkerm od° schönerm z' erheb~.
i° muß diese gedanke~ wohl gewähr~ laß~. was hülfe es / sie wegzudräng~ – sie kom~ wied°.
beß° dies~ schal~ tranke hinunterschluck~ / als im mund behalt~. wie sieht sie den aus / diese lang=
weiligeheldin? gewiß blond / blaß / – blaueaug~ / sehnsüchtig in jed~ verirrt~ wander° d~ rett° aus d~ väterlich~
gefängniß erhoffend – a° i° kene dies~ abgedroschen~ unsinn – i° will lieb° schlaf~ – warum / zum
teufel / muß i° mi° mit solch~ leer~ phantasie~ plag~? d° schlaf will nicht. i° wälze mi° hin u~ her –
d° schlaf komt nicht – sollte i° diese unerlöste seele am ende in mir selb° hab~? u~ i° sie es / die mi°
nicht schlaf~ läßt? habe i° eine so romanhafte seele? das fehlte no° – es wäre qualvoll lächerli°. nimt den
dies° schalste all° tränke gar kein ende? es muß schon mitternacht sein – u~ no° im° kein schlaf. was
in all° welt läßt mi° den nicht schlaf~? i° etwas an dies° kam°? i° das bett behext? es i° grausam /
wozu die schlaflosigk^t ein~ mensch~ treib~ kan – sogar z' d~ ungereimtest~ u~ abergläubischst~ theorie~.
es scheint kühl z' sein / i° friere – vielleicht schlafe i° deßhalb nicht – eigentli° i° es hier unheimli° –
weiß d° himmel / was hier vorgeht – war da nicht soeb~ schritte? nein / das muß drauß~ ge=
wes~ sein – i° lege mi° auf die andere seite / schließe die aug~ fes / i° muß schlaf~. gieng da nicht
die thür? mein gott / da steht ja jemand? seh' i° recht? – ein schlankes mädch~ / blaß wied°
tod / steht an d° thür? ums himmels will~ / was i° das? sie komt näh°!

„Kom° du endli°“? fragt sie leise. unmögli° – das i° ein grausig° irrthum – d° roman will wirkli°
werd~ – will si° z° blödsinnig~ geist° geschichte aus wachs~? z' welch~ unsin bin i° verdamt? i° das meine
seele / die solche romanherrlichkeit~ beherbergt? muß au° das au° mi° kom~? i° bin wahrhaftig
in d° hölle – schlimmstes erwach~ na° d~ tode / wen man in ein° leihbibliothek aufersteht. habe
i° die mensch~ mein~ zeit u~ ihr~ geschmack so verachtet / daß i° in d° hölle die romane erleb~ u~ na°=
schreib~ muß / auf die i° schon längstens gespuckt habe. hat die untere hälfte des durchschnittsgeschma=
ckes d° menschh^t au° anspru° auf heiligk^t u~ unverletzlichk^t / sodaß wir kein übles wort darüb° sag~.

dürf~ / ohne die sünde in d° hölle büß~ z' müß~:

Sie spricht: „A. denkst au° du daß gemeine von mir? au° du läßest di° bethör~ von d~ unglückselig~ wahn / daß i° in ein~ roman gehöre? au° du / von d~ i° hoffte / er habe d~ schein von si° geworf~ v~ strebe na° d~ wes~. d° dinge?"

I°: verzeih / ab° bi° du den wirklich? es i° eine z' unglückliche ähnlichk° mit jen~ romanscen~ / die bis z~ albern~ ausgeleiert sind / als daß i° annehm~ könnte / du seiest nicht bloß eine ausgeburt meines schlaf. los~ gehirns. mein zweifel i° do° wahrhaft berechtigt / wen eine situation in solch~ maaße mit d~ typus des sentimental~ romanes übereinstimmt?

Sie: unselig° / wie kan° du an mein° wirklichk° zweifeln?

sie fällt z' füß~ meines bettes schluchzend auf die kniee v~ birgt das gesicht in d~ händ~. mein gott / i° sie am ende do° wirkli° v~ thue i° ihr unrecht? mein mitleid wird wa°.

I°: ab° um's himels will~ / sage mir eines: bi° du wirkli°? muß i° di° als wirklichk° ern° nehm~?

sie weint v~ antwortet nicht.

I°: wer bi° du den?

Sie: i° bin die tocht° des alt~ / er hält mi° hi° in unerträglich° gefangenschaft / nicht aus neid od° haß / son dern aus liebe / den i° bin sein einziges kind v~ das ebenbild mein° frühverstorben° mutt°.

I° fasse mi° and~ kopf: i° das nicht eine höllische banalität? wort für wort d° roman aus d° leihbib liothek! o ihr gött° / wohin habt ihr mi° geführt? es i° z~ lach~ / es i° z~ heul~ – ein schön° leidend° / ein tragis° zerschmettert° zu sein / i° schwer / ab° z~ aff~ z' werd~ / ihr schön~ v~ groß~? das banale v~ ewig lächerliche / das unsägli° abgegriffene v~ ausgeleierte i° eu° nie als himmelsgeschenk in die betend erhoben~ hände gelegt word~.

do° da liegt sie no° im° v~ weint – ab° wen sie wirkli° wäre? dan wäre sie do° bedauernswerth / jed° mens° hätte mitgefühl mit ihr. wen sie ein anständiges mädch~ i° / was muß es sie gekostet hab~ / in die kam° eines fremd~ mannes einzutret~! v~ ihre scheu dermaß~ z' überwind~?

I°: mein liebes kind / i° will dir trotz all~ v~ all~ glaub~ / daß du wirkli° bi°. was kan i° für di° thun?

Sie: endli° / endli° ein wort aus menschlich~ munde!

sie erhebt si° / ihr gesicht strahlt / sie i° schön. eine tiefe reinheit liegt in ihr~ blicke. sie hat eine seele / schön v~ weltfern / eine seele / die z~ leb~ d° wirklichk° kom~ möchte / z' all d° erbarmungswürdig~ wirklichk° / z~ schmutzbad v~ gesundbrun~. o üb° diese schönh° d° seele! sie hinuntersteig~ seh~ z° unt° welt d° wirklichk° – welches schauspiel!

Sie: was du für mi° thun kan°? du ha° schon viel für mi° gethan. du sprache° das erlösende wort / als du das banale nicht mehr zwisch~ di° v~ mi° stelltes. den wiße: i° war dur° das banale gebannt.

I°: wehe mir / du wir° nun gar märchenhaft.

Sie: sei vernünftig / lieb° freund / v~ stolpere nun nicht no° üb° das märchenhafte / den das märch~ i° bloß die großmutt° des romans v~ no° viel allgemeingültig° als d° gelesenste roman dein° zeit. v~ du weißt do° / daß das / was seit jahrtausend~ dur° all° leute mund geht / zwar schon das zerkauteste i° / ab° eb~ do° d° höchst~ menschlich~ wahrh° am nächst~ komt. also laß das märchenhafte nicht zwi sch~ uns sein.

I°: du bi° klug v~ schein° nicht die weisheit deines vaters geerbt z' hab~. do° / sage mir / was denk° du von d~ göttlich~ / d~ sogenant~ äußerst~ wahrheit~? es käme mir sehr fremdartig vor / sie in d° ba nalität z' such~. ihre natur na° müß~ sie do° sehr ungewöhnli° sein. denke nur an unsere groß~ philo soph~.

Sie: je ungewöhnlich° diese äußerst~ wahrheit~ sind / desto unmenschlich° müß~ sie au° sein v~ desto wenig° werd~ sie dir irgend etwas werthvolles od° sinnreiches üb° des mensch~ wes~ v~ sein sag~. nur was menschli° i° v~ was du als banal v~ abgedrosch~ beschimpf° / das enthält die weish° / die du such°. das märchenhafte spricht nicht geg / sondern f. mi v. beweist / wie allgemeingültig menschl. i. bin v. wie sehr i. d. erlös. nicht nur bedarf / sondern sie au. verdiene. den i. kan in d. welt d. wirklichkt. leb. so gut od. vielleicht bess. als viele andere meines geschlechtes.

I.: merkwürdiges mädch / du bi. verwirrend. als i. dein. vat. sah / hoffte i. / er werde mi. z. ein. ge-lehrt. gespräch einlad. er that es nicht v. i. war ihm gram drum / den i. fühlte mi. in mein. würde gekränkt dur. seine zerstreute nachlässigkt. bei dir ab. fand i. weit besseres. du giebs. mir stoff z. denk. du bi. unge-wöhnl.

sie: du irrst di. / i. bin sehr gewöhnli.

I.: das kan i. nicht glaub. wie schön v. verehrungswürdig i. d. ausdruck dein. seele in dein. aug.! glückl. v. beneidenswerth d. man / d. di. frei. wird.

sie: liebs. du mi.?

I.: bei gott! i. liebe di. – ab. – leid. bin i. schon verheirathet.

sie: also – sieh. du: die banale wirklichkt. i. sogar ein erlös. i. danke dir / lieb. freund / v. bestelle dir ein. gruss von Salome.

bei dies. wort. zerfliesst ihre gestalt in d. dunkelh. mattes mondlicht dringt ins zim. auf d. stelle / wo sie stand / liegt etwas dunkles – es i. eine fülle roth. rose.

Wen dir kein äusseres abenth. geschicht / geschieht dir au. kein inneres. das stück / das du vom teufel übernimms / eb. die freude / sorgt dir für abenth. dabei wirs. du sowohl deine untere / wie deine obere grenze find. das thut dir noth / deine grenz. z. ken. wen du sie nicht kens. / so läufs. du in d. künstlich. schrank. dein. einbild. v. d. erwart. dein. mitmensch. dein leb. ab. erträgt es schlecht / von künstlich. schrank. aufgehalt. z. werd. das leb. will solche schrank. überspring. v. du wirs. anihn uneins mit dir selb. diese schrank. sind nicht deine wirklich. grenz. / sondern sie sind willkürliche beschränk. / die dir selb. unnütze gewalt anthut. versuche darum deine wirklich. grenz. z. find. man kent sie nie z. voraus / sondern man sieht v. versteht sie nur / wen man sie erreicht. ab. au. das geschicht dir nur / wen du gleichgewicht has. ohne gleichgewicht fälls du üb. deine grenz. hinaus / ohne z. merk. / was dir gescheh. i. gleichgewicht ab. erreichs. du nur dadur. / dass du dem gegentheil nährs. das ab. i. dir im innerst. zuwid. / den es i. nicht heldenhaft.

Mein gei. dachte hinaus na. all. selten. v. ungewöhnlich. / er spähte na. unaufgefunden. möglichkeit. / na. pfad. / die im verborgen. geh. / na. lichtern / die in d. nacht leucht. v. als mein gei. solches that / da litt / ohne dass i. es merkte / alles gewöhnliche an mir schad. v. fieng an na. leb. zu begehr. / den i. lebte es nicht. darum traf mi. dieses abenteu. das romantische befiel mi. das romantische i. ein schritt zurück. um d. d. weg z. gelang. / muss man etwa au. einige schritte zurückgeh. im abenteu. lebe i. / was i. im mysterium schaute. was i. dort als elias v. salome sah / das wurde im leb. z. d. alt. gelehrt. v. sein. blass. / eingesperrt. tocht. was i. lebe i. ein entstelltes abbild des mysteriums. auf d. wege des romantisch. gelangte i. zum plump. v. durchschnittlich. des lebens / wo mir die gedank. ausgeh. v. i. mein. selbs. beinahe vergesse. was i. vord. liebte / muss i. als saftlos v. verdorrt erleb. / v. was i. vord. verlachte / musste i. als auf-steigend beneid. v. hilflos ersehn. i. nahm die lächerlichkt. dieses abenteuers an. kaum geschah das / so sah i. au. / wie das mädch. si. verwandelte v. selbständig si. zeigte. man frage na. d. begehr. des lächerlich. / das genügt / um es z. wandeln.

Was i. es mit d. männlichkt.? weisst du / wieviel weiblichkt. d. mane fehlt z. vollend.? weisst du / wie-viel männlichkt. d. frau fehlt z. vollend.? ihr sucht das weibliche beim weibe v. das männliche beim mane. v. so giebt es nur im. man. v. weib. wo sind ab. die mensch.? du / man / solls. das weib-liche nicht beim weibe such. / sondern du solls. es in dir aufsuch. v. anerken. / den du besitzes. von an-fang. ab. es gefällt dir / männlichkt. z. spiel. / weil es auf d. glatt. bahn des altgewohnt. geht. du / frau / solls. das männliche nicht beim mane such. / sondern du solls. di. des männlich. in dir annehm. / den du besitzest es von Anfang. Aber es ergötzt dich und es ist leicht, weichen zu spielen. Darum verachtet dich der Mann, denn er verachtet sein Weibliches. Der Mensch aber ist männlich und weiblich, er ist nicht nur Mann oder nur Weib. Du kannst von deiner Seele kaum sagen, welchen Geschlechtes sie ist. Wenn du aber genau aufmerkst, so wirst du sehen, daß der männlichste Mann eine weibliche Seele hat, und daß das weiblichste Weib eine männliche Seele hat. Je mehr du Mann bist, desto ferner ist dir das, was das Weib wirklich ist, denn das Weibliche in dir selber ist dir fremd und verächtlich.

Wenn du vom Teufel ein Stück Freude nimmst und damit auf Abenteuer ausziehst, so nimmst du dich deiner Lust an. Die Lust aber zieht sofort alles herbei, wessen du begehrst, und es liegt nun bei dir, ob deine Lust dir Verderben oder Erhöhung wird. Bist du des Teufels, so wirst du in blinder Lust nach den Mannigfaltigen tappen und dich daran verirren. Bleibst du aber bei dir selber als ein Mensch, der seiner selbst ist und nicht des Teufels, dann wirst du dich deiner Menschlichkeit erinnern. Du wirst dich also zum Weibe nicht schlechthin als Mann verhalten, sondern als ein Mensch, d.h. wie wenn du gleichen Geschlechtes mit ihr wärest. Du wirst dich deines Weiblichen erinnern. Es mag dir scheinen, als ob du dann unmännlich wärest, gewissermaßen dumm und weibisch. Du mußt dich aber des Lächerlichen annehmen, sonst leidet es Noth in dir, und es wird plötzlich einmal, wenn du dich dessen am wenigsten versiehst, dich befallen und dich lächerlich machen. Es ist bitter für den männlichsten Mann, sich seines Weiblichen anzunehmen, denn es scheint ihm lächerlich, unkräftig und unschön. Ja, es scheint dir, als hättest du alle Tugend verloren, als seiest du in Erniedrigung gefallen. Gleichermaßen scheint es dem Weibe, die ihr Männliches annimmt. Ja, es scheint dir, als sei es Sklaverei. Du bist ein Sklave dessen, wessen du bedarfst in deiner Seele. Der männlichste Mann bedarf des Weibes, darum ist er dessen Sklave. Werde selber zum Weibe, und du bist von der Sklaverei an das Weib erlöst. Du bist ohne Gnade dem Weibe preisgegeben, solange du nicht Spott treiben kannst mit all deiner Männlichkeit. Es steht dir gut an, einmal Weiberkleider anzuziehen: man wird über dich lachen, aber indem du Weib wirst, erlangst du die Freiheit vom Weibe und seiner Tyrannei. Das Annehmen des Weiblichen führt zur Vollendung. Gleiches gilt für die Frau, die ihr Männliches annimmt.

Das Weibliche im Manne ist an das Üble gebunden. Ich finde es auf dem Wege der Lust. Das Männliche in der Frau ist an das Üble gebunden. Darum widerstrebt es dem Menschen, sein eigenes Anderes anzunehmen. Wenn du es aber annimmst, so geschieht das, was mit der Vollendung des Menschen zusammenhängt: nämlich daß, wenn du dir zum Spotte geworden bist, dann fliegt der weiße Seelenvogel herbei. Er war fern, aber deine Demüthigung lockte ihn. Das Geheimniß kommt nahe zu dir und es geschehen Dinge um dich wie Wunder. Ein Goldglanz leuchtet, denn die Sonne entstieg ihrem Grabe. Als Mann hast du keine Seele, denn sie ist im Weibe, als Weib hast du keine Seele, denn sie ist im Manne. Wenn du aber Mensch wirst, dann kommt deine Seele zu dir.

Wenn du innerhalb der willkürlichen und künstlich geschaffenen Grenzen bleibst, so gehst du wie zwischen zwei hohen Mauern: du siehst die Unermeßlichkeit der Welt nicht. Wenn du aber die Mauern, die deinen Blick beengen, niederbrichst, und wenn dir die Unermeßlichkeit und ihre endlose Ungewißheit furchtbar wird, dann erwacht in dir der uralte Schlafende, dessen Bote der weiße Vogel ist. Dann nämlich bedarfst du der Botschaft des alten Bändigers des Chaos. Beim Wirbel des Chaos, dort wohnen die ewigen Wunder. Deine Welt fängt an, wunderbar zu werden. Der Mensch gehört nicht nur in eine geordnete Welt, er gehört auch in die Wunderwelt seiner Seele. Darum müßtet ihr euch eure geordnete Welt zum Schrecken machen, damit euch das zu viele Außensein verleidet. Eure Seele leidet Noth, denn auf ihrer Welt lastet die Dürre. Wenn ihr aus euch blickt, so seht ihr den fernen Wald und die Berge und darüber hinauf steigt euer Blick zu den Räumen der Gestirne. Und wenn ihr in euch blickt, so sehet ihr wiederum Nahes, Fernes und Unendliches, denn die Welt des Innern ist so unendlich wie die Welt des Äußern. Wie ihr durch euern Körper theilhabt am mannigfaltigen Wesen der Welt, so habt ihr durch eure Seele Theil am mannigfaltigen Wesen der innern Welt. Diese innere Welt ist wahrlich unendlich und um nichts ärmer als die äußere. Der Mensch lebt in zwei Welten. Ein Narr lebt hier oder dort, aber nie hier und dort.

Du denkst vielleicht, daß ein Mensch, der sein Leben der Forschung weiht, ein geistiges Leben führe und seine Seele in höherem Maße lebe als irgend ein anderer. Aber auch ein solches Leben ist äußerlich, ebenso äußerlich wie das Leben eines Menschen, der die äußern Dinge lebt. Ein solcher Gelehrter lebt zwar nicht die äußern Dinge, wohl aber die äußern Gedanken, also nicht sich selber, sondern seinen Gegenstand. Wenn du von einem Menschen sagst, er habe sich ganz an das Äußerliche verloren und verschwende in Ausschweifungen seine Jahre, so mußt du dasselbe auch von diesen Alten sagen. Er hat sich an alle Bücher und alle Gedanken anderer weggeworfen. Darum leidet seine Seele Noth, muß sich demüthigen und allen Fremden ins Zimmer laufen, um jene Anerkennung zu erbetteln, die er ihr versagt. Darum siehst du jene alten Gelehrten in lächerlicher und würdeloser Weise nach Anerkennung rennen. Sie sind beleidigt, wenn man ihren Namen nicht erwähnt, betrübt, wenn ein anderer das gleiche gesagt, besser sagt, unversöhnlich, wenn einer an ihren Ansichten ein Titelchen ändert. Gehe zu Versammlungen der Gelehrten und du wirst sie sehen, diese bejammernswerthen Alten mit ihren großen Verdiensten und ihren verhungerten Seelen, die nach Anerkennung dürsten und ihren Durst nie stillen können. Die Seele verlangt nach deiner Thorheit, nicht nach deinem Wissen.

Dadurch, daß ich mich über das Geschlechtlich-männliche erhebe und doch nicht über das Menschliche hinausgehe, verwandelt sich das mir lächerliche Weibliche zu einem sinnreichen Wesen. Das ist das Schwerste, jenseits des Geschlechtlichen zu sein und innerhalb des Menschlichen zu bleiben. Wenn du dich über das Geschlechtliche erhebst mit Hülfe eines allgemeinen Satzes, so wirst du selber zu jenem Satze und gehst über das Menschliche hinaus. Also wirst du trocken, hart und unmenschlich. Du mögest aus menschlichen Gründen über das Geschlechtliche hinausgehen und niemals aus Gründen eines allgemeinen Satzes, der in den verschiedenartigsten Lagen immer derselbe bleibt und darum für jede einzelne Lage nie vollkommene Gültigkeit hat. Wenn du aus dem Menschlichen handelst, so handelst du aus der jeweiligen Lage ohne allgemeines Princip, nur der Lage entsprechend. Dadurch wirst du der Lage gerecht, vielleicht unter Verletzung eines allgemeinen Satzes. Das soll dich nicht zu sehr schmerzen, denn du bist ja nicht der Satz. Es giebt ein anderes Menschliches, ein allzumenschliches, und wer in dieses Menschliche gerathen ist, dem thut es gut, sich der Wohlthat des allgemeinen Satzes zu erinnern. Denn auch der allgemeine Satz hat Sinn und ist nicht zum Spaße aufgestellt worden. Es ist viel verehrungswürdige Arbeit menschlichen Geistes in ihm. Menschen dieser Art sind nicht vermöge eines allgemeinen Principes jenseits der Geschlechtlichkeit, sondern vermöge ihrer Einbildung, an die sie sich verloren haben. Sie sind zu eigener Einbildung und Willkür geworden zu ihrem eigenen Schaden. Es thut ihnen noth, sich des Geschlechtlichen zu erinnern, damit sie aus ihren Träumen zur Wirklichkeit erwachen.

Es ist qualvoll, wie eine schlaflose Nacht, aus dem Diesseits das Jenseits zu erfühlen, nämlich das andere und Entgegengesetzte in mir. Es schleicht heran wie ein Fieber, wie ein giftiger Nebel. Und wenn deine Sinne aufs höchste erregt und gespannt sind, dann kommt das Daemonische als etwas so Fades und Abgegriffenes, so Laues und Schales, daß es dir davon übel wird. Hier hörst du wohl gerne auf, nach deinem Jenseits hinüberzufühlen. Erschreckt und angewidert ziehst du dich zurück nach den himmelhohen Schönheiten deiner sichtbaren Welt. Du spuckst aus und verfluchst alles, was jenseits deiner schönen Welt liegt, denn du weißt, es ist Ekel, Abschaum, Unrath des Menschenthieres, das sich in dumpfen Häusern flattert, über Bürgersteige schleicht, alle Allerweltsecken beschnuppert und von der Wiege bis zum Grabe nur das genießt, was schon in aller Munde gewesen. Hier mögest du aber nicht aufhören, sehe nicht den Ekel zwischen dem Diesseits und dem Jenseits. Der Weg zu deinem Jenseits führt durch die Hölle und zwar durch deine ganz besondere Hölle, deren Boden aus Knicker-Abraum besteht, deren Luft millionenfach ausgeathmet, deren Feuer Zwergleidenschaften und deren Teufel chimaerische Aushängeschilder sind. Alles Verhaßte und alles Widerliche ist deine ganz besondere Hölle. Wie könnte es anders sein? Jede andere Hölle wäre wenigstens sehenswerth oder spaßhaft. Das ist die Hölle aber nie. Deine Hölle ist aufgebaut aus allen den Dingen, die du je mit einem Fluch und einem Fußtritt aus deinem Heiligthum warfest. Wenn du in deine Hölle eintrittst, so denke nie, du kommest als ein in Schönheit Leidender oder als ein stolzer Verächter, sondern du kommst wie ein dummer und neugieriger Trottel und bestaunst die Brocken, die von deinem Tische gefallen sind.

du möchtest wohl ingrimmig thun, aber zugleich siehst du, wie gut dir der Ingrimm ansteht. Deine höllische Lächerlichkeit dehnt sich meilenweit. Wohl dir, wenn du fluchen kannst! Du wirst es erfahren, daß das Fluchen lebenspendend ist. Wenn du also durch die Hölle gehst, darfst du nicht vergessen, allem, was dir auch immer begegnet, deine Aufmerksamkeit zu geben. Setze dich mit allem, das deine Verachtung oder Wuth erregen will, ruhig auseinander. Dadurch bringst du das Wunder zuwege, das ich mit dem blassen Mädchen erlebte. Du giebst der seelenlosen Seele und dadurch kann es aus dem grausigen Nichts zu etwas kommen. So wird dein Anderes zum Leben erlöst. Deine Werthe wollen dich von dem, was du gegenwärtig bist, nach vorne und über dich selber wegziehen. Dein Seiendes aber zieht dich zu Boden wie Blei. Du kannst nicht zugleich beides leben, denn die beiden schließen sich aus. Aber auf dem Wege kannst du beides leben. Darum erlöst dich der Weg. Du kannst nicht zugleich auf dem Berg und im Thal sein, aber dein Weg führt dich vom Berg zum Thal und vom Thal zum Berg. Vieles beginnt spaßhaft und führt ins Dunkle. Die Hölle hat Stufen.

Einer der Niedrigen · cap. iii ·

In der folgenden Nacht nunmehr fand ich mich wiederum wandernd in schneebedeckten Lande heimischer Art. Ein grauer Abendhimmel verhüllt die Sonne. Die Luft ist feucht-frostig. Zu mir hat sich einer gesellt, der nicht vertrauenswürdig aussieht. Vor allem, er hat nur ein Auge, und sonst noch ein paar Narben im Gesicht. Er ist ärmlich und schmutzig gekleidet, ein Landstreicher. Er hat einen schwarzen Stoppelbart, der seit langem kein Schermesser gesehen hat. Ich habe einen guten Stock für alle Fälle. „Es ist verdammt kalt", meint er nach einer Weile. Ich stimme zu. Nach längerer Pause fragt er: „Wohin gehen Sie?"

I: Ich gehe noch bis zum nächsten Dorf, wo ich in der Herberge zu übernachten gedenke.

Er: Das möchte ich auch thun, aber zu einem Bett wirds kaum langen.

I: Fehlts am Geld? Nun, wir wollen sehen. Haben Sie keine Arbeit?

Er: Ja, die Zeiten sind schlecht. Ich war bis vor ein par Tagen bei einem Schlosser in Arbeit. Dann hatte er keine Arbeit mehr. Jetzt bin ich auf der Reise und suche Arbeit.

I: Wollen Sie nicht bei einem Bauern Arbeit nehmen? Auf dem Lande fehlts immer an Arbeitskräften.

Er: Die Arbeit bei den Bauern paßt mir nicht. Da heißt's am Morgen früh aufstehen, die Arbeit ist schwer und der Lohn gering.

I: Aber auf dem Lande ist es doch immer weit schöner als in einer Stadt.

Er: Auf dem Lande ist es langweilig, man sieht niemanden.

I: Nun, es giebt doch auch Leute auf dem Dorf.

Er: Man hat aber keine geistige Anregung, die Bauern sind Klötze.

Ich sehe ihn erstaunt an: was, der will auch noch geistige Anregung? Der soll doch lieber seinen Unterhalt redlich verdienen, und wann er das gethan hat, mag er an die geistige Anregung denken.

I: aber sagen sie mir / was für geistige anregung haben sie in der stadt?

er: man kann abends in den kinematographen gehen. das ist großartig / und es billig. man sieht da alles / was in der welt vorgeht.

ich muß an die hölle denken / dort giebt es wohl auch kinematographen / für diejenigen / die dieses institut auf erden verachteten und nicht hineingiengen / weil alle andern ihren geschmack daran fanden.

I: was hat sie denn im kinematographen am meisten interessiert?

er: man sieht allerlei schöne künste. da war einer / der lief an den häusern hinauf. einer trug den kopf unter dem arm. einer stand sogar mitten im feuer drin und wurde nicht verbrannt. ja das ist schon merkwürdig / was die leute alles können.

und das nennt der mensch geistige anregung! aber — das sieht doch merkwürdig aus: trugen nicht auch die heiligen die köpfe unterm arm? sind nicht der heilige Franz und Ignatius auch vom boden emporgeflogen und die 3 männer im feuerofen? ist es nicht eine gotteslästerliche idee / die acta sanctorum als einen historischen kinematographen zu betrachten? aber die wunder von heutzutage sind einfach etwas weniger mythisch als technisch. ich betrachte meinen begleiter mit rührung — er lebt weltgeschichte — und ich?

I: gewiß / das ist sehr gut gemacht. haben sie sonst noch derartiges gesehen?

er: ja / ich sah / wie der könig von Spanien ermordet wurde.

I: aber der wurde doch gar nicht ermordet.

er: nun / das macht nichts / dann war's halt ein anderer von diesen verfluchten kapitalisten königen. einen hat's wenigstens genommen. wenn's nur alle nähme / dann würde das volk frei.

ich wage schon gar nichts mehr zu sagen: wilhelm Tell / ein werk von Friedrich Schiller — der mann steht ja mitten drin / im strom heroischer geschichte. einer der die kunde vom tyrannenmord schlafenden völkern verkündet. wir sind bei der herberge angelangt / einer bauernwirtschaft — eine halbwegs saubere stube — einige männer sitzen beim bier in der ecke. ich werde als herr erkannt und in die bessere ecke geleitet / wo ein gewürfeltes tuch ein tischende bedeckt. der andere setzt sich unten an den tisch / und ich beschließe / ihm ein rechtes nachtessen aufwarten zu lassen. er sieht mich schon erwartungsvoll und hungrig an — mit seinem einen auge.

I: wo haben sie denn ihr auge verloren?

er: bei einer prügelei. ich habe aber den andern auch schön gestochen. er hat nachher 3 monate bekommen. mir gaben sie 6. es war aber schön im zuchthaus. es war damals ein ganz neues gebäude. ich habe in der schlosserei gearbeitet. man hatte nicht zuviel zu thun und doch recht zu essen. das zuchthaus ist gar nicht schlimm.

ich schaue mich um / um mich zu vergewissern / daß niemand zuhört / wie ich mich mit einem ehemaligen zuchthäusler unterhalte. es scheint es aber niemand bemerkt zu haben. ich scheine da in eine saubere gesellschaft gerathen zu sein. giebt es in der hölle auch zuchthäuser für die / die bei lebzeiten nie drin waren? übrigens muß es nicht ein eigenartig schönes gefühl sein, einmal ganz unten auf dem boden der wirklichkeit angelangt zu sein / von wo es kein herunter / sondern höchstens noch ein hinauf giebt? wo man die ganze höhe der wirklichkeit einmal vor sich hat?

er: nachher saß ich dann schön auf dem pflaster / weil man mich des landes verwieß. ich bin dann nach Frankreich gegangen / dort war's schön.

was für bedingungen stellt doch die schönheit! von diesem menschen läßt sich etwas lernen.

I: warum haben sie denn diese prügelei gehabt?

er: es war wegen eines mädchens. sie hat von ihm ein uneheliches gehabt / aber ich wollte sie heirathen. sie war sonst recht. nachher wollte sie dann nicht mehr. ich habe nichts mehr von ihr gehört.

I: wie alt sind sie denn jetzt?

er: 35 werde ich im frühling. ich muß nur mal rechte arbeit haben / dann wollen wir schon heirathen. ich krieg schon noch eine. ich hab's allerdings etwas auf der lunge. aber das wird schon wieder besser werden.

er bekommt einen heftigen hustenanfall. ich denke, das seien nicht gerade glänzende aussichten und bewundere im stillen den unentwegten optimismus des armen teufels. nach dem essen gehe ich in meine ärmliche kammer zu bett. ich höre, wie der andere nebenan sein nachtlager bezieht. er hustet mehreremale. dann wird es still. plötzlich aber erwache ich wieder an einem unheimlichen stöhnen und gurgeln mit halberstickten husten vermischt. ich lausche gespannt – kein zweifel, es ist der andere. es ist wie etwas gefährliches. ich springe auf und kleide mich nothdürftig an. ich öffne die thür seiner kammer. der mond scheint voll herein. der mann liegt angekleidet auf einem strohsack. aus seinem munde fließt ein dunkler strom blutes und bildet eine lache am boden. er stöhnt halberstickt und hustet blut aus. er will sich erheben, sinkt aber wieder zurück. ich eile hinzu, ihn zu stützen. aber ich sehe, daß allbereits der tod hand an ihn gelegt hat. er ist über und über mit blut besudelt. meine hände starren von blut. ein röchelnder seufzer entringt sich ihm. dann löst sich alle starre, ein leises zucken überfliegt seine glieder. und dann ist alles tot und ruhig. wo bin ich? giebt es in der hölle auch todesfälle für die, die nie an den tod gedacht haben? ich betrachte meine blutstarrenden hände – wie wenn ich ein mörder wäre ... ist es nicht meines bruders, dessen blut an meinen händen klebt? der mond zeichnet schwarz meinen schatten an der weißen wand der kammer. was thue ich hier? wozu dieses grausige schauspiel? ich schaue fragend nach dem mond als dem zeugen. was geht es den mond an? hat er nicht schon schlimmeres geschaut? hat er nicht hunderttausenden in die gebrochenen augen geleuchtet? seinem ringgebirge von ewiger dauer ist dieß doch gewiß einerlei – einer mehr oder weniger. der tod? deckt er nicht den furchtbaren betrug des lebens auf? darum ist es wohl dem mond auch ganz einerlei, ob und wie einer von hinnen fährt. nur wir machen davon ein aufheben – mit welchem recht? was hat dieser da gethan? er hat gearbeitet, gefaulenzt, gelacht, getrunken, gegessen, geschlafen, hat sein eines auge für das weib dahingegeben und um ihretwillen seine bürgerliche ehre verscherzt, außerdem hat er den menschenmythus schlecht und recht gelebt, die wunderthäter bewundert, den tyrannenmord gelobt und von der freiheit des volkes unklar geträumt. und dann – dann ist er kläglich gestorben – wie alle andern. das ist allgemeingültig. ich habe mich auf den untersten grund gesetzt. welcher schall über der erde! alle lichter löschen in letzter verzagtheit und einsamkeit. der tod ist eingezogen – und es ist keiner mehr da zu wehklagen. dieses ist eine letzte wahrheit und kein rätsel. welche täuschung konnte uns an rätsel glauben machen? wir stehen auf den spitzen steinen von elend und tod.

Ein lump gesellt sich mir und will einlaß in meine seele. also bin ich zu wenig lump. wo stack meine lumperei, während ich sie nicht lebte? ich war ein spieler des lebens, einer, der es schwer dachte und leicht lebte. der lump war weit weg und vergessen. das leben war schwer und trüber geworden. der winter hörte nicht mehr auf und der lump stand im schnee und fror. ich geselle mich zu ihm, denn ich bedarf seiner. er macht das leben leicht und einfach. er führt in die tiefe, auf den grund, wo ich die höhe sehe. ohne die tiefe habe ich die höhe nicht. ich bin vielleicht auf der höhe, aber ich werde eben darum der höhe nicht gewahr. ich bedarf darum des tiefstandes zu meiner erneuerung. wenn ich immer auf der höhe bin, nütze ich die höhe ab und das beste wird mir ein greuel. weil ich es aber nicht haben will, daß mein bestes mir zum greuel werde, darum werde ich selber ein greuel, mir zum greuel, andern zum greuel und ein arger quälgeist. sei ehrlich und sage dann, daß dein bestes dir zum greuel geworden sei, damit erlösest du dich und andere von nutzloser qual. ein mensch, der von seiner höhe nicht mehr heruntersteigen kann, ist krank, sich und andern zur qual. wenn du deine tiefe erreicht hast, dann siehst du deine höhe hell über dir leuchten, begehrenswerth und ferne, wie unerreichbar, denn im geheimen magst du sie lieber noch nicht erreichen, darum erscheint sie dir unerreichbar. du liebst es nämlich, auch in der zeit deines tiefstandes, deine höhe zu preisen und dir vorzusagen, daß du nur mit schmerzen sie gelassen hättest, und du solange nicht lebtest, als du sie missest. gute sitte, die dir beinahe zur andern natur geworden ist, gebietet dir, so zu reden. du weißt aber, daß es nicht wahr ist so ganz im grunde.

Auf deinem tiefstand unterscheidest du dich in nichts mehr von deinen menschenbrüdern. schäme dich nicht und bereue es nicht, denn indem du das leben deiner brüder lebst und in deren niedrigkeit heruntergehst, steigst du aber in den heiligen strom des allgemeinen lebens / wo du nicht mehr ein einzelner auf hohem berge / sondern ein fisch unter fischen / ein frosch unter fröschen bist. deine höhe ist dein eigener berg / der dir und nur dir gehört. dort bist du im einzelsein und lebst dein eigenstes leben. wenn du dein eigenstes leben lebst, so lebst du nicht das allgemeine leben / welches nämlich das immerwährende und nie aufhörende ist / das leben der geschichte und der unverlierbaren nie verloren last und güter der menschheit. dort lebst du das fortwährende sein / aber nicht das werden. das werden gehört zur höhe und ist qualvoll. wie kannst du werden / wenn du nie bist? darum bedarfst du des tiefstandes / denn dort bist du. darum bedarfst du aber auch der höhe / denn dort wirst du. wenn du im tiefstande das allgemeine leben lebst / dann wirst du deiner selbst gewahr. wenn du auf deiner höhe bist / dann bist du dein bestes und wirst nur deines besten gewahr / nicht aber dessen / was du im allgemeinen leben als seiender bist. was man als werdender ist / weiss man nie. auf der höhe aber ist die einbildung am stärksten. wir bilden uns nämlich ein / zu wissen / was wir als werdende sind / und umso mehr / je weniger wir wissen wollen / was wir als seiende sind. darum lieben wir den tiefstand nicht / obschon oder vielmehr gerade weil wir einzig dort klares wissen von uns selber erlangen. dem werdenden ist alles rätselhaft / dem seienden nicht. wer an rätseln leidet / besinne sich auf seinen tiefstand / er löst die rätsel an denen man leidet / nicht aber die / an denen man sich freut.

Zu sein als der / der du bist / ist bad der wiedergeburt. das sein des tiefstandes ist kein unbedingtes beharren / sondern ein unendlich langsames wachsthum. du meinst stille zu stehen / wie sumpfwasser / du ergiessest dich aber langsam ins meer / das überall die erde an den tiefsten stellen bedeckt und so gross ist / dass das feste land nur wie eine insel erscheint eingebettet in den schooss unermesslicher meere. als ein tropfen des meeres nimmst du theil an strömung ebbe und fluth. du schwillst langsam am lande empor und sinkst langsam wieder zurück in unendlich langen athemzügen. du wanderst in unmerklicher strömung weite strecken und bespülst fremde küsten und weisst nicht / wie du dorthin kamest. mit den wogen des grossen sturmes hebst du dich empor und rauschest wiederum in die tiefe. und du weisst nicht / wie dir geschieht. vorher dachtest du / dass deine bewegung aus dir komme und dass es deiner entschlüsse und anstrengungen bedürfe / damit du dich bewegest und von der stelle kommest. aber mit aller anstrengung wärest du nie zu jener bewegung und zu jenen gegenden gekommen / zu denen das meer und der grosse wind der welt dich bringt. auf endlosen blauen flächen versinkst du in schwärzliche tiefen / leuchtende fische ziehen an dir vorüber / wunderliches geäst umrankt dich. du schlüpfst durch spalten und durch schlingende schwankende dunkelblättrige pflanzen und das meer strömt dich wiederum empor in hellgrüne wasser auf weisssandige küste und eine welle schäumt dich aufs ufer und schluckt dich wieder zurück und eine geglättete breite woge hebt dich sanft empor und führt dich weiter zu neuen flächen und tiefen und schlingenden pflanzen und langschwänzigen fischen und langsam schleichenden schleimigen polypen und grünen wasser und weissen sande und brechender brandungswoge. von ferne aber leuchtet im goldenen lichte dir deine höhe übers meer / wie der mond / der der fluth entsteigt / und du wirst deiner selbst von ferne gewahr. und die sehnsucht fasst dich und der wille zu eigener bewegung. du willst hinüber vom sein zum werden / denn du hast es erkannt / was das athmen des meeres ist und sein strömen / das dich hierhin und dorthin führt / wo du nirgends haftest / und seine woge / die dich an fremde küsten wirft und dich wieder einschluckt und hinunter und hinaufgurgelt. du sahest / dass es das leben des ganzen war und der tod jedes einzelnen. da fühltest du dich vom allgemeinen tod umschlungen / vom tode am tiefsten orte der erde / vom tode in deiner eigenen sonderbar athmenden und strömenden tiefe. oh – du sehnst dich hinaus / verzweiflung und todesangst fassen dich in all diesem tode / der langsam athmet und ewig hin und widerströmt. alle diese hellen und dunkeln / warmen lauen und kalten wasser / alle diese welligen schwankenden schlingenden pflanzenthiere und thierpflanzen / alle diese nächtigen wunder werden dir zum grauen und du sehnst dich nach sonne / nach heller trockener luft / nach festem stein / nach bestimmtem ort und gerader linie / nach unbewegtem und festgehaltenem / nach regel und vorgedachtem zweck / nach einzelsein und eigener absicht.

In der nacht kam mir die erkenntniss vom tode / vom weltumfassenden sterben. ich sah / wie wir in den tod hineinleben / wie das schwankende goldene korn zusammen sinkt unter der sense des schnitters /

wie eine glatte meereswoge auf dem strande. wer im allgemeinen leben steht / wird mit schrecken des todes gewahr. das treibt ihn die todesangst nach dem einzelsein. er lebt dort nicht / aber er wird des lebens gewahr und freut sich / denn im einzelsein ist er ein werdender und hat den tod überwunden. er überwindet den tod durch die überwindung des allgemeinen lebens. im einzelsein lebt er nicht / denn er ist nicht / was er ist / aber er wird. ein werdender wird des lebens gewahr / ein seiender nie / denn er ist mitten im leben. er bedarf der höhe und des einzelseins / um des lebens gewahr zu werden. im leben aber wird er des sterbens gewahr. und es ist gut / dass du des allgemeinen todes gewahr wirst / denn dann weisst du / wozu dein einzelsein und deine höhe gut sind. deine höhe ist wie der mond / der leuchtend einsam wandert und ewig klar die nächte durchblickt. bisweilen verhüllt er sich und dann bist du ganz im dunkel der erde / aber immer wieder ergänzt er sich bis zur völligen helle. das sterben der erde ist ihm fremd. er sieht von ferne das leben der erde / selber unbewegt und klar / ohne umhüllenden dunst und ohne strömende meere. seine unwandelbare form ist für seit ewigkeit. er ist das einsame klare licht der nacht / das einzelwesen und das nahestück der ewigkeit. von ihm aus siehst du kalt und unbewegt und strahlend. mit jenseitigem silbernem lichte und grünen dämmerungen übergiessest du das ferne grauen. du siehst es / aber dein blick ist klar und kalt. deine hände sind roth von lebendigem blute / aber das mondlicht deines blickes ist unbewegt. es ist das lebensblut deines bruders / ja / es ist dein eigenes blut / aber dein blick bleibt leuchtend und umfasst das ganze des grauens und die rundung der erde. auf silbernen meeren ruht dein blick / auf schneeigen gipfeln / auf blauen thälern / und du hörst nicht das stöhnen und heulen des menschenthieres. der mond ist tot. deine seele gieng zum monde / zum bewahrer der seelen. so gieng die seele zum tode ein. ich gieng in den innern tod und sah / dass äusseres sterben besser sei als innerer tod. und ich beschloss / aussen zu sterben und innen zu leben. darum wandte ich mich weg und suchte die stätte des innern lebens.

Der anachoret · cap. iv

dies · i ·

Und in der wiederum folgenden nacht fand ich mich auf neuem pfade / heisse / trockene luft umflutete mich und ich sah: die wüste / gelber sand ringsum / in wellen gehäuft / eine furchtbare jähe sonne / ein himmel blau wie angelaufener stahl / die luft über der erde flimmernd / auf meiner rechten seite ein tiefeingeschnittenes thal mit trockenem flussbett / ein paar matten gräsern und einem staubigen dornbusche. im sande sehe ich spuren nackter füsse / die vom felsthal auf die hochebene heraufführen. ich folge ihnen einer hohen düne entlang. wo sie abfällt / wenden sich die spuren zur andern seite / sie scheinen frisch zu sein / daneben sind alte / halbverwehte spuren. ich verfolge sie aufmerksam: sie folgen wiederum dem abhang der düne / nun münden sie in eine andere spur ein – aber es ist die=

selber Spur, der ich schon folgte, nämlich die, die aus dem Thal heraufkommt. Ich folge erstaunt der Spur nunmehr abwärts. Bald gelange ich an die heissen röthlichen vom Wind zerfressenen Felsen, auf den Steinen verliert sich die Spur, aber ich sehe, wo der Fels in Stufen abfällt, und steige hinunter. Die Luft glüht und der Fels brennt meine Sohlen. Jetzt bin ich unten, da sind auch die Spuren wieder. Sie führen den Windungen des Thales entlang, eine kurze Strecke weit. Da stehe ich plötzlich vor einer kleinen schilfgedeckten Hütte aus Schlammziegeln. Ein wackeliger Bretterladen bildet die Thür, worauf mit rother Farbe ein Kreuz gemalt ist. Ich öffne leise. Ein hagerer Mann mit kahlem Schädel und tiefbrauner Haut, in einen weissen leinenen Mantel gehüllt, sitzt auf einer Matte, mit dem Rücken an die Wand gelehnt. Auf seinen Knieen liegt ein Buch in gelblichem Pergament mit schöner schwarzer Schrift — ein griechisches Evangelienbuch ohne Zweifel. Ich bin bei einem Anachoreten der libyschen Wüste.

I: Störe ich dich, Vater?

A: Du störst nicht. Aber nenne mich nicht Vater. Ich bin ein Mensch wie du. Was ist dein Begehren?

I: Ich komme ohne Begehren. Ich bin von ohngefähr an diese Stelle der Wüste gekommen und fand dort oben Spuren im Sand, die mich im Kreise herum zu dir führten.

A: Du fandest die Spuren meines alltäglichen Ganges zur Zeit der Morgenröthe und zur Zeit der Abendröthe.

I: Verzeih mir, wenn ich deine Andacht unterbreche, es ist aber eine seltene Gelegenheit für mich, bei dir zu sein. Ich habe noch nie einen Anachoreten gesehen.

A: Du kannst weiter abwärts in diesem Thale nicht wenige sehen. Die einen haben Hütten wie ich, andere wohnen in den Gräbern, die die Alten in diese Felsen gehöhlt haben. Ich wohne zuoberst im Thale, weil es hier am einsamsten und stillsten ist, und ich hier die Ruhe der Wüste am nächsten habe.

I: Bist du schon lange hier?

A: Ich lebe hier seit vielleicht zehn Jahren, aber wirklich, ich kann mich nicht mehr genau entsinnen, wie lange es her ist. Es könnten auch einige Jahre mehr sein. Die Zeit vergeht so rasch.

I: Die Zeit vergeht dir rasch? Wie ist das möglich? Dein Leben muss furchtbar eintönig sein

A: Gewiss vergeht die Zeit mir rasch, viel zu rasch sogar. Du scheinst ein Heide zu sein?

I: Ich? Nein — nicht gerade. Ich bin im christlichen Glauben aufgewachsen.

A: Nun, wie kannst du dann fragen, ob mir die Zeit lang werde? Dann musst du ja wissen, womit einer, der trauert, beschäftigt ist. Lang wird die Zeit nur den Müssiggängern.

I: Verzeih mir wiederum, meine Neugier ist gross, womit beschäftigst du dich denn?

A: Bist du ein Kind? Für's erste siehst du doch, dass ich hier lese, und dann habe ich meine regelmässige Zeiteintheilung.
19.

I: Aber ich sehe gar nichts, womit du dich hier beschäftigen könntest. Dieses Buch musst du doch schon öfters ganz gelesen haben. Und wenn es, wie ich vermuthe, die Evangelien sind, so kannst du sie doch gewiss schon auswendig.

A: Wie kindlich sprichst du! Du weisst doch, dass man ein Buch viele Male lesen kann, vielleicht kannst du es fast auswendig, und trotzdem werden dir, wenn du die vor dir liegenden Zeilen wieder anblickst, gewisse Dinge neu erscheinen, oder es werden dir sogar ganz neue Gedanken kommen, die du zuvor nicht hattest. Jedes Wort kann zeugend wirken in dem Geiste. Und vollends, wenn du das Buch für eine Woche einmal weggelegt hast, und es dann wieder nimmst, nachdem dein Geist unterdessen durch verschiedene Wandlungen hindurchgegangen ist, dann wird dir mehr als ein neues Licht aufgehen.

I: Das kann ich schwer begreifen. Es steht doch immer nur ein und dasselbe im Buche, gewiss ein wunderbarer, tiefsinniger, ja sogar göttlicher Inhalt, aber doch nicht so reich, dass er ungezählte Jahre füllen könnte.

A: Du bist erstaunlich. Wie liesest du denn dieses heilige Buch? Siehst du thatsächlich nur immer einen und denselben Sinn darin? Woher kommst du? Du bist wahrhaftig ein Heide.

I: Ich bitte dich, nimm es mir nicht übel, wenn ich wie ein Heide rede. Lass mich nur mit dir reden. Ich bin hier, um von dir zu lernen. Betrachte mich als unwissenden Schüler, der ich auch bin in diesen Dingen.

A: Wenn ich dich Heide nenne, so betrachte dies nicht als Schimpf. Auch ich war früher ein Heide, und dachte, wie ich mich

wohl erinnere / genau so wie du. wie kann i' dir also deine unwissenh' verdenk'?
I: i' danke dir für deine geduld. es liegt mir ab' viel daran / z' wiss' / wie du liesest / u' was du aus d' buche herausziehs'.
A: deine frage ist nicht leicht z' beantwort'. ein' blind' die farb' z' erklär' ist leicht'. vor all' mußt du eines wiss': eine reihenfolge von wort' hat nicht bloß ein' sinn. die mensch' streb' ab' dana' / d' wortfolg' nur ein' einzig' sinn z' geb' / nämli' um eine unzweideutige sprache z' hab'. dieses streb' ist weltli' u' beschränkt u' gehört z' d' tiefern stuf' des göttlich' schöpferplanes. auf d' höhern stuf' d' einsicht in die göttlich' gedank' erkenn' du / daß die wortfolg' mehr als ein' gültig' sinn hab'. allein d' allwissend' ist es gegeb' / alle sinne d' wortfolg' z' wiss'. wir bemüh' uns fortschreitend / einige weitere bedeutung' z' erfass'.
I: wenn i' di' recht verstehe / so meins' du / daß au' die heilig' schrift' des neu' bundes ein' doppelt' / ein' exoterisch' u' ein' esoterisch' sinn hab' / wie einige jüdische gelehrte es von ihr' heilig' büchern behaupt'.
A: dies' üble aberglaub' sei mir ferne. i' merke / du bist ganz unerfahr' in göttlich' ding'.
I: i' muß meine tiefe unwissenh' in dies' ding' zugeb'. ab' i' bin begierig z' erfahr' u' z' versteh' / was du unt' d' mehrfach' sinn d' wortfolg' denkst.
A: i' bin leid' nicht im stande / dir alles / was i' hievon weiß / z' sag'. ab' i' will versuch' / dir wenigstens die elemente klar z' mach'. dazu will i' dießmal / dein' unwissenh' weg' / auf ein' andern seite beginn': du mußt nämli' wiss' / daß i', bevor i' mit d' christenthum bekannt wurde / ein rhetor u' philosoph in d' stadt Alexandria war. i' hatte groß' zulauf von student' / darunt' viele röm' / au' war einige barbar' darunt' aus galli' u' britanni'. i' lehrte sie nicht nur die geschichte d' griechisch' philosophie / sondern au' die neuern systeme / darunt' au' das syst' des Philo / d' wir d' jud' nenn'. er war ein klug' kopf / ab' phantastis' abstract / wie es die jud' z' sein pfleg' / wenn sie systeme mach' / u' dazu war er ein sclave seine' worte. i' that dazu von mein' eigen' u' flocht ein abscheuliches wortgespinst zusamm' / in d' i' nicht nur meine hör' / sondern au' mi' selb' verstrickte. wir schwelgt' übel in wort' u' nam' / unser eigen' jämmerlich' creatur' / u' maß' ihn' selbs göttliche potenz zu. ja / wir glaubt' sogar an ihre wirklichk' u' vermeint' / das göttliche z' besitz' u' in wort' festgelegt z' hab'.
I: ab' Philo Iudaeus / du meins' d' dies' / war d' ein ernsthaft' philosoph u' ein groß' denk' / u' selbs d' evangelis' Iohannes hat es nicht verschmäht / einige gedank' des Philo ins evangelium herüb' z' nehm'.
A: du has' recht: das ist das verdienst des Philo: er hat sprache gemacht / wie so viele andere philosoph'. er gehört z' d' sprachkünstlern. ab' die worte sollt' nicht z' göttern werd'.
I: hi' versteh' i' di' nicht. heißt es nicht im evangelium na' Iohannes: gott war das wort. mir scheint / es d' darin deutli' ausgesproch' / was du soeb' verworf' has'.
A: hüte di' / ein sklave d' worte z' sein. hi' ist das evangelium: lies von jen' stelle an / wo es heißt: in ihm war das leb'. wie sagt Iohannes dort?
I: u' das leb' war das licht d' mensch' u' das licht scheint in d' finsterniß u' die finsterniß hat es nicht begriff'. es wurde ab' ein mens' / abgesandt von gott / mit nam' Iohannes / dies' kam z' zeugniß / um zu zeug' vom licht. das wahrhaftige licht / welches jed' mensch' erleuchtet / war: der da komm' sollte in die welt. er war in d' welt / u' die welt ist dur' ihn geword' / u' die welt hat ihn nicht erkannt. — das ist es / was i' hi' lese. ab' was meins' du davon?
A: i' frage di' / war dies' ΛΟΓΟC ein begriff / ein wort? er war ein licht / ein mens' sogar u' hat unt' mensch' gewohnt. du siehs' / Philo hat d' Iohannes nur das wort geleh' / damit Iohannes neb' d' worte licht / au' no' das wort / ΛΟΓΟC / z' verfüg' hätte / um d' menschensohn zu beschreib'. bei Iohannes wird die bedeut' des ΛΟΓΟC d' lebendig' mensch' gegeb' / bei Philo ab' wird d' ΛΟΓΟC das leb' / das göttliche leb' sogar d' tot' begriff angemaaßt. damit gewinnt das tote kein leb' u' das lebendige wird getötet. u' das war au' mein abscheulich' irrthum.
I: i' sehe / was du meins'. dies' gedanke ist mir neu u' scheint mir d' überleg' werth. mir schien es bish'

immer, als ob gerade dies das Schwierige bei Johannes wäre, daß der Menschensohn der ΛΟΓΟC ist, und er so das Niedrigere zum höheren Geistigen, zu der Welt des ΛΟΓΟC erhebt. du führst mich aber darauf, die Sache umgekehrt zu sehen, nämlich daß Johannes die Bedeutung des ΛΟΓΟC zum Menschen hinunterbringt.

A: ich lernte einsehen, daß Johannes sogar das Große verdient hat, die Bedeutung des ΛΟΓΟC sogar zum Menschen heraufgebracht zu haben.

I: du hast merkwürdige Ansichten, die meine Neugier aufs höchste spannen. wie ist es? du denkst, das Menschliche stehe höher als der ΛΟΓΟC?

A: auf diese Frage will ich im Rahmen deines Begreifens antworten: wenn das Menschliche Gott nicht über alles wichtig gewesen wäre, so wäre er wohl als Sohn nicht im Fleische, sondern im ΛΟΓΟC offenbar geworden.

I: das leuchtet mir ein, aber ich gestehe, diese Auffassung ist mir überraschend. es ist mir besonders erstaunlich, daß du, ein christlicher Anachoret, zu solchen Ansichten gekommen bist. ich habe solches von dir nicht erwartet.

A: du machst dir, wie ich schon bemerkte, eine ganz falsche Vorstellung von mir und meinem Wesen. du magst hierin ein kleines Beispiel meiner Beschäftigung sehen. allein mit dem Umlernen habe ich viele Jahre zugebracht. hast du auch schon einmal umgelernt? – nun, dann solltest du wissen, wie lange man dazu braucht. ich war ein Lehrer, der in seinem Fache Erfolg hatte. wie du weißt, lernen solche Leute schwer oder gar nicht um. doch ich sehe, die Sonne ist untergegangen. bald wird es völlig Nacht sein. die Nacht ist die Zeit des Schweigens. ich will dir dein Nachtlager anweisen. den Morgen brauche ich zu meiner Arbeit, aber nach dem Mittag kannst du wieder zu mir kommen, wenn du willst, dann wollen wir unser Gespräch fortsetzen.

er führt mich aus der Hütte heraus, das Thal ist in blaue Schatten gehüllt. schon funkeln die ersten Sterne am Himmel. er führt mich um die Ecke eines Felsens: wir stehen vor dem Eingang eines Grabes, das in den Stein gehöhlt ist. wir treten ein: nicht weit vom Eingang liegt ein mit Matten gedeckter Haufen von Schilf. daneben steht ein Krug Wasser und auf einem weißen Tuch liegen getrocknete Datteln und ein schwarzes Brot.

A: hier ist dein Lager und dein Nachtmahl. schlafe wohl und vergiß dein Morgengebet nicht, wenn sich die Sonne erhebt.

Der Einsame wohnt in unendlicher Wüste voll schrecklicher Schönheit. er schaut das Ganze und den innern Sinn. ihm ist das Mannigfaltige verhaßt, wenn ihm nahe. er schaut es von ferne im Ganzen. darum liegt ihm silberner Glanz und Friede und Schönheit über dem Mannigfaltigen. was ihm nahe ist, muß einfach sein und einfältig, denn das Mannigfaltige und Verwickelte in der Nähe zerreißt und durchbricht den silbernen Glanz. es darf keine Trübung der Luft, kein Dunst und kein Nebel um ihn sein, sonst kann er das ferne Mannigfaltige im Ganzen nicht anschauen. darum liebt der Einsame vor allem die Wüste, wo alles Nächste einfach ist und nichts Trübes und Verwischtes zwischen ihm und der Ferne.

Das Leben des Einsamen wäre kalt, wenn nicht die große Sonne wäre, welche Luft und Felsen glüht. die Sonne und ihr ewiger Glanz ersetzt dem Einsamen die eigene Lebenswärme.

Sein Herz lechzt nach Sonne.

Er wandert nach den Ländern der Sonne.

Er träumt vom flimmernden Sonnenglanz, von heißen roten Steinen, die am Mittag liegen, vom goldig heißen Strahl des trockenen Sandes.

der einsame sucht die sonne und keiner ist so bereit/ ihr sein herz zu öffnen wie er. darum liebt er vor allem die wüste/ denn er liebt ihre tiefe ruhe.

er bedarf wenig nahrung/ denn die sonne und ihre gluth nähren ihn. darum vor allen liebt der einsame die wüste/ denn sie ist ihm eine mutter/ die zu sicherer stunde nahrung spendet und belebende wärme.

in der wüste ist der einsame der sorge enthoben und darum wendet sich all sein leben nach den sprossenden gärten seiner sele/ die nur unter einer heissen sonne zu gedeihen vermögen. in seinen gärten wachsen die köstlichen rothen früchte/ die unter gespannter haut schwellende süssigkeit bergen.

du meinst der einsame sei arm. du siehst nicht/ dass er unter beladenen fruchtbäumen wandelt/ und dass seine hand hundertfälliges korn streift. unter dunkeln blättern schwillt ihm aus strotzender knospe die übervolle röthliche blüthe/ und die früchte bersten fast von pressenden säften. duftende harze tropfen von seinen bäumen und unter seinen füssen bricht drängender same auf.

wenn die sonne wie ein ermatteter vogel auf die fläche des meres niedersinkt/ so hüllt sich der einsame ein und hält den athem an und regt sich nicht und ist nur erwartung/ bis das wunder der erneuerung des lichtes im osten emporsteigt.

übervolle köstliche erwartung ist im einsamen.

die schrecken der wüste und der dürre und durst umgeben ihn und du begreifst nicht/ wie der einsame leben kann.

sein auge ab~ ruht auf d~ gärt~/ v~ sein ohr lauscht d~ quell~/ v~ seine
hand berührt sämtne blätt~ v~ früchte/ v~ sein ath~ zieht süße düfte
ein von blüth~ reich~ bäum~ (ein)
er kañ es dir nicht sag~/ so üb~ voll i~ die pracht sein~ gärt~: er sta=
melt/ weñ er davon spricht/ v~ er erscheint dir arm an gei~ v~ leb~:
ab~ seine hand weiß nicht/ wohin sie greif~ soll in all d~ unbeschreib=
lich~ fülle.
er giebt dir eine kleine unscheinbare frucht/ die gerade vor seine
füße gefall~ i~. sie erscheint dir werthlos/ weñ du sie ab~ betrachte~/
so sieh~ du/ daß diese frucht eine soñe schmeckte/ von d~ du dir ni=
chts träum~ ließe~. sie athmet ein~ duft/ welch~ dein~ siñ verwirrt
v~ dir träum~ macht von ros~gärt~ v~ süß~ weine v~ flüsternd~ pal=
m~. v~ du hält~ träumend diese eine frucht in d~ hand v~ du möch=
te~ d~ baum/ an d~ sie wuchs/ v~ d~ gart~/ in d~ dies~ baum steht/ v~
die soñe/ die dies~ gart~ zeugte.
v~ du will~ selb~ jen~ einsame sein/ d~ mit d~ soñe dur~ seine gärt~
wandelt v~ sein~ blick auf hängend~ blüth~ laub~ ruh~ v~ seine ha=
nd hundertfältiges korn streifen v~ sein~ ath~ die düfte von
tausend ros~ trink~ läßt.
matt von soñe v~ trunk~ von gährend~ weine leg~ du di~ z~
ruhe in uralt~ gräbern/ der~ wände vielstimmig v~ vielfarbig von
tausend vergangen~ soñ~ jahr~ nachkling~.
weñ du wach~/ so sieh~ du alles lebendig wied~/ was je war/ v~

Wenn du schläfst, so ruhst du, wie all das, was je war, und deine Träume hallen leise wieder von fernem Tempelgesang.

Du schläfst hinunter durch die tausend Sonnenjahre und erwachst wiederum hinauf durch die tausend Sonnenjahre und deine Träume voll Altkunde zieren die Wände deines Schlafgemaches.

Du siehst auf dich im Ganzen.

Du sitzest und lehnst dich an die Wand und schaust es an, das schöne rätselvolle Ganze. Die Summa liegt vor dir wie ein Buch und eine unsagbare Gier erfasst dich, es zu verschlingen. Darum lehnst du dich zurück und erstarrst und sitzest lange. Ganz unvermögend bist du, es zu fassen. Hie und da flackert ein Licht, hie und da fällt eine Frucht vom hohen Baum, die du greifen kannst, hie und da stößt dein Fuß auf Gold. Aber was ist es, wenn du es mit dem Ganzen vergleichst, das greifbar nahe vor dir ausgebreitet liegt? Du streckst deine Hand aus, sie bleibt aber in unsichtbaren Gespinsten hängen. Du willst es genau sehen, aber eben schiebt sich etwas Trübes und Undurchsichtiges dazwischen. Du möchtest davon ein Stück dir herausreißen, es ist aber glatt und undurchdringlich wie blankes Eisen. Darum sinkst du zurück zur Wand, und wenn du durch alle glühheißen Tiegel der Verzweiflungshölle hindurchgekrochen bist, so sitzest du wieder und lehnst dich zurück und schaust das Wunder der Summa, die vor dir ausgebreitet liegt. Hie und da flackert ein Licht, hie und da fällt eine Frucht. Es ist dir alles zu wenig. Aber du fängst an, dich zu begnügen, und achtest der Jahre nicht, die darüber vergehen. Was sind Jahre? Was ist eilende Zeit dem, der unter dem Baume sitzt? Wie ein Lufthauch vergeht deine Zeit, und du wartest auf das nächste Licht, auf die nächste Frucht.

Die Schrift liegt vor dir und sagt immer dasselbe, wenn du an Worte glaubst. Wenn du aber an Dinge glaubst, für die nur Worte gesetzt sind, so kommst du nie zu Ende. Und dort musst du die endlose Straße gehen, denn das Leben fließt nicht auf begrenzten, sondern auf unbegrenzten Wegen. Die Grenzenlosigkeit aber macht dir bange, denn Grenzenlosigkeit ist furchtbar und dein Menschliches empört sich dagegen. Darum suchst du Grenzen und Einschränkungen, damit du nicht, ins Unendliche hineintaumelnd, dich verlierst. Beschränkung wird dir unerlässlich. Du schreist nach dem Wort, welches die eine Bedeutung hat und keine andere, damit du der grenzenlosen Vieldeutigkeit entrinnst. Das Wort wird dir Gott, denn es schützt dich vor den unzähligen Möglichkeiten der Deutung. Das Wort ist schützender Zauber gegen die Daemonen des Unendlichen, die deine Seele hinausreißen und in alle Winde streuen wollen. Du bist erlöst, wenn du endlich sagen kannst: das ist das und nur das. Du sprichst das Zauberwort und das Grenzenlose ist im Endlichen gebannt. Darum suchen und schaffen die Menschen Worte.

Wer den Wall des Wortes bricht, stürzt Götter und schändet Tempel. Der Einsame ist ein Mörder. Er mordet das Volk, denn er denkt und bricht damit alte geheiligte Mauern. Er ruft die Daemonen des Grenzenlosen herein. Und er sitzt, lehnt sich zurück und schaut und hört nicht das Stöhnen der Menschheit, die der furchtbare feurige Rausch gefasst hat. Und doch kannst du nicht die neuen Worte finden, wenn du nicht die alten Worte brichst. Aber niemand soll alte Worte brechen, er finde denn das neue Wort, welches ein festerer Wall ist gegen das Grenzenlose und mehr Leben in sich fasst als das alte Wort. Ein neues Wort ist ein neuer Gott für den alten Menschen. Der Mensch bleibt derselbe, wenn du ihm auch neue Götterbilder schaffst. Er bleibt ein Nachahmer. Was Wort war, soll Mensch werden. Das Wort schuf die Welt und war eher als die Welt. Es leuchtete wie ein Licht in der Finsternis und die Finsternis hat es nicht begriffen. Also soll das Wort werden, das die Finsternis begreift, denn wozu taugt das Licht, das die Finsternis nicht begreift? Aber deine Finsternis soll das Licht erfassen.

Der Wortgott ist kalt und tot und leuchtet von ferne wie der Mond, rätselhaft und unerreichbar. Lass das Wort zu seinem schöpfer zurückkehren / eh zum menschen / so wird das wort zum menschen erhöht. der mensch sei licht / grenze / mass. er sei eure frucht / nach der ihr sehnsüchtig greift. die finsterniss begreift nicht das wort / wohl aber den menschen / ja sie ergreift ihn / denn er ist selber ein stück der finsterniss. nicht vom wort herunter zum menschen / sondern vom wort hinauf zum menschen / das begreift die finsterniss. die finsterniss ist deine mutter / ihr geziemt ehrfurcht / denn die mutter ist gefährlich. sie hat macht über dich / denn sie ist deine gebärerin. ehre die finsterniss wie das licht / so erleuchtest du deine finsterniss.

Wenn du die finsterniss begreifst / so ergreift sie dich. sie kommt über dich wie die nacht mit blauen schatten und unzähligen schimmernden sternen. schweigen und friede kommt über dich / wenn du anfängst die finsterniss zu begreifen. nur wer die finsterniss nicht begreift / fürchtet die nacht. durch das begreifen des finstern / nächtigen / abgründigen in dir wirst du ganz einfach. und du schickst dich an / zu schlafen wie alle durch die jahrtausende und du schläfst hinunter in den schoss der jahrtausende und deine wände klingen von alten tempelgesängen. denn das einfache ist es / das immer war. schweigen und blaue nacht breiten sich über dich / derweil du im grabe der jahrtausende träumst.

cap. v. dies ii.

ch erwache / der tag röthet den osten. eine nacht / eine wunderliche nacht in fernster zeitentiefe liegt hinter mir. in welchen fernen räumen war ich? was träumte mir? von einem weissen pferd? es ist mir als hätte ich dieses weisse pferd am östlichen himmel gesehen über der aufgehenden sonne. das pferd sprach zu mir: was sagte es? es sprach: „heil denen / die im dunkeln sind / denn der tag ist über ihnen". es waren vier pferde / weiss / mit goldenen flügeln / sie führten den sonnenwagen herauf / darauf stand Helios mit loderndem haupte. ich stand da unten in der schlucht / erstaunt und erschreckt. tausend schwarze schlangen verkrochen sich eilends in ihre löcher. Helios stieg rollend empor zu den weiten pfaden des himmels. ich kniete nieder / hob meine hände bittend in die höhe und rief: schenke uns dein licht / feuerlockiger / umschlungener / gekreuzigter und auferstandener / dein licht / dein licht! ja / an diesen ruf erwachte ich. sagte nicht Ammonius gestern abend: „vergiss dein morgengebet nicht / wenn sich die sonne erhebt"? ich dachte / er bete vielleicht heimlich die sonne an.

Draussen erhebt sich ein frischer morgenwind. gelber sand rieselt in feinen adern an den felsen herunter. die röthe dehnt sich über den himmel und ich sehe die ersten strahlen hinaufschiessen zum firmament. feierliche stille und einsamkeit ringsum. dort liegt eine grosse eidechse auf dem steine und harrt der sonne. ich stehe wie gebannt / und erinnere mich mühsam an all das gestrige und besonders an das / was Ammonius sagte. wie sagte er doch? dass die wortfolge vielsinnig sei / und dass Johannes den ΛΟΓΟC zum menschen hinaufgebracht habe. das klingt doch nicht eigentlich wohl christlich. ist er vielleicht ein gnostiker? nein / das scheint mir unmöglich / denn das wären wohl die schlimmsten aller wortgötzenanbeter / wie er wohl sagen würde.

Die sonne — was erfüllt mich mit solch innerem jubel? mein morgengebet soll ich nicht vergessen — aber wo habe ich mein morgengebet? liebe sonne / ich habe kein gebet / denn ich weiss nicht / wie man dich anrufen muss. jetzt habe ich zur sonne gebetet. Ammonius aber meinte doch wohl / ich solle bei tagesanbruch zu gott beten. er weiss wohl nicht — wir haben ja keine gebete mehr. wie soll er eine ahnung haben von unserer nacktheit und armuth? wo sind denn die gebete hingekommen? hier fehlen sie mir. das muss wohl an der wüste liegen. hier scheint es / sollte es gebete geben. ist denn diese wüste so besonders schlimm? ich denke / nicht schlimmer als unsere städte. aber warum beten wir dort nicht? ich muss zur sonne sehen / wie wenn sie etwas damit zu thun hätte. ach / uralte träume der menschheit / man kann ihr nie entrinnen.

Was werde ich thun diesen ganzen langen morgen? ich begreife nicht / wie Ammonius dieses leben auch nur ein jahrlang ausgehalten hat. ich gehe am ausgetrockneten flussbett auf und ab und setze mich schliesslich auf einen felsblock. vor mir stehen ein paar gelbe gräser / da kriecht ein kleiner dunkler käfer und schiebt eine kugel vor sich her — ein Skarabaeus. du liebes / kleines thierchen / bist du noch immer an der arbeit / deinen schönen mythus zu leben? wie ernsthaft und unverdrossen er arbeitet! hättest du nur eine ahnung davon / dass du einen alten mythus aufführst / du stündest wohl ab von deiner phantasterei / wie wir menschen es auch aufgegeben haben / mythologie zu spielen. das unwirkliche wird einem zum ekel. es klingt zwar an diesem orte sehr merkwürdig / was ich sage / und der gute Ammonius wäre gewiss nicht damit einverstanden. was suche ich denn eigentlich hier? nein / ich will nicht im voraus aburtheilen / denn ich habe noch nicht einmal wirklich verstanden / was er eigentlich meint. er hat ein recht gehört zu werden. übrigens dachte ich gestern anders / ich war ihm sogar sehr dankbar / dass er mich belehren wollte. aber ich stelle mich wieder einmal kritisch und überlegen / bin also auf dem besten wege / nichts zu lernen. seine gedanken sind gar nicht so übel / sie sind sogar gut. ich weiss nicht / warum ich den mann immer heruntersetzen will.

Lieber käfer / wo bist du hin / ich sehe dich nicht mehr — oh / dort drüben bist du schon mit deiner mythischen kugel. diese thierchen bleiben doch ganz anders bei der sache / wie wir — kein zweifeln / kein umfallen / keine zögerung. kommt das wohl daher / dass sie ihren mythus leben?

Lieber scarabaeus / mein vater / ich verehre dich / gesegnet sei deine arbeit / in ewigkeit / amen.

Was rede ich für unsinn? ich bete ja ein thier an — das muss an der wüste liegen. sie scheint unbedingt gebete zu fordern.

Wie schön ist es hier! die röthliche farbe der steine ist wunderbar / sie scheinen die gluth von hunderttausend vergangenen sonnen wieder — diese sandkörnchen rollten in übersagenhaften urmeeren / über sie schwammen ungeheuer von nie erschauten formen. wo warst du / mensch / in jenen tagen? auf diesem warmen sande lagen / angeschmiegt / wie kinder an die mutter / deine kindhaften urthierahnen.

O mutter stein / ich liebe dich / an deinen warmen körper geschmiegt liege ich / dein spätes kind. gesegnet seiest du / uralte mutter.

dein i mein herz v alle herrlickeit v kraft · am

Was rede i? das war die wüste · wie erscheint mir alles so belebt! dies ort is wahrli ungeheuerli. diese steine – sind das steine? sie schein si hi mit üblegg zusam gefund z' hab. sie sind auf gereiht wie ein heerzug. sie hab si gleichmäßig abgestuft / große geh einzeln / die klein füll die lücke v sameln si z ein schar / die d groß vorausgeht · hi bild die steine stat.

Träume i od wache i? es is heiß – die sone steht schon ho – wie eil die stund! wahrhaftig / d morg is ja schon vorüb – v wie erstaunli war er! is es die sone od sind es diese lebendig steine od is es die wüste / von d mir d kopf sinnt?

Ich gehe thalaufwärts v bald stehe i vor d hütte des anachoret. er sitzt auf sein matte in tiefes sinen verloren.

I: mein vat / hi bin i.

A: wie has du dein morg verbracht?

I: i wunderte mi / als du gestern sagtes / die zeit vergehe dir rasch. i frage di nicht mehr v wundere mi nicht mehr darüb. i habe viel gelernt. ab d nicht soviel / daß du mir nicht no ein größeres räthsel wäres als vorh. was mußt du erleb in d wüste / wunderbar man! z' dir müß sogar die steine sprech.

A: i freue mi / daß du etwas vom leb des anachoret versteh gelernt has. das wird unsere schwere aufgabe erleichtern. i will mi nicht in deine geheimniße eindräng / ab i fühle / daß du aus ein fremd welt kom / die mit mein welt nichts z' thun hat.

I: du sprichst wahr. i bin hi ein fremdling / fremd als du je ein geseh has. selbs ein man von Britannias fernst küste stünde dir näh als i. habe darum geduld / meist / v laß mi an d quelle dein weish trink. obglei uns dürstende wüste umgiebt / fließt bei dir ein unsichtbar strom lebendig waßers.

A: has du dein gebet verrichtet?

I: meist / vergieb / i habe gesucht / ab i fand kein gebet. d träumte i / daß i z aufgehend sone bete.

A: bekümere di nicht deßhalb. wen du keine worte fandes / so hat d deine sele unaussprechliche worte gefund / den aufgeh d tag z' begrüß.

I: ab es war ein heidnisches gebet z' Helios.

A: laß dir daran genüg.

I: ab i habe / o meist / nicht nur im traum z sone / sondern in mein selbs vergeßh au z Scarabaeus v z erde gebetet.

A: wundere di üb nichts / v auf kein fall verurtheile od beklage es. laß uns an die arbeit geh. möchtes du etwas frag üb uns gestriges gespräch?

I: i unt bra di gestern / als du von Philo sprachs. du wolltes mir erklär / was du unt d vielfach sin d wortfolg verstehs.

A: nun will i dir weit erzähl / wie i aus d schrecklich umschnürg d wortgespinste befreit wurde: es kam einmal ein freigelaßen meines vaters z' mir / d mir seit mein kindh zugethan war v spra z' mir v sagte: o Amonius / geht es dir gut?

gewiß sagte i / du siehs i bin gelehrt v habe groß erfolg.

o: i meine / bis du glückli v lebs du?

i lachte: du siehs ja / daß alles gut steht.

darauf sagte d alte: i sah / wie du vorleß hieltes. du schiens besorgt z' sein um das urtheil dein zuhör. du flochtes geistreiche scherze ein / um d hörern z' gefall. du häuftes gelehrte redensart / um eindruck auf sie z' mach. du wares unruhig v hastig / wie wen du no alles wiß an di z' raff hättes. du bis nicht in dir selb.

obschon mir diese worte zuers lächerli vorkam / so macht sie mir d eindruck v i mußte d alten widerwillig recht geben/denn er hatte recht.

Da sagte er: lieber Ammonius/ich habe dir eine köstliche kunde: Gott ist in seinem sohne fleisch geworden und hat uns allen erlösung gebracht.

was sprichst du/rief ich/du meinst wohl Osiris/der in sterblichen leibe erscheinen soll?

nein/sagte er darauf/dieser mann lebte in Iudaea und war von einer jungfrau geboren.

ich lachte und antwortete: ich weiss schon/ein jüdischer händler hat die kunde von unserer jungfraukönigin/deren bild du an der wand eines unserer tempel siehst/nach Iudaea gebracht und dort als märchen erzählt.

nein/beharrte der alte/er war der sohn Gottes.

dann meinst du wohl Horus/den sohn des Osiris? antwortete ich.

nein/er war nicht Horus/sondern ein wirklicher mensch und wurde an einem kreuze aufgehängt.

aber/dann meinst du wohl Set/dessen bestrafung unsere alten oft dargestellt haben.

der alte aber blieb bei seiner überzeugung und sagte: er ist gestorben und am dritten tage auferstanden.

nun/dann ist es der Osiris/sagte ich darauf ungeduldig.

nein/rief er/er hiess Jesus der gesalbte.

ach/du meinst bloss diesen jüdischen gott/den das niedere volk am hafen verehrt und dessen unsaubere mysterien sie in kellern feiern.

er war ein mensch und der Gottes sohn/sagte der alte und sah mich starr an.

das ist unsinn/lieber alter/sagte ich und schob ihn zur thüre hinaus.

aber wie ein echo an fernen felswänden wiederholten sich die worte in mir: ein mensch und der gottes sohn. es schien mir bedeutsam/und dieses wort war es/das mich zum christenthum gebracht hat.

I: aber denkst du nicht/dass das christenthum am ende der eine umgestaltung eurer aegyptischen lehren sein könnte?

A: wenn du sagst/dass unsere alten lehren weniger treffende ausdrücke für das christenthum waren/dann stimme ich dir schon eher zu.

I: ja aber nimmst du denn an/dass die geschichte der religionen auf ein endziel gerichtet sei?

A: mein vater kaufte einmal auf dem markte einen schwarzen sklaven aus der gegend der nilquellen. er kam aus einem lande/das weder von Osiris noch je von einem andern unserer götter gehört hat/und er erzählte mir dinge/die in einer einfachern sprache dasselbe sagten/was wir von Osiris und den andern göttern glaubten. ich habe verstehen gelernt/dass jene ungebildeten neger unwissend schon das meiste besassen/was die religion der cultivierten völker zur vollendeten lehre entwickelt haben. wer also jene sprache richtig zu lesen verstünde/der könnte darin nicht bloss die heidnischen lehren sondern auch die lehre Jesu erkennen. und das ist es/womit ich mich jetzt beschäftige: ich lese die evangelien und suche ihren kommenden sinn. ihre bedeutung/so wie sie offen vor uns liegt/kennen wir/nicht aber ihren geheimen sinn/der auf zukünftiges weist. es ist ein irrthum/zu glauben/dass die religion in ihrem wesen verschieden sei. es ist immer die eine religion/im grunde genommen. jede folgende religionsform ist der sinn der vorausgehenden.

I: und hast du die kommende bedeutung herausgefunden?

A: nein/noch nicht/es ist sehr schwierig/aber ich hoffe/es werde gelingen. bisweilen will es mir scheinen/als hätte ich dazu anregung von andern nöthig/aber das sind versuchungen des satans/ich weiss es.

I: glaubst du nicht doch/dass dieses werk eher gelingen könnte/wenn du näher bei menschen wärest?

A: du hast vielleicht recht.

er sieht mich plötzlich wie zweifelnd und misstrauisch an. aber/fährt er fort/ich liebe die wüste/verstehst du? diese gelbe sonnenglühende wüste. hier siehst du alltäglich das antlitz der sonne/hier bist du allein/hier siehst du den glorreichen Helios — nein/das ist heidnisch — was ist mir? ich bin verwirrt — du bist satanas — ich erkenne dich — weiche von mir/widersacher!

er springt wie rasend auf und will sich auf mich stürzen. ich aber bin weit weg im zwanzigsten jahrhundert.

Wer im grabe der jahrtausende schläft träumt einen herrlichen traum. er träumt einen uralten traum. er träumt von der aufgehenden sonne.

wenn du in dieser zeit der welt diesen schlaf schläfst und diesen traum träumst, so weißt du, daß zu dieser zeit auch die sonne aufgehen wird. wir sind jetzt noch im dunkeln, aber der tag ist über uns.

wer die finsterniß in sich begreift, dem ist das licht nahe.

wer in seine finsterniß hinuntersteigt, der gelangt zum aufgang deß wirkenden lichtes, des feuerlockigen helios.

mit vier weißen rossen steigt sein wagen empor und auf seinem rücken ist kreuz und an seiner seite ist keine wunde, sondern er ist heil und sein haupt lodert im feuer.

nicht ist er ein mann des spottes, sondern des glanzes und unzweifelhafter macht.

ich weiß nicht, was ich rede, ich rede im traume.

stütze mich, denn ich taumle, trunken von feuer.

ich trank feuer in dieser nacht, denn ich stieg hinunter durch die jahrtausende und tauchte zuunterst in die sonne.

und ich stieg trunken von sonne empor, mit brennendem antlitz und mein haupt steht in feuer.

gieb mir deine hand, eine menschenhand, damit sie mich an der

**erde hält/ deñ wirbelnde feuerräd schwing mi empor v jauch-
zende sehnsucht reißt mi hinauf z zenith.**

Da es wird tag/ wirklich tag/ d tag dies welt. v i stehe verborg in d schlucht d erde/ tief unt v einsam v im dämmernd schatt des thales. das i d schatt v die schwere d erde.

Wie kañ i z soñe bet/ die ferne im ost üb d wüste aufgeht? warum soll i zu ihr bet? i trank ja die soñe in mi/ warum sollte i bet? ab die wüste/ die wüste in mir verlangt gebete/ deñ die wüste will si füll mit lebendig. i möchte es vom gotte heisch/ von d soñe od von ein d andern unsterblich.

I heische/ weil i leer v ein bettl bin. am tage d welt vergeße i/ daß i ja die soñe in mi trank v trunk bin von wirkend lichte v sengend kraft. ab i trat in d schatt d erde v sah/ daß i nackt bin v nicht habe/ meine armuth z deck. kaum berührs du die erde/ so i es um dein dir inewohnendes leb geschehe/ es flieht von dir in die dinge.

V ein wunderliches leb hebt in d ding an. was du für tot v unbelebt hieltes/ verräth geheimes leb v schweigende/ unerbittliche absicht. du bis in ein getriebe gerath/ wo jedes ding mit sonderbar gebärd sein eigen weg geht/ neb dir/ üb dir/ unt dir v durch di/ sogar die steine red z dir v magische fäd spiñ si an von dir z ding v vom ding z dir. fernes v nahes wirkt in di v du wirks auf dunkle weise auf nahes v fernes. v im bis du hilflos v beute.

Ab weñ du gut zusieh/ so wirs du schau/ was du zuvor nie geschaut has/ nämli daß die dinge dein leb leb/ daß sie von dir zehr: die flüße ström dein leb z thal/ mit dein kraft fällt ein stein üb d andern/ au pflanz v thiere wachs dur di v du stirbs an ihn. ein im winde tanzendes blatt tanzt di/ das unvernünftige thi erräth deine gedank v stellt di dar. die ganze erde saugt ihr leb aus dir v alles spiegelt di wied.

Es geschieht nichts/ wo du nicht auf geheime weise darein verwickelt bis/ deñ alles hat si um di angeordnet v spielt dein innerstes. nichts in dir is d ding verborg/ es mag no so fern/ so thew/ so geheim sein. die dinge besitz es. dein hund stiehlt dir d längs verstorben vat v sieht di an wie er. die kuh auf d weide hat deine mutt errath v voll ruhe v sicherht bezaubert sie di. die sterne flüstern si dir deine tiefst geheimniße z v die weich thäl d erde berg di in mütterlich schoße.

Wie ein verirrtes kind stehs du klägli inmitt d mächtig/ die deines lebens fäd halt. du schreis na hilfe v klamers di and erst best/ d des weges komt. vielleicht weiß er dir rath/ vielleicht kent er d gedanke/ d du nicht has v d alle dinge dir ausgesog hab.

Ich weiß/ du möchtes die kunde hör von d/ d nicht dinge gelebt hab/ sondern d si selb lebte v erfüllte. deñ du bis ein sohn d erde/ ausgesog von d saugend erde/ die aus si nichts kañ/ sondern nur an d soñe saugt. darum möchtes du kunde hab vom sohne d soñe/ welche strahlt v nicht saugt.

Vom gottessohn möchtest du hören/ der strahlte und gab und zeugte und der wiedergeboren wurde/ wie die erde der sonne grüne und bunte kinder gebärt.

Von ihm möchtest du hören/ dem strahlenden erlöser/ der als ein sohn der sonne die gespinste der erde zerschnitt/ der die magischen fäden zerriß und das gebundene löste/ der sich selber besaß und niemandes knecht war/ der keinen aussog und dessen schätze keiner erschöpfte.

Von ihm möchtest du hören/ der vom schatten der erde nicht verdunkelt wurde/ sondern ihn erhellte/ der aller gedanken sah und dessen gedanken niemand errieth/ der in sich aller dinge sinn besaß und dessen sinn kein ding ausdrücken konnte.

Der einsame floh die welt/ er schloß die augen/ verstopfte die ohren und vergrub sich in einer höhle in sich selbst/ aber es nützte nichts. die wüste sog ihn aus/ der stein sprach seine gedanken/ die höhle wiederhallte seine gefühle/ und so wurde er selber zur wüste/ zum stein und zur höhle. und es war alles leer und wüste und unvermögen und unfruchtbarkeit/ denn er strahlte nicht und blieb ein sohn der erde/ der ein bischen aussog und selber von der wüste leergesogen wurde. er war begehren und nicht glanz/ ganz erde und nicht sonne.
Darum war er in der wüste als ein kluger heiliger/ der wohl wußte/ daß er sich sonst von den andern erdensöhnen nicht unterscheiden würde. hätte er aus sich getrunken/ so hätte er feuer getrunken.

Der einsame gieng in die wüste/ um sich zu finden. er begehrte aber nicht/ sich zu finden/ sondern den vielfältigen sinn des heiligen buches. du kannst die unermeßlichkeit des kleinen und des großen in dich saugen/ und du wirst leerer und immer leerer/ denn unermeßliche fülle und unermeßliche leere sind eins.
er begehrte im äußeren zu finden/ wessen er bedurfte. den vielfältigen sinn findest du aber nur in dir/ nicht in dingen/ denn die mannigfaltigkeit des sinnes ist nicht etwas/ das zugleich gegeben ist/ sondern es ist ein nacheinander von bedeutungen. die einander folgenden bedeutungen liegen nicht im dinge/ sondern sie liegen in dir/ der du vielem wechsel unterworfen bist/ insofern du am leben theil hast. auch die dinge wechseln/ aber du achtest es nicht/ wenn du nicht wechselst. wenn du aber wechselst/ so ändert sich das angesicht der welt. der vielfältige sinn der dinge ist dein vielfältiger sinn. es ist nutzlos/ ihn in den dingen ergründen zu wollen. und darum eigentlich gieng der einsame in die wüste/ aber nicht sich selber ergründete er/ sondern das ding. und darum gieng es ihm/ wie jedem einsamen/ wenn er begehrt: der teufel kam zu ihm mit glatter rede und einleuchtenden begründungen und wußte das rechte wort im rechten augenblick. er lockte ihn auf sein begehren. ich mußte ihm wohl als der teufel erscheinen/ denn ich habe meine finsterniß angenommen. ich aß die erde und ich trank die sonne und ich ward ein grünender baum/ der in einsamkeit steht und wächst.

er tod ·
cap · vi ·

In d folgend nacht wanderte i z nordisch lande v fand mi unt grau himel in nebeldunstig kühlfeucht luft. i strebe jen niederung zu / wo die ströme matt laufen / in breit spiegeln aufleuchtend / d meere si nähern / wo alle has des fliessens si mehr v mehr dämpft / v wo alle kraft v alles streb si d unermesslich umfang des meeres vermählt. spärli werd die bäume / weite sumpfwies begleit die still trüb wass / unendli v einsam is d horizont / von grau wolk umhang. langsam / mit verhalten ath / mit d gross bang erwartg dess / d wild herab schäumte v si in das endlose verströmte / folge i mein brud / d wass. leise kaum merkli is sein fliess / v d nähern wir uns stetig d selig v höchst umarmg / um einzugeh in d schoss des ursprungs / in die grenzenlose ausdehng v unmessbare tiefe. dort erheb si niedere gelbe hügel. ein tot weit see dehnt si an ihr fusse. an ihn entlang wandern wir leise / v die hügel öffn si z ein dämerhaft / unsagbar fern horizont / wo himel v mer z d ein unendlichkt verschmolz sind.

Dort d auf d letzt düne steht ein / er trägt ein schwarz faltig mantel / er steht bewegungslos v schaut in die ferne. i trete z ihm / er is mag v blass v d letzte ern liegt in sein züg. i rede ihn an:

Lass mi eine kleine weile bei dir steh / dunkl. i kante di von weit. so steht nur ein / wie du / so einsam v auf d letzt ecke d erde.

er antwortete:

Fremd / wohl mags du bei mir steh / wen es di nicht friert. du sehs / i bin kalt / v ein herz schlug mir no nie.

I weiss / du bis eis v ende / du bis die kalte ruhe des steines / du bis d höchste schnee d gebirge v d äusserste fros des leer weltraumes. das muss i fühl v darum nahe bei dir steh.

Was führt di z mir h / du lebend stoff? lebendige sind hi nie z gas. wohl kom sie alle in dicht schar traurig hi vorbeigeflossen / alle / die dort ob im lande des licht tages d abschied nahmen / um nie wiederzukehren. aber lebende kommen nie. was suchst du hier?

Mein seltsam unerwarteter pfad führte mich hierher / als ich hoffnungsfroh den wegen des lebensstromes folgte. und so fand ich dich. hier stehst du wohl an dem unrechten orte?

Ja / hier geht's hinaus ins ununterscheidbare / wo keiner dem andern gleich oder ungleich ist / sondern alle miteinander eins sind. siehst du / was dort herankommt?

Ich sehe etwas wie dunkle wolkenwand / die auf dem strom daherschwimmt

Sieh genauer hin / was erkennst du?

Ich sehe dichtgedrängte heerhaufen von männern / greisen / frauen / kindern / dazwischen sehe ich pferde / rinder / und kleineres gethier / eine wolke von insecten umschwärmt das heer / ein wald schwimmt heran / welke blumen ohne zahl / ein ganzer toter sommer. sie sind schon nahe / wie starr und kühl sie alle blicken / ihre füsse bewegen sich nicht / kein laut ertönt aus ihren geschlossenen reihen. sie halten sich starr bei den händen und armen / sie sehen alle hinaus und achten unser nicht / sie fliessen alle vorbei im ungeheuren strome. dunkler / dieses gesicht ist schrecklich.

Du wolltest bei mir stehen / fasse dich. doch jetzt sieh hin.

Ich sehe: die ersten reihen sind hinausgelangt bis dahin / wo die brandungswoge sich mächtig mit dem wasser des stromes mischt. und es sieht aus / wie wenn eine luftwoge mit dem meere brandend dem strome der toten entgegenschlüge / hoch wirbeln sie auf / in schwarze fetzen zerflatternd und in trüben nebelwolken sich auflösend. woge nach woge kommt heran / und immer neue scharen zergehen in schwarzer luft. dunkler / sage mir / ist dies das ende?

Schaue!

Das dunkle meer brandet schwer / ein röthlicher schein breitet sich darin aus / es ist wie blut / ein meer von blut schäumt mir zu füssen / die tiefe des meeres erglüht / wie seltsam wird mir zu muthe / hänge ich mit den füssen in der luft? ist es das meer oder ist es der himmel? ein ball von blut und feuer mischt sich zusammen / rothes licht bricht aus seiner qualmenden hülle / eine neue sonne entringt sich dem blutsmeere und rollt aufglühend der tiefsten tiefe zu / sie verschwindet unter meinen füssen.

Ich schaue um mich / ich bin allein. es ist nacht geworden. was sagte Ammonius? die nacht ist die zeit des schweigens.

Ich schaute um mich und ich sah / dass die einsamkeit sich ins unermessliche dehnte / und sie durchdrang mich mit schauernder kälte. noch glühte sonne in mir / aber ich fühlte / dass ich in den grossen schatten trat. ich folge dem strome / der langsam und unbeirrt den weg nach der tiefe findet / nach der tiefe des kommenden. so zog ich hinaus in jener nacht (es war die zweite nacht des jahres 1914) und bange erwartung erfüllte mich / ich gieng hinaus / das kommende zu umarmen. der weg war weit und schrecklich war das kommende. es war das ungeheure sterben / ein meer von blut / das ich sah. daraus wird die neue sonne / schrecklich und eine umkehrung dessen / das wir tag nannten. wir haben die finsterniss ergriffen und ihre sonne wird über uns leuchten / blutig und brennend wie ein grosser untergang. als ich meine finsterniss begriff / da kam die wunderherrliche nacht über mich / und mein traum senkte mich in die tiefe der jahrtausende / und daraus stieg mein Phoenix empor. was aber geschah mit meinen tagen? es wurden brandfackeln entzündet / blutiger zorn und hader entbrannte. als die finsterniss die welt ergriff / da erhob sich der heillose krieg / und die finsterniss zerstörte das licht der welt / denn es war der finsterniss unfassbar und taugte nicht mehr. also mussten wir die hölle schmecken. ich sah / in welche laster sich die tugenden in dieser zeit verwandeln / wie deine milde härte / deine güte rohheit / deine liebe hass und dein verstand wahnsinn wird. warum wolltest du die finsterniss begreifen! aber du musstest / sonst ergriff sie dich. wohl dem / der diesem griffe zuvorkommt.

Dachtest du je an das böse in dir? oh / du sprachest davon / du erwähntest es und du gabst es lächelnd zu wie eine allgemein menschliche untugend oder wie ein häufig vorkommendes missverständniss. aber wusstest du, was das Böse ist, und daß es gerade zuallernächst hinter deiner Tugend steht, daß es sogar auch deine Tugend selber ist als ihr unvermeidlicher Inhalt. Du hast den Satan für ein Jahrtausend in den Abgrund geschlossen, und als das Jahrtausend um war, da lachtest du über ihn, denn er war zum Kindermärchen geworden. Aber wenn der furchtbar Große sein Haupt erhebt, dann zuckt die Welt. Die äußerste Kälte kommt an dich. Mit Entsetzen siehst du, daß du wehrlos bist, und daß das Heer deiner Tugend ohnmächtig auf die Kniee fällt. Mit Daemonengewalt packet dich das Böse und deine Tugend lauft zu ihm über. Du bist in diesem Kampfe ganz allein, denn deine Götter sind taub geworden. Du weißt nicht, welches die ärgern Teufel sind, deine Laster oder deine Tugenden. Des einen aber wirst du gewiß, daß Tugend und Laster Brüder sind.

Wir bedürfen der Kälte des Todes, daß wir klar sehen. Das Leben will leben und sterben, anfangen und aufhören. Du bist nicht gezwungen, ewig zu leben, sondern du kannst auch sterben, denn zu beiden ist ein Wille in dir. Leben und Tod müssen sich in deinem Dasein die Wage halten. Die heutigen Menschen bedürfen eines großen Stückes Tod, denn zu viel Unrichtiges lebt in ihnen, und zu viel Richtiges starb an ihnen. Richtig ist, was Gleichgewicht erhält, unrichtig, was Gleichgewicht stört. Ist Gleichgewicht aber erreicht, dann ist unrichtig, was Gleichgewicht [was Gleichgewicht] erhält, und richtig, was es stört. Gleichgewicht ist Leben und Tod zugleich. Zur Vollendung des Lebens gehört das Gleichgewicht mit dem Tode. Wenn ich den Tod annehme, dann ergrünt mein Baum, denn das Sterben steigert das Leben. Wenn ich mich versenke in den weltumfassenden Tod, dann brechen meine Knospen auf. Wie sehr bedarf unser Leben des Todes! Die Freude an den kleinsten Dingen kommt dir erst, wenn du den Tod angenommen hast. Wenn du aber gierig ausschaust danach, was du alles noch leben könntest, dann ist dir für dein Vergnügen nichts groß genug, und die kleinsten Dinge, die dich doch stets umgeben, sind für dich keine Freude mehr. Ich betrachte darum den Tod, denn er lehrt mich leben.

Wenn du den Tod in dir aufnimmst, so ist es wohl wie eine Reifnacht und eine bange Vorahnung, aber es ist eine Reifnacht in einem Weinberg, der voll süßer Trauben hängt. Bald wirst du deines Reichthums froh werden. Der Tod reift. Man bedarf des Todes, um Früchte ernten zu können. Ohne den Tod wäre das Leben sinnlos, denn das Langwährende hebt sich selber wieder auf und leugnet seinen eigenen Sinn. Um zu sein und deines Seins zu genießen, bedarfst du des Todes und der Beschränkung, die bewirkt, daß du dein Sein erfüllen kannst.

Wenn ich den Samen und den Unflat der Erde sehe und darum verhüllten Hauptes in den Tod eingehe, dann wird wohl alles zu Eis, was ich sehe, aber in der Schattenwelt geht die andere, die rothe Sonne auf. Sie erhebt sich geheim und unerwartet, und wie satanischer Spuck dreht sich meine Welt um. Ich ahne Blut und Mord. Allein Blut und Mord sind noch erhaben und haben ihre ihnen eigenthümliche Schönheit. Man kann die Schönheit blutiger Gewaltthat annehmen. Aber es ist das Unannehmbare, das schrecklich Widerwärtige, das was ich je und je verworfen habe, was sich in mir erhebt. Denn wenn die Erbärmlichkeit und Armuth dieses Lebens endet, dann beginnt ein anderes Leben in dem mir entgegengesetzten. Dieses ist dermaßen entgegengesetzt, daß ich es mir nicht erdenken kann. Denn es ist nicht nach dem Gesetze der Vernunft entgegengesetzt, sondern durchaus von seinem ganzen Wesen nach. Ja es ist nicht bloß entgegengesetzt, sondern widerwärtig, unsichtbar und grausam widerwärtig, etwas, das mir den Athem nimmt, mir die Kraft aus den Muskeln zieht, meinen Sinn verwirrt, mich giftig und hinterrücks in die Ferse sticht und einen gerade dort trifft, wo ich nicht ahnte, eine verwundbare Stelle zu besitzen. Es tritt mir nicht gegenüber wie ein starker Feind, männlich und gefährlich, sondern ich verende auf einem Misthaufen, während friedliche Hühner mich umgackern und erstaunt und verständnislos Eier legen. Ein Hund geht vorüber und hebt sein Bein an mir hoch und trottet gleichmüthig seines Weges weiter. Ich verfluche sieben mal die Stunde meiner Geburt, und wenn ich es nicht vorziehe, mich auf der Stelle selber zu tödten, so schicke ich mich an, meine zweite Geburtsstunde zu erleben. Die Alten sagten: inter faeces et urinas nascimur. Während dreier Nächte nunmehr umlagerten mich die Schrecknisse der Geburt. In der dritten Nacht erhob sich ein Urwaldlachen, dem nichts zu einfältig ist. Da begann sich das Leben wiederum zu regen.

Und wied° ein neues abenteu° erschien: vor mir breit~ si° weite wies~/ ein tepi° von blum~/ sanfte hügel/ in d° ferne ein frischgrünes gehölz. mir begegn~ zwei sonderbare gesell~/ wohl sehr zufällige weggefährt~: ein alt° mān u~ ein langaufgeschossen° mag°° mens° mit kindisch~ gang u~ mißfarbene° roth° kleid°. wie sie näh° kom~/ erkeñe i° im lang~ d~ roth~ reit°. wie hat er si° verändert! er i° gealtert/ sein rothes hār i° grau geword~/ sein feurig rothes kleid verschliß~/ schäbig/ ärmli~. u~ d° andere? er hat ein~ behaglich~ bau u~ scheint keine schlim~ tage gehabt z' hab~. sein gesicht komt mir ab° bekant vor: es i° / bei all~ göttern/ Amonius! was für veränderung~! u~ wo kom~ diese getrenntest~ leute h°? i° nähere mi° ihn~ u~ begrüße sie. beide sch~ mi° erschreckt an u~ schlag~ das kreuz. i° schaue ob ihr~ entsetz~ betroff~ an mein° gestalt h°unt°: i° bin ganz in grüne blätt° gehüllt/ die aus mein~ körp° hervorsprieß~. i° begrüße sie lachend ein zweites mal.

die reste früherer tempel. cap. VII.

Amonius ruft entsetzt: apage Satanas!

D° rothe: verfluchtes heidnisches waldgesindel!

I°: ab° meine lieb~ freunde/ was fällt eu° ein? i° bin ja d° hyperboraeische fremde/ d° di° / o Amonius/ in d° wüste besucht hat. u~ i° bin d° thurmwart/ d~ du/ roth°/ einmal heimgesucht ha°.

Amonius: i° erkeñe di°/ oberst~ d° teufel. mit dir hat mein untergang angefang~.

Der rothe schaut ihn vorwurfsvoll an u~ giebt ihm ein~ rippenstoß. d° mān hält betret~ iñe. d° rothe wendet si° h° müthig z' mir:

R: schon damals machtest du mir/ trotz dein° heuchlerisch~ ern°haftigk° ein~ bedenklich~ eindruck von gesinn°losigk°. deine verdamte christliche pose —

in dies~ augenblick giebt ihm Amon~ ein~ heftig~ stoß/ u~ d° rothe schweigt verleg~. so steh~ beide vor mir verleg~ u~ lächerli°/ d° au° bedauernswerth.

I°: man gottes/ woh° des weges? welches unerhörte schicksal führt di° hieh° u~ ers no° in die gesellschaft des roth~?

A: i° liebe es nicht/ mit dir z' sprech~. ab° es scheint eine füg° gottes z' sein/ d° man si° nicht entzieh~ kañ. so wiße deñ/ daß du/ böse geis°/ an mir ein schreckliches werk gethan has°. du verführtest mi° mit dein° verflucht~ neugier / begehrend° meine hand na° d~ göttlich~ geheimniss~ auszustreck~ / den du machtest mir damals bewusst / dass i° darüb° eigentli~ nichts wusste. deine bemerkung / i° bedürfe wohl d° nähe d° mensch~ / um z' d~ höhern geheimniss~ z' gelang~ / betäubte mi~ wie höllisches gift. bald hern° rief i° die brüd° im thale zusam~ u~ verkündigte ihn~ / ein bote gottes sei mir erschien~ — so heillos has du mi~ verblendet — u~ habe mir befohl~ / mit d~ brüdern ein klost° z' gründ~. als brud° Philetos einsprache erhob / widerlegte i° ihn unt° hinweisung auf jene stelle d° heilig~ schrift / wo es heisst / es sei nicht gut / dass d° mens° allein sei. so gründet~ wir das klost° / nahe beim Nil / wo wir die schiffe kont~ vorbeifahr~ seh~. wir bebaut~ fette feld° / u~ es gab soviel z' thun / dass die heilig~ studi~ darob in vergessenheit geriethen. wir wurd~ üppig / u~ eines tages befiel mi~ ungeheure sehnsucht / Alexandria wied° z' seh~. i° wollte d~ bischof dort besuch~ / wie i° mir einredete. ab° z' erst das leb~ auf d~ schiffe / u~ dan das strass~gewühl von Alexandria berauscht~ mi~ derart / dass i° mi~ ganz verlor. wie im traum bestieg i° eines d° gross~ schiffe / die na° Italia fahr~. mi~ befiel unersättliche gier / die welt z' seh~ / i° trank wein / u~ sah / dass die weib° schön war~. i° schwelgte in genüss~ u~ verthierte völlig. als i° in Neapolis an land stieg / stand d° rothe da u~ i° wusste / dass i° in die hände des bös~ gefall~ war.

r: schweige / alt° narr / wen i° nicht gewes~ wäre / so wärest du gänzli~ z~ schwein geword~. als du mi~ sahest / has du di~ endli~ zusam~genom~ u~ das sauf~ u~ die weib° verwünscht u~ bis wied° ins klost° gegang~.

nun höre / meine geschichte / verflucht° waldschrat: i° bin dir au~ ins garn gegang~ / deine heid~künste hab~ mi~ verlockt. na° d~ damalig~ gespräch / wo du mi~ mit dein° bemerkung üb° das tanz~ im fuchseis~ gefang~ has / geschah es mir / dass i° ernsthaft wurde / so ernsthaft / dass i° ins klost° gieng / betete / fastete u~ mi~ bekehrte. in mein° verblendung wollte i° d~ kirch~dienst reformier~ / u~ i° führte das tanz~ mit bischöflich° approbation ins ritual ein. i° wurde abt u~ hatte als solch° allein das recht vor d~ altar z' tanz~ / wie David vor d° bundeslade. na° u~ na° ab° fieng~ au~ die brüd° z' tanz~ an / ja sogar die fromme gemeinde u~ schliessli~ tanzte die ganze stadt. es war fürchterli~. i° floh in die einsamkeit u~ tanzte d~ ganz~ tag bis z° erschöpfung / ab° am morg~ fieng das höllische tanz~ wied° an. i° suchte mir selb° z' entflieh~ u~ irrte u~ wanderte in d~ nächt~ herum. am tage hielt i° mi~ verborg~ u~ tanzte allein in wäldern u~ wüst~ gebirg~. so gelangte i° allmählig na° Italien. dort drunt~ im süd~ fiel i° nicht mehr so auf wie im nord~ u~ konte mi~ unters volk misch~. in Neapel erst fand i° mi~ wied° einig°mass~ zurecht u~ dort fand i° au~ dies~ verlumpt~ man~ gottes. sein anblick stärkte mi~. an ihm konte i° gesund~. du hörtest / wie au~ er an mir si~ aufrichtete u~ wiederum auf d~ richtig~ weg gelang~ konte.

a: i° muss gesteh~ / so schlim bin i° mit d~ roth~ nicht gefahr~ / er is eine art abgemildert~ teufels.

r: au~ i° muss sag~ / dass mein mön~ von wenig fanatisch° art is / obschon i° seit mein~ erlebniss~ im klost° ein~ tief~ wid°will~ geg~ diese ganze christliche religion bekom~ habe.

t: liebe freunde / es freut mi~ von herz~ / eu~ so vergnügt beisam~ zu seh~.

beide: wir sind nicht vergnügt / spött° u~ widersach° / gieb d~ weg frei / räub° / beide!

t: ab° warum fahret ihr den~ z'sam~ üb° land / wen ihr nicht vergnügt u~ freunde z'sam~ seid?

a: was is da z' thun? au~ d° teufel is nöthig / sonst hat man nichts / um d~ leut~ respect einzuflöss~.

r: es is halt nothwendig / dass i° mit d~ clerus packiere / sonst verliere i° meine kundschaft.

t: also hat eu~ die noth des lebens zusam~geführt! so gebt d° fried~ u~ vertragt eu~ miteinand°.

beide: das kön~ wir nie.

t: oh / i° sehe / es liegt am system. ihr wollt wohl erst aussterb~? jetzt gebt mir d~ weg frei / alte gespenst°.

Als i° d~ tod u~ all das schreckli~ erhabene, das um ihn h° gelagert is / geseh~ hatte u~ selb° z' nacht u~ eis geword~ war / da hub ein ärgerliches leb~ u~ treib~ in mir an. mein durst na° d~ rauschend~ wassern fieng an / mit weingläsern z' klirr~ / i° hörte von ferne trunkenes gejohle / weib°gelächt° / strassenlärm. tanzmusik /

Stampfen und Jauchzen quoll aus allen Ecken / und statt des Rosenduftes der Südwinde umflutete mich der Brodem des Menschenthieres. Üppige schmutzige Dirnengewächse kicherten und knisterten den Wänden entlang / Weindunst und Küchendampf / blödes Geschnatter der Volksmenge zog in Schwaden heran. Heiße klebrige zärtliche Hände griffen nach mir / Krankenbettflaumdecken umwickelten mich. Ich war von unten ins Leben hineingeboren / und ich wuchs auf / wie die Helden wachsen / in Stunden soviel wie in Jahren. Und als ich aufgewachsen war / da fand ich mich im mittleren Lande / und sah / daß Frühling war.

Aber ich war nicht mehr der Mensch / der ich gewesen war / sondern ein mir fremdartiges Wesen durchwuchs mich. Dieses Wesen war ein lachendes Waldwesen / ein blättergrüner Unhold / ein Waldschrat und Schabernack / der einsam in Wäldern haust / und selber ein grünendes Baumwesen ist / der nichts liebt als das Grünende und Wachsende / den Menschen nicht hold und nicht abhold / voll Laune und Zufall / unsichtbaren Gesetzen gehorchend und mit den Bäumen grünend und welkend / nicht schön und nicht häßlich / nicht gut und nicht schlecht / bloß lebend / uralt und eben ganz jung / nackt und doch natürlich bekleidet. Kein Mensch / sondern Natur / schreckhaft / lächerlich / mächtig / kindisch / schwach / täuschend und getäuscht / voll Unbeständigkeit und Oberfläche und doch tief hinunterreichend bis zum Kerne der Welt. Ich hatte das Leben meiner beiden Freunde in mich aufgesogen / auf den Ruinen der Tempel wuchs ein grüner Baum. Sie hatten dem Leben nicht standgehalten / sondern verführt vom Leben / waren sie zu ihrem eigenen Affenspiel geworden. Sie waren auf den Mist gerathen / darum nannten sie den Lebendigen Teufel und Verräther. Weil sie beide in ihrer Art an sich und an ihre eigene Güte glaubten / geriethen sie schließlich auf den Mist / als den natürlichen und endgültigen Bestattungsort aller überlebten Ideale. Das Schönste und Beste / wie das Häßlichste und Schlechteste endet einmal am lächerlichsten Orte der Welt / mit Mummenschanz umgeben / geleitet von Narren / fährt es entsetzt zur Grube des Unflathes.

Nach dem Fluche kommt das Lachen / damit die Seele errettet werde von dem Tode.

Die Ideale sind ihrem Wesen nach gewünscht und gedacht / und insofern sind sie / aber auch nur insofern. Aber ihr Wirksamessein ist nicht zu leugnen. Wer meint / seine Ideale wirklich zu leben oder leben zu können / der hat den Größenwahn und benimmt sich wie ein Verrückter / indem er sich zum Ideal hinaufschauspielert: der Held aber ist gefallen. Ideale sind sterblich / also bereite man sich auf ihr Ende vor: es kostet dir vielleicht zugleich den Hals. Aber siehst du nicht / daß du es warst / der seinem Ideal Sinn und Werth und wirkende Kraft gab? Wenn du das Opfer des Ideals geworden bist / dann schnappt das Ideal über / spielt Carneval mit dir und fährt am Aschermittwoch zur Hölle. Das Ideal ist ein Werkzeug / das man auch jederzeit weglegen kann / eine Fackel auf dunkelm Wege. Wer aber auch am Tag mit Fackeln herumläuft / ist ein Narr. Wie sehr sind meine Ideale heruntergekommen / und wie frisch ergrünt mein Baum!

Als ich ergrünte / da standen sie da / die traurigen Reste früherer Tempel und Rosengärten / und ich erkannte mit Schaudern ihre innere Verwandtschaft. Sie hatten sich zu einem schamlosen Bunde zusammengefunden / wie mir schien. Aber ich verstand / daß dieser Bund schon längst zuvor gewesen war. Als ich nämlich noch von meinen Heiligthümern behauptete / daß sie von crystallener Reinheit wären / und als ich meine Freude noch den Düften der Rosen Persiens verglich / da schlossen die beiden den Bund stiller Gegenseitigkeit. Sie flohen sich anscheinend / arbeiteten sich aber insgeheim in die Hände. Das einsame Schweigen der Tempel lockte mich fern von Menschen zu überirdischen Geheimnissen / an die ich mich bis zum Überdruß verlor. Und während ich mit Gott rang / machte sich der Teufel zu meinem Empfang bereit und riß mich eben soweit auf seine Seite hinaus. Ich fand auch da keine Grenzen außer Überdruß und Ekel. Ich lebte nicht / sondern war getrieben / ein Sclave meiner Ideale.

Da standen sie nun / die Ruinen / und haderten miteinander und konnten sich auch in ihrem gemeinsamen Elend nicht versöhnen. Ich war in mir selber eins geworden als natürliches Wesen / aber ich war ein Waldschrat / der einsame Wanderer schreckte / und der die Stätten der Menschen mied. Aber ich grünte und blühte aus mir selber. Noch war ich nicht wieder ein Mensch mit seinem Widerstreit von Weltlust und Geisteslust. Ich lebte nicht sie / ich lebte mich selber und war ein lustiger grüner Baum in einem fernen Frühlingswalde. So lernte ich leben ohne Welt und Geist / und ich wunderte mich / wie gut es sich so leben läßt.

Aber der Mensch / die Menschheit? Da standen sie / die beiden verlassenen Brücken / die zur Menschheit hinüberfahren sollten: die eine führt von oben nach unten / und die Menschen gleiten auf ihr hinab / das schafft ihnen Vergnügen..

die andere führt von unten nach oben und die menschen stöhnen auf ihr empor. das schafft ihnen mühe. wir leben unseren mitmenschen zur mühe und zur freude. wenn ich selber nicht lebe, sondern bloß klettere, so macht es den andern unverdientes vergnügen. wenn ich mich bloß vergnüge, so macht es den andern unverdiente mühe. wenn ich bloß lebe, so bin ich den menschen fern. sie sehen mich nicht mehr, und wenn sie mich sehen, so sind sie erstaunt und erschrocken. ich selber aber, schlechthin lebend, grünend, blühend, welkend, stehe als ein baum immer auf derselben stelle und lasse das leid und die freude der menschen gleichmüthig über mich dahinrauschen. und doch bin ich ein mensch, der sich des haders des menschlichen herzens nicht entheben kann.

Aber meine ideale können auch meine hunde sein, deren gekläff und gestreite mich nicht stören. dann bin ich der mensch der wenigstens einen guten und einen bösen hund. aber das, was sein sollte, ist nicht erreicht, nämlich daß ich lebe und doch ein mensch bin. es scheint fast unmöglich, als ein mensch zu leben. solange du deiner selber nicht bewußt bist, kannst du leben; wenn du aber deiner selbst bewußt wirst, so fällst du von einem graben ins andere. von allen deinen wiedergeburten könnte dir schließlich schlecht werden. darum gab ja auch der Buddha die wiedergeburt schließlich auf, denn er hatte es satt, durch alle menschen- und thiergestalten hindurch zu kriechen. nach allen wiedergeburten bist du immer noch der auf der erde kriechende löwe, der XAMAI ΛEWN, ein zerrbild, ein farbenwechsler, eine kriechende, schillernde echse, aber kein löwe, dessen natur der sonne verwandt ist, der seine macht aus sich hat und nicht in die schützenden farben der umgebung hineinkriecht und sich durch verbergen vertheidigt. ich habe den chamaeleon erkannt und will nicht mehr auf der erde kriechen und farben wechseln und wiedergeboren sein, sondern ich will aus eigener kraft sein, wie die sonne, welche licht giebt und nicht licht saugt. das gehört zur erde. ich erinnere mich meiner sonnennatur und möchte zu meinem aufgang eilen. aber die ruinen stehen mir im wege. sie sagen: du sollst in bezug auf die menschen dieß oder jenes sein. meine chamaeleonhaut schauert. sie dringen auf mich ein und wollen mich färben. aber es soll nicht mehr sein. nicht gut noch böse sollen meine herren sein. ich stoße sie zur seite, die lächerlichen überlebsel, und wandere meine straße weiter, die mich gen osten führt. hinter mir liegen die hadernden mächte, die solange zwischen mir und mir selber standen.

Nunmehr bin ich ganz einsam. ich kann nicht mehr zu dir sagen: „höre!" oder „du sollst" oder „du könntest", sondern jetzt rede ich nur noch mit mir. jetzt kann kein anderer mehr für mich thun, auch nicht das geringste. ich habe keine pflicht mehr gegen dich und du hast keine pflicht mehr gegen mich, denn ich entschwinde dir und du entschwindest mir. ich höre keine bitte mehr und habe keine bitte mehr an dich. ich streite und versöhne mich nicht mehr mit dir, sondern lege das schweigen zwischen dich und mich. ferne verhallt mir dein ruf, und meine schrittespur kannst du nicht finden. denn mit dem westwind, der von der fläche des oceans kommt, fahre ich dahin übers grüne land, streiche durch die wälder und beuge das junge gras. ich rede mit bäumen und den gethieren des waldes, und die steine weisen mir den weg. wenn ich dürste und die quelle kommt nicht zu mir, so gehe ich zur quelle. wenn ich hungere und das brot kommt nicht zu mir, so suche ich mein brot und nehme es, wo ich es finde. ich gebe keine hilfe und bedarf keiner hilfe. wenn irgend eine noth an mich kommt, so schaue ich nicht um, ob ein helfer nahe, sondern ich nehme die noth an und beuge mich und winde mich und ringe mich durch. ich lache, ich weine, ich fluche, aber schaue mich nicht um. auf diesem wege geht keiner hinter mir her, und ich kreuze keines menschen pfad. ich bin einsam, aber ich erfülle meine einsamkeit mit meinem leben. ich bin mir selber mensch, geräusch, unterhaltung, trost, hilfe genug. und so wandere ich nach dem fernen osten. nicht daß ich etwa wüßte, was mein fernes ziel wäre. ich sehe blaue horizonte vor mir: sie sind mir ziel genug. ich eile nach osten zu meinem aufgang. ich will meinen aufgang.

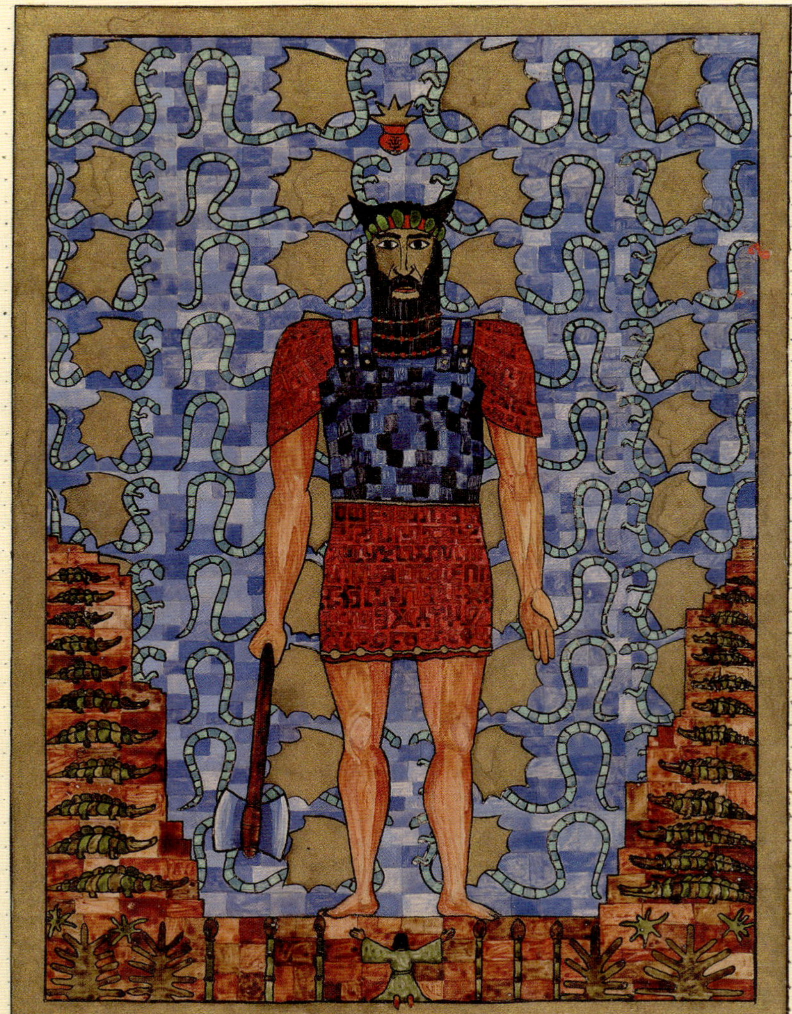

dieses bild wurde
weihnacht · 1915 g

rster tag · cap · viii ·

In der dritten nacht aber versperrt ein wüstes felsgebirge mir den weg / aber eine enge thalschlucht gewährt mir einlaß. der weg führt unausweichlich zwischen hohen felswänden. meine füße sind nackt und verwunden sich an den zackigen steinen —. hier wird der pfad glatt / die eine hälfte des weges ist weiß / die andere schwarz. ich betrat die schwarze seite und pralle entsetzt zurück: es ist heißes eisen. ich trete auf die weiße hälfte: es ist eis. aber es muß sein. ich eile hinüber und hindurch und endlich weitet sich das thal zu einem mächtigen felsenkessel. ein schmaler pfad führt an senkrechten felsen in die höhe auf den kamm des gebirges. wie ich mich der höhe nähere / kommt ein mächtiges dröhnen von der andern seite des berges wie von geschlagenem erz. der schall schwillt allmählich an / und vielfach donnernd widerhallt der schall in den bergen. wie ich den paß erreiche / sehe ich auf der andern seite einen riesenhaften menschen sich nahen. aus seinem mächtigen haupt ragen zwei stierhörner / ein klirrender schwarzer panzer bedeckt seine brust. sein schwarzer bart ist gekräuselt und mit köstlichen steinen geziert. in der hand trägt der riese die funkelnde doppelaxt / mit der man stiere schlägt. eher ich mich vom staunenden schreck erholt habe / steht der gewaltige vor mir und ich sehe in sein gesicht: es ist blaß und gelblich und tief gefurcht. wie erstaunt schauen seine schwarzen mandelförmigen augen auf mich. mich faßt das grausen: das ist Izdubar / der gewaltige / der stiermensch. er steht und schaut mich an: sein gesicht spricht von verzehrender innerer angst / seine hände / seine kniee zittern. Izdubar / der gewaltige stier / zittert? er fürchtet sich? ich rufe ihn an:

O Izdubar / gewaltigster / schone mein leben und vergieb / daß ich wurm mich auf deinen weg gelegt habe.

J: mich verlangt nicht nach deinem leben. woher kommst du?

I: ich komme von westen.

J: du kommst von westen? weißt du vom westlande? ist dieß der rechte weg zum westlande?

I: ich komme aus einem westlichen lande / dessen küsten das große westmeer bespült.

J: sinkt in jenem meer die sonne? oder berührt sie in ihrem niedergang das feste land?

I: die sonne sinkt weit hinter dem meere.

J: hinter dem meere? was ist dort?

I: dort ist nichts / leerer raum. die erde ist ja rund und dreht sich überdieß um die sonne herum.

J: verfluchter / von wannen kommt dir solche wissenschaft? so giebt es nirgends jenes unsterbliche land / wo die sonne eingeht zur wiedergeburt? sprichst du die wahrheit?

seine augen flackern vor wuth und angst. er tritt einen dröhnenden schritt näher. ich zittere.

I: o Izdubar / mächtigster / verzeih meinen vorwitz / aber ich spreche wirklich die wahrheit. ich komme aus einem lande / wo dieß sichere wissenschaft ist / und wo die leute wohnen / die mit ihren schiffen rund um die erde fahren. unsere gelehrten wissen durch messungen genau / wie weit die sonne von jedem punkt der erdoberfläche entfernt ist. sie ist ein himmelskörper / der unsagbar weit draußen im unendlichen raume liegt.

J: unendlich? sagst du? ist der weltraum unendlich / und wir können nie zur sonne gelangen?

I: mächtigster / insofern du sterblicher art bist / kannst du nie zur sonne gelangen.

ich sehe / ihn befällt erstickende angst.

J: ich bin sterblich — und ich soll nie zur sonne / zur unsterblichkeit gelangen können?

er zerschmettert mit gewaltigem / schrillklingendem schlag seine axt am felsen.

J: fahre hin / elende waffe / du taugst nicht. was solltest du taugen gegen die unendlichkeit / gegen das ewig leere und unangreifbaren. du hast niemand mehr zu bezwingen. zerschmettere dich selbst / was lohnt es!

[im westen sinkt die sonne blutig roth in den schoss erglühender wolken.]

so fahre du hin / sonne / dreimal verfluchter gott und hülle dich in deine unendlichkeit!

[er rafft die zersprungenen stücke seiner axt vom boden auf und wirft sie nach der sonne.]

hier hast du dein opfer / dein letztes opfer!

er bricht zusammen und schluchzt wie ein kind. ich stehe erschüttert und wage mich kaum zu rühren.

J: elender wurm / wo sogest du dieses gift?

I: o Izdubar / gewaltiger / das ist die wissenschaft / was du gift nennst. in unserem lande werden wir von jugend auf damit genährt / und das mag ein grund dafür sein / dass wir nicht so recht gedeihen und so zwerghaft klein bleiben. wenn ich dich sehe / so kommt es mir allerdings vor / als ob wir alle etwas vergiftet seien.

J: kein starker fällte mich je / kein ungeheuer widerstand meiner kraft. aber dein gift / wurm / der du auf meinem wege lagest / hat mich im marke gelähmt. dein giftzauber ist mächtiger als das heer Tiâmats.

[er liegt / wie gelähmt / lang ausgestreckt am boden.]

ihr götter / helft / hier liegt euer sohn / gefällt vom fersenstich der unsichtbaren schlange. o hätte ich dich zertreten / als ich dich sah / und deine worte nie gehört.

I: o Izdubar / grosser / bemitleidenswerther / hätte ich gewusst / dass meine wissenschaft dich fällen könnte / ich hätte meinen mund verschlossen vor dir. aber ich wollte dir die wahrheit sagen.

J: du nennst gift wahrheit? ist gift wahrheit? oder ist wahrheit gift? sagen nicht unsere sterndeuter und priester auch die wahrheit? und doch wirkt sie nicht wie gift.

I: o Izdubar / die nacht bricht an / und hier auf der höhe wird es kalt. soll ich nicht hilfe holen für dich bei den menschen?

J: lass es sein / gieb mir lieber antwort.

I: aber wir können doch nicht hier philosophieren. dein beklagenswerther zustand erheischt hilfe.

J: ich sage dir / lass es sein. wenn ich in dieser nacht verenden soll / so soll es sein. jetzt gieb mir antwort.

I: ich fürchte / meine worte sind schwach / wenn sie heilen sollen.

J: schlimmeres können sie nicht bewirken. das unheil ist schon geschehen. also sage / was du weisst. vielleicht hast du ein magisches wort / welches das gift löst.

I: meine worte / o mächtigster / sind arm und haben keine magische gewalt.

J: gleichviel / sprich!

I: ich zweifle nicht / dass eure priester die wahrheit sagen. es ist gewiss eine wahrheit / nur lautet sie anders als unsere wahrheit.

J: giebt es denn zweierlei wahrheit?

I: mir scheint / es sei so. unsere wahrheit ist die / die uns aus der kenntniss der äussern dinge zuströmt. die wahrheit eurer priester ist die / die euch aus den innern dingen zuströmt.

J: [sich halb aufrichtend] das war ein heilsames wort.

I: ich bin glücklich / dass mein schwaches wort dir erleichterung gebracht hat. o wüsste ich noch viele solcher worte / die dir helfen könnten. doch es wird kalt und dunkel / ich will feuer machen / um dich und mich zu wärmen.

J: thue das / diese handlung bringt vielleicht hilfe.

[ich suche holz zusammen und zünde ein grosses feuer an.]

J: das heilige feuer wärmt mich. doch sage mir / wie machtest du so rasch und so geheimnissvoll feuer?

I: dazu brauche ich ganz einfache zündhölzer. siehst du / es sind kleine hölzchen mit einem besonderen stoffe an der spitze. man reibt sie an der schachtel und man hat feuer.

J: das ist erstaunlich / wo hast du diese kunst gelernt?

I: in unserem lande hat jedermann zündhölzer. das ist aber das geringste. wir können auch fliegen mit hilfe von sinnreichen maschinen.

J: ihr könnt fliegen/ wie die Vögel? wenn nicht deine Worte so mächtigen Zauber enthielten/ so würde ich sagen: du lügst.

I: ich lüge gewiß nicht. siehst du/ hier habe ich auch zum Beispiel eine Uhr/ welche ganz genau die Stunden des Tages und der Nacht zeigt.

J: das ist wunderbar. ich sehe/ du kommst aus einem seltsamen und herrlichen Lande. gewiß kommst du aus dem seligen Westland? bist du unsterblich?

I: ich – unsterblich? es giebt nichts Sterblicheres als wir sind.

J: was/ ihr seid nicht einmal unsterblich und versteht doch solche Künste?

I: leider ist es unserer Wißenschaft noch nicht geglückt/ ein Mittel gegen das Sterben zu finden.

J: wer hat euch denn solche Künste gelehrt?

I: im Laufe der Jahrhunderte haben die Menschen viele Erfindungen gemacht durch genaue Beobachtung und Wißenschaft der äußern Dinge.

J: aber diese Wißenschaft ist doch der heillose Zauber/ der mich gelähmt hat. wie ist es möglich/ daß ihr noch am Leben seid/ wenn ihr täglich von diesem Gift genießt?

I: man hat sich mit der Zeit daran gewöhnt/ wie sich der Mensch ja an alles gewöhnt. aber etwas gelähmt sind wir schon. immerhin gewährt diese Wißenschaft auf der andern Seite wieder große Vortheile/ wie du gesehen hast. was wir an Kraft verloren haben/ gewannen wir vielfach wieder durch die Beherrschung der Naturkräfte.

J: ist es nicht jämmerlich/ so gelähmt zu sein? ich für meinen Theil ziehe meine eigene Kraft den Naturkräften vor. ich überlaße die geheimen Kräfte den feigen Zauberkünstlern und den weibischen Magiern. wenn ich einem den Schädel zu Brei zerschlagen habe/ hört auch sein elender Zauber auf.

I: aber du siehst doch/ wie die Berührung mit unserem Zauber auf dich gewirkt hat? ich denke – schrecklich.

J: leider hast du recht.

I: nun/ siehst du/ wir haben keine Wahl. wir mußten das Gift der Wißenschaft schlucken. sonst erginge es uns allen/ wie dir: wir würden völlig gelähmt/ wenn wir ahnungslos und unvorbereitet damit zusammenträfen. dieses Gift ist so unüberwindlich starke/ daß jeder/ auch der stärkeste/ selbst die ewigen Götter daran zugrunde gehen. wenn uns unser Leben lieb ist/ so opfern wir lieber ein Stück unserer Lebenskraft/ als daß wir uns dem sicheren Tode aussetzen.

J: ich denke nicht mehr/ daß du aus dem seligen Westland kommst. dein Land muß öde sein/ voll Lähmung und Verzicht. ich sehne mich zurück nach dem Osten/ wo der lautere Quell unserer lebenspendenden Weisheit fließt.

Wir sitzen schweigend am flackernden Feuer. die Nacht ist kalt. Izdubar stöhnt schwer und blickt zum gestirnten Himmel hinauf.

J: schrecklichster Tag meines Lebens – unendlich – so weit – so weit – elende Zauberkünste – unsere Priester wißen nichts/ sonst hätten sie mich davor schützen können – sogar die Götter sterben/ sagte er. habt ihr denn keine Götter mehr?

I: nein/ wir haben bloß noch die Worte.

J: aber sind diese Worte mächtig?

I: es wird behauptet/ aber man merkt nichts davon.

J: wir sehen die Götter auch nicht und glauben doch/ daß sie sind. wir erkennen ihr Wirken im natürlichen Geschehen.

I: die Wißenschaft hat uns die Fähigkeit des Glaubens genommen.

J: auch das habt ihr verloren? wie lebt ihr denn?

I: wir leben so/ den einen Fuß im Kalten/ den andern im Heißen/ und im übrigen/ wie's eben kommt.

J: du drückst dich dunkel aus.

I: so ist es auch bei uns/ es ist dunkel.

J: könnt ihr das ertragen?

I: nicht gerade glänzend. ich persönlich befinde mich nicht wohl dabei. ich habe mich deßhalb aufgemacht/ nach Osten/ zum Land der aufgehenden Sonne/ um das Licht zu suchen/ das uns fehlt. wo geht denn die Sonne auf?

J: die Erde ist/ wie du sagst/ überall rund. die Sonne geht also nirgends auf.

I: ich meine/ habt ihr das Licht/ das uns fehlt?

I: Sieh mich an: ich gedieh im Lichte der östlichen Welt. Daran magst du ermessen, wie fruchtbar jenes Licht ist. Wenn du aber aus einem solchen Dunkellande kommst, dann hüte dich vor dem übergewaltigen Lichte, du könntest erblinden, so wie wir alle auch etwas blind sind.

Ich: Wenn euer Licht so fabelhaft ist, wie du bist, dann will ich vorsichtig sein.

I: Du thust gut daran.

Ich: Ich lechze nach eurer Wahrheit.

I: Wie ich nach dem Westland. Ich warne dich.

Es tritt Schweigen ein. Es ist spät in der Nacht. Wir schlafen beim Feuer ein.

Ich wanderte nach Süden und fand die unerträgliche Gluth des Alleinseins mit mir selber. Ich wanderte nach Norden und fand den kalten Tod, den alle Welt stirbt. Ich zog mich zurück in mein westliches Land, wo die Menschen reich sind an Wissen und Können, und ich fing an, an der sonnenlosen Dunkelheit zu leiden. Und ich warf alles von mir und wanderte nach Osten, wo täglich das Licht emporsteigt. Wie ein Kind gieng ich nach Osten. Ich fragte nicht, ich erwartete bloss. Herrliche Blumen, Matten und liebe Frühlingswälder säumten meinen Pfad. Aber in der dritten Nacht kam das Schwere. Wie ein Felsengebirge voll trauriger Wüste stand es vor mir und alles wollte mich abschrecken, meines Lebens Pfad dort fortzusetzen. Aber ich fand den Eingang und den schmalen Weg. Die Qual war gross, denn nicht umsonst hatte ich die zwei verlebten und verkommenen von mir gestossen. Was ich verwerfe, nehme ich ahnungslos in mich auf. Was ich annehme, das geht in den Theil meiner Seele, den ich kenne, was ich verwerfe, geht in den Theil meiner Seele, den ich nicht kenne. Was ich annehme, das thue ich selber, was ich aber verwerfe, das wird mir gethan. Also führte mich meines Lebens Pfad der über die verworfenen Gegensätze, die vereint zu glatter und ach so schmerzensreicher Strasse vor mir lagen. Ich trat sie mit Füssen, aber sie brannten und froren meine Sohlen. Und so gelangte ich hinüber. Aber das Gift der Schlange, der du den Kopf zertrittst, geht durch den Fersenstich in dich ein, und so wird dir die Schlange gefährlicher, als sie vordem war. Denn was ich auch verwerfe, es ist doch in meiner Natur. Ich meinte, es sei aussen gewesen, und darum glaubte ich, es zerstören zu können. Es liegt aber in mir und hat nur vorübergehend äussere Gestalt angenommen und ist mir entgegengetreten. Ich zerstörte seine Gestalt und glaubte ein Überwinder zu sein. Aber noch habe ich mich nicht überwunden. Der äussere Gegensatz ist ein Bild meines innern Gegensatzes. Wenn ich das erkannt habe, dann schweige ich und denke an den Abgrund von Zwiespalt in meiner Seele. Äussere Gegensätze sind leicht zu überwinden. Sie sind zwar, aber trotzdem kannst du einig sein mit dir selber. Sie werden zwar deine Sohlen brennen und frieren, aber eben nur deine Sohlen. Es schmerzt, aber du gehst und schaust nach fernen Zielen.

Als ich zur äussersten Höhe hinanstieg und meine Hoffnung nach Osten ausschauen wollte, da geschah ein Wunder: nämlich eben so, wie ich gen Osten fuhr, so eilte einer aus dem Osten mir entgegen und strebte nach dem sinkenden Lichte. Ich wollte Licht, er Nacht, ich wollte steigen, er sinken. Ich war zwerghaft wie ein Kind, er riesengross, ein urgewaltiger Held. Ich kam gelähmt von Wissen, er geblendet von der Fülle des Lichtes. Und so eilten wir uns entgegen, er aus dem Lichte, ich aus der Dunkelheit, er starke, ich schwach, er Gott, ich Schlange, er uralt, ich eben ganz neu, er unwissend, ich wissend, er fabelhaft, ich nüchtern, er muthig gewaltthätig, ich feige listig. Wir beide aber erstaunt, einander zu sehen auf der Grenzscheide von Morgen und Abend.

Da ich ein Kind war und wuchs wie ein grünender Baum und Wind und fernes Rufen und Getümmel der Gegensätze gleichmüthig durch meine Zweige rauschen ließ / da ich ein Knabe war, über gefallene Helden spottete / da ich ein Jüngling war / der links und rechts mit ihrer Umklammerung von sich stieß / da ahnte ich nicht den Mächtigen / den Blinden und Unsterblichen / der sehnsüchtig nach der sinkenden Sonne wandert / der den Ocean bis zum Grunde theilen möchte / um in die Quelle des Lebens hinabzusteigen. Klein ist / was zum Aufgang eilt / groß / was zum Untergang sich wendet. Darum war ich klein / denn eben kam ich aus der Tiefe meines Unterganges. Ich war dort gewesen / wo er sich hinsehnte. Der untergehende ist groß und ein leichtes wäre es ihm / mich zu zerschmettern. Ein Gott / der sich die Sonne auserseh(en) / macht aber keine Jagd auf Würmer. Der Wurm aber zielt nach der Ferse des Mächtigen und wird ihm den Untergang bereiten / dessen er bedarf. Seine Macht ist groß und blind. Er ist herrlich anzuschauen und furchterregend. Aber die Schlange findet ihre Stelle / ein wenig Gift und der Große fällt. Die Worte des Aufgehenden haben keinen Klang und schmecken bitter. Es ist kein süßes Gift / aber ein tödliches für alle Götter.

Ach er ist mein liebster schönster Freund / er der früh übereilt / der Sonne folgend und Sonne gleich der unermeßlichen Mutter sich vermählen will. Wie nah verwandt / ja wie ganz eins sind Schlange und Gott! Das Wort / das uns erlöser war / ist zur tödlichen Waffe geworden / zur Schlange / die heimlich sticht.

Nicht mehr äußere Gegensätze versperren mir den Weg / sondern mein eigener Gegensatz kommt mir entgegen und riesengroß steigt er vor mir auf / und wir versperren einander den Weg. Zwar besiegt das Schlangenwort die Gefahr / aber mein Weg bleibt gesperrt / denn im Weiterschreiten muß ich von der Lähmung in die Blindheit fallen / wie der Mächtige um seiner Blindheit zu entgehen / der Lähmung verfiel. Ich kann nicht zur blendenden Macht der Sonne gelangen / so wie er / der Mächtige / nicht zum wiedergebärenden Schoß der Dunkelheit gelangen kann. Mir scheint die Macht versagt zu sein / ihm die Wiedergeburt / aber ich entrinne der Verblendung in der Macht und er dem Tode im Nichts. Meine Hoffnung auf die Fülle des Lichtes zerbricht / so wie seine Sehnsucht nach schrankenlosem erobertem Leben zerschellt. Ich habe den Stärksten gefällt / und der Gott steigt zum Sterblichen hernieder.

Der Mächtige fiel / er liegt am Boden.

Um des Lebens willen muß die Macht weichen.

Der Umfang des äußern Lebens soll verkleinert werden.

Viel mehr Heimlichkeit / einsame Seen / Höhlen / dunkle weite Wälder / kleine Ansiedlungen der Wenigen / still fließende Ströme / lautlose Winter und Sommernächte / wenig Schiffe und Wagen und in Häusern geborgen das Seltene und Köstliche.

Von ferne her ziehen Wanderer auf einsamen Straßen und sehen dies und das. Eile wird unmöglich / Geduld wächst.

d lärm des welltages schweigt / v im iñern lodert das wär-
mende feu.
am feu sitz die schatt von ehed v klag leise v geb kunde
von vergangen.
koñet z einsam feu / ihr blind v lahm v höret von beid-
lei wahrh: d blinde wird gelähmt v d gelähmte geblendet /
do beide wärmt das einsam breñt in weit nacht.
ein altes heimliches feu breñt zwisch uns / spärliches licht
v reichli wärme spendend.
das uralte feu / das jegliche noth bezwang / soll wiederum
entbreñ / deñ die nacht d welt i weit v kalt / v die noth i groß.
das wohlbehütete feu bringt die fern / die frierend / die einan-
d nicht seh v nicht erreich köñ / zusam v bezwingt das leid
v zerbricht die noth.
die worte am feu sind zweideutig v tief v weis das leb auf d
recht weg.
d blinde soll gelähmt sein / damit er nicht in d abgrund reñe /
v d gelähmte soll blind sein / damit er nicht begehrli v ver-
ächtli die dinge ansehe / die er nicht erreich kañ.
beide mög si ihr tief hilflosigk bewußt sein / damit sie wie-
d das heilige feu ehr / v die schatt / die am herde sitz / v die
worte / die rund um die flame geh.
Die alt nant das erlösende wort d logos / ein ausdruck göttlich vernunft. soviel unvernunft

war im menschen / daß er der vernunft zur erlösung bedurfte. wenn man lange genug wartet / so sieht man / wie die götter sich am ende alle in schlangen und unterweltsdrachen verwandeln. dieß ist auch das schicksal des logos: am ende vergiftet er uns alle. mit der zeit sind wir vergiftet worden / aber wir hielten / ohne daß wir es wußten / den einen / den mächtigen / den stets wandernden / in uns vom gifte fern. wir verbreiten gift und lähmung um uns / indem wir alle welt um uns zur vernunft erziehen wollen. der eine hat seine vernunft im denken / der andere im fühlen. beide sind logosdiener und sind im geheimen zu schlangenanbetern geworden. du kannst dich selber unterjochen / dich in eisen schlagen / dich täglich blutig peitschen: du hast dich zerdrückt / aber nicht überwunden. sondern eben gerade dadurch hast du den mächtigen geholfen / seine lähmung verstärkt / und seine blindheit gefördert. er ist es / der es immer an anderen sehen und thun möchte / der begehrlich und tyrannisch mit blinder hartnäckigkeit und stierhaftem eigensinn den logos dir und anderen aufdrängen möchte. gieb ihm vom logos zu schmecken. er hat angst / er zittert schon von weitem / denn er ahnt, daß er überlebt ist und daß ein winziges tröpfchen des logosgiftes ihn lähmen wird. aber weil er dein schöner vielgeliebter bruder ist / so bist du ihm sclavisch zugethan und möchtest es ihm ersparen / was du keinem deiner mitmenschen je erspart hast. du scheutest kein listiges und kein gewaltthätiges mittel / um deine mitmenschen mit dem giftigen pfeil zu erreichen. ein lahmes jagdthier ist eine unwürdige beute. der mächtige jäger selber / der den stier zu boden rang und den löwen zerriß und das heer Tiamats schlug / er ist deines bogens würdiges ziel.

Wenn du lebst als der / der du bist / so wird Er mit ungestüm gegen dich anrennen / du kannst ihn gar nicht verfehlen. er wird dir gewalt anthun und dich zum sklavendienst pressen / wenn du dich nicht an deine heimlich furchtbare waffe erinnerst / die du immer in seinem dienste gegen dich selber gebraucht hast. listig / grausam und kalt sollst du sein / wenn du darangehst / den schönen und vielgeliebten zu fällen. den tod sollst du ihn nicht / auch wenn er leidet und in unerträglichen schmerzen sich windet. binde den heiligen Sebastian an einen baum und schieße langsam und vernunftgemäß pfeil um pfeil in sein zuckendes fleisch. erinnere dich dabei / daß jeder pfeil / der ihn trifft / einem deiner zwerghaften und lahmen brüder erspart bleibt. also magst du viele pfeile schießen. aber allzu häufig und fast nicht auszurotten ist das mißverständniß: nur wollen die menschen dann das schöne und vielgeliebte außer ihnen / niemals aber in ihnen selber zerstören.

Er / der schöne und vielgeliebte / kam mir ja vom osten / von ebenjenem orte / nach dem ich hinzugelangen mich bemühte. bewundernd sah ich seine kraft und herrlichkeit / und ich erkannte / daß er eben gerade nach dem strebte / was ich verlassen hatte / nämlich nach meinen dunkeln menschengewühlniederungen. ich erkannte die blindheit und unwissenheit seines strebens / das meinem verlangen entgegenwirkte / und ich öffnete ihm die augen und lähmte mit giftigem stiche seine mächtigen glieder. und er lag weinend wie ein kind / als das / was er war / ein kind / ein uraltes großes kind / des menschlichen logos bedürftig. so lag er mir da / hülflos / mein blinder / halbsehendgewordener / gelähmter gott. und das mitleid faßte mich / denn zu deutlich fühlte ich / daß er mir nicht sterben dürfe / er / der mir vom aufgang entgegenkam / von jenem orte / wo er wohl sein konnte / wo ich aber nie hinzugelangen vermochte. ihn / den ich suchte / besaß ich jetzt. der osten konnte mir weiter nichts geben als ihn / den kranken / den gefällten.

Du hast nur die hälfte des weges zu machen / die andere hälfte macht er. gehst du über ihn hinaus / so verfällst du der verblendung. geht er über dich hinaus / so verfällt er der lähmung. darum, sofern es die art der götter ist / über die sterblichen hinauszugehen / verfallen sie der lähmung / und werden hülflos / wie kinder. göttlichkeit und menschlichkeit bleiben erhalten / wenn der mensch vor dem gotte / und der gott vor dem menschen stehen bleibt. die hochlodernde flamme ist der mittlere weg / dessen leuchtende bahn zwischen menschlichem und göttlichem läuft.

Die göttliche urgewalt ist blind / denn ihr gesicht wurde zum menschen. der mensch ist das gesicht der gottheit. wenn gott dir naht / dann flehe um schonung deines lebens / denn der gott ist liebendes schrecknis. die alten sagten: es sei schrecklich in die hände des lebendigen gottes zu fallen. sie sprachen so / weil sie es wußten / denn sie waren den alten walde noch nahe / und nach kinder art grünten sie wie die bäume und stiegen weit nach osten empor.

und dabei fiel sie in die Hände des lebendigen Gottes. Sie lernten das Knie und auf dem Angesicht liegen / und das Erbarmen betteln und die hündische Furcht und die Dankbarkeit. Wer aber ihn sah / den schrecklich-schönen mit seinen schwarzen Sammtaugen und den langen Wimpern / den Augen / die nicht sehen / sondern bloß zärtlich furchtbar anschauen / der hat gelernt aufzuschreien und zu winseln / damit er wenigstens das Ohr der Gottheit erreiche. Denn Angstschrei nur bringt den Gott zum Stehen. Und dann siehst du / daß auch der Gott zittert / denn er steht seinem Gesichte gegenüber / seinen sehenden Blicken in dir / und er fühlt unbekannte Gewalt. Der Gott hat Menschenfurcht.

Wenn mein Gott gelähmt ist / muß ich bei ihm stehen / denn ich kann den Vielgeliebten nicht lassen. Ich fühle / daß er mein Theil ist / mein Bruder / der im Lichte weilte und wuchs / während ich im Dunkel war und mich von Gift nährte. Es ist gut / solches zu wissen: wenn wir in der Nacht sind / dann steht unser Bruder in der Fülle des Lichtes / dann thut er seine großen Werke / zerreißt den Löwen und tötet den Drachen. Und er spannt seinen Bogen nach immer fernern Zielen / bis er der hochhinwandernden Sonne gewahr wird / und sie erjagen möchte. Wenn er aber seine kostbarste Beute entdeckt hat / dann wächst auch in dir die Sehnsucht nach dem Licht. Du wirfst die Fesseln ab und machst dich auf nach den Orte des steigenden Lichtes. Und so eilt ihr einander entgegen. Er wähnte die Sonne empfangen zu können und stieß auf den Wurm des Schattens. Du wähntest / im Osten an der Quelle des Lichtes trinken zu können und fängst dir den gehörnten Riesen / vor dem du in die Kniee fällst. Sein Wesen ist blind übermäßiges Begehren und stürmische Kraft / mein Wesen ist sehende Beschränktheit und die Unfähigkeit des Klugen. Er besitzt reichlich / was ich misse. Darum will ich ihn auch nicht lassen / den Stiergott / der einst Jakobs Hüfte lähmte / und den ich nun mir gelähmt habe. Ich möchte seine Kraft mir zu eigen machen. Es ist darum ein sorgliches Bemühen / den Schwergetroffenen am Leben zu erhalten / damit seine Kraft mir erhalten bleibe. Nichts missen wir mehr / denn die göttliche Kraft. Wir sagen: „Ja / ja / so sollte oder könnte es sein. Dieses oder jenes sollte erreicht sein." Wir sprechen so und stehen und sehen uns verlegen um / ob sich wohl irgendwo irgendetwas ereignen würde. Und wenn sich etwas ereignen sollte / dann sehen wir zu und sprechen: „Ja / ja / wir verstehen / es ist dies oder das und es ist ähnlich diesem oder jenem." Und so sprechen wir und stehen und sehen uns um / ob sich weiter irgendwo irgendetwas ereignen würde. Es ereignet sich immer etwas / aber wir geschehen nicht / denn unser Gott ist krank. Wir haben ihn mit giftigem Basiliskenblick totgesehen und totverstanden. Wir müssen auf seine Heilung denken. Und ich fühlte es wiederum als Gewißheit / daß mein Leben in der Mitte zerbrochen wäre / wenn es mir nicht gelänge / meinen Gott zu heilen. Darum blieb ich bei ihm die lange kalte Nacht.

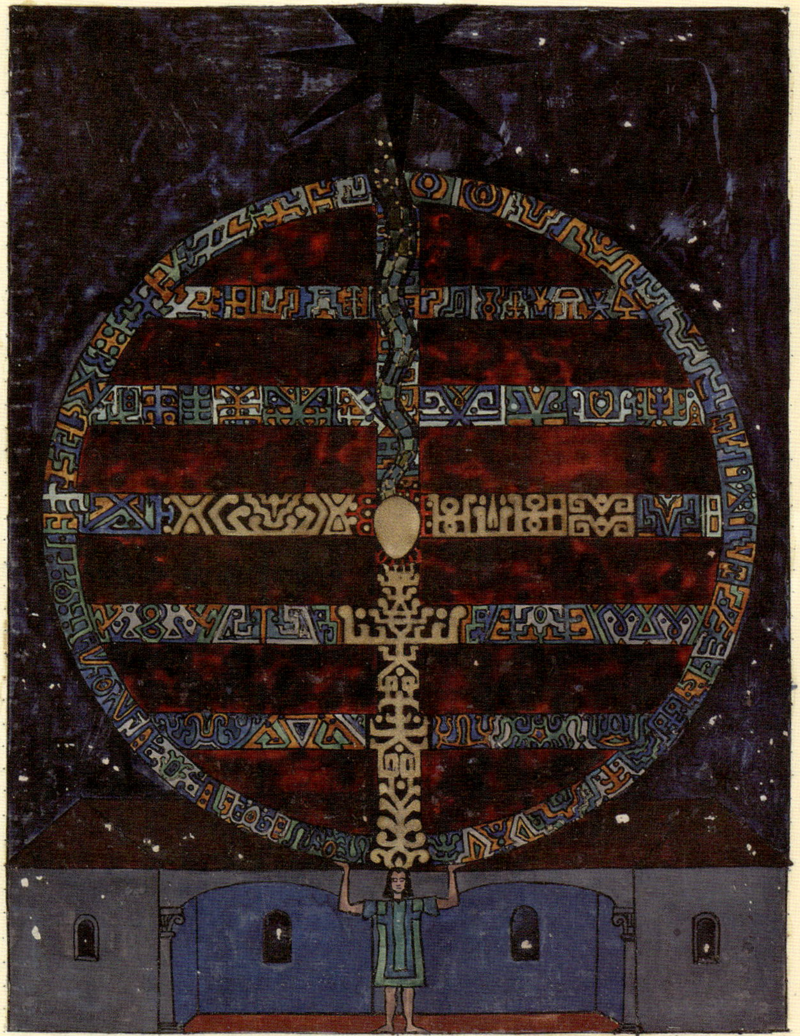

atharva-veda 4,1,4.

Zweiter tag · cap · ix ·

Kein traum gab mir das rettende wort ein. Izdubar lag schweigend und starr die ganze nacht bis in den neuen tag. Ich gieng sinnend hin und her am kamme des gebirges und schaute zurück nach meinen westlichen landen, wo soviel kenntniß und soviel möglichkeit des helfens ist. Ich liebe Izdubar, er soll mir nicht elend verkommen. Aber woher soll hilfe kommen? Keiner wird den heißkalten weg überschreiten. Und ich? Ich fürchte mich auf jenen weg zurückzukehren. Und im osten? Giebt es dort vielleicht hilfe? Aber die unbekannten gefahren, die dort drohen? Ich möchte nicht erblinden. Was würde es Izdubar nützen? Ich kann auch als blinder diesen lahmen nicht tragen. Ja, wäre ich gewaltig wie Izdubar. Was nützt hier alle wissenschaft? Gegen abend aber trat ich zu Izdubar und sprach zu ihm:

Izdubar, mein fürst, höre! Ich will dich nicht verkommen lassen. Schon bricht der zweite abend an. Wir haben keine nahrung und der sichere tod steht uns bevor, wenn es mir nicht gelingt, hilfe herbeizuholen. Von westen können wir keine hilfe erwarten. Von osten aber ist vielleicht hilfe möglich. Trafest du niemand auf deinem wege, den wir zur hilfe rufen könnten?

J: Laß es sein, der tod mag kommen, wann er will.

I: Das herz blutet mir, wenn ich denke, daß ich dich hier verlassen müßte, ohne das letzte für dich versucht zu haben.

J: Was hilft dir deine zauberkunst? Wärest du stark, wie ich, du könntest mich tragen. Aber ein gift kann mir zerstören und nicht helfen.

I: Wären wir in meinen landen, schnelle wagen könnten uns hilfe bringen.

J: Wäre ich in meinen landen, so hätte dein giftstachel mich nicht erreicht.

I: Sage mir, weißt du keine hilfe von der seite des ostens?

J: Der weg dorthin ist lang und einsam, und wenn du aus dem gebirge in die ebene hinauskommst, dann triffst du die gewaltige sonne, die dich blendet.

I: Aber wenn ich des nachts wanderte, und am tage mich vor der sonne verborgen hielte?

J: Des nachts kriechen alle schlangen und drachen aus ihren löchern, und du unbewehrter bist ihnen rettungslos verfallen. Laß es sein! Was soll es helfen? Meine beine sind verdorrt und abgestorben. Ich sehe vor, die beute dieser fahrt nicht heimzubringen.

I: Soll ich nicht alles wagen?

J: Nutzlos! Nichts ist gewonnen, wenn du umkommst.

I: Laß mich noch etwas nachdenken, vielleicht kommt mir der noch ein rettender gedanke.

Ich entferne mich und setze mich auf eine felsplatte hier oben am kamme des gebirges und es begann in mir diese rede: großer Izdubar, du bist in einer heillosen lage – und ich nicht weniger. Was ist da zu thun? Es ist nicht immer nöthig zu thun, manchmal ist denken besser. Im grunde bin ich ja davon überzeugt, daß Izdubar gar nicht im gewöhnlichen sinne wirklich ist, sondern eine phantasie ist. Der situation wäre geholfen, wenn man ihr einen andern aspect beibrächte --- beibrächte --- beibrächte – merkwürdig, daß hier sogar gedanken widerhallen, man muß doch sehr allein sein. Aber das wird schwer halten. Er wird es natürlich nicht annehmen, daß er eine phantasie sei, sondern behaupten wollen, er sei ganz real und es könne ihm nur auf reale weise geholfen werden; immerhin kann man das mittel einmal versuchen. Ich will ihn darum anrufen und mit ihm reden:

I: Mein fürst, gewaltiger, höre: mir kam ein gedanke, der vielleicht rettung bringt. Ich denke nämlich, du seist gar nicht wirklich, sondern bloß eine phantasie.

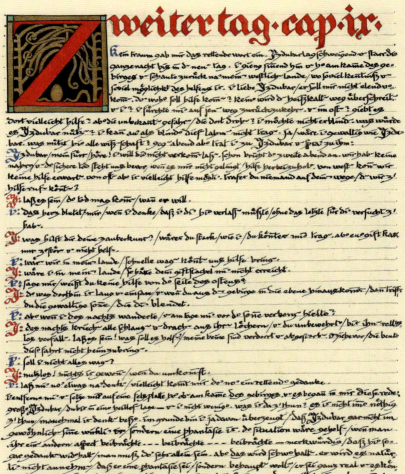

J: Mir graut es vor dem gedanken. Sie sind mörderisch. Willst du mich gar für unwirklich erklären

klären, nachdem du mich jämmerlich gelähmt hast?

P: Ich habe mich vielleicht etwas missverständlich ausgedrückt, zuviel in der Sprache des Westlandes. Ich meine natürlich nicht, du seiest ganz unwirklich, sondern eben nur so wirklich wie eine Phantasie. Wenn du das annehmen könntest, dann wäre viel gewonnen.

I: Was wäre damit gewonnen? Du bist ein Quälteufel.

P: Beklagenswerther, ich will dich nicht quälen. Die Hand des Arztes will nicht quälen, auch wenn sie wehthut. Könntest du wirklich nicht annehmen, daß du eine Phantasie bist?

I: Wehe mir! In welchen Zauber willst du mich verstricken? Soll mir geholfen sein, wenn ich mich für eine Phantasie halte?

P: Du weißt, der Name, den man trägt, bedeutet viel. Du weißt auch, daß man den Kranken oft einen neuen Namen giebt, um sie zu heilen, denn mit dem neuen Namen empfangen sie ein neues Wesen. Dein Name ist dein Wesen.

I: Du hast recht, das sagen auch unsere Priester.

P: Also, du willst zugeben, daß du eine Phantasie bist?

I: Wenn es hilft – ja!

Die innere Stimme sprach nun folgendermaßen zu mir: Jetzt ist er zwar eine Phantasie. Aber die Lage ist trotzdem äußerst verwickelt. Auch eine Phantasie läßt sich nicht einfach negieren und mit Resignation behandeln. Etwas hat damit zu geschehen. Immerhin ist er eine Phantasie – also bedeutend volatiler. Ich glaube, ich sehe eine Möglichkeit: Jetzt kann ich ihn auf den Rücken nehmen. Darauf trat ich zu Izdubar und sprach zu ihm:

Ein Weg ist gefunden. Du bist leicht geworden, leichter als eine Feder; jetzt kann ich dich tragen. Ich umfasse ihn und hebe ihn vom Boden auf; er ist leichter als Luft und ich habe sogar Mühe mit meinen Füßen am Boden zu bleiben, denn meine Last hebt mich empor.

I: Das war ein Meisterstück. Wohin trägst du mich?

P: Ich trage dich hinunter ins Westland. Meine Genossen werden sich freuen, eine so große Phantasie bei sich beherbergen zu dürfen. Wenn wir nur erst das Gebirge hinter uns haben und in den gastlichen Hütten der Menschen angelangt sind, dann kann ich in Ruhe nach einem Mittel suchen, das dich wieder gänzlich herstellt.

Ich steige, ihn auf meinem Rücken tragend, vorsichtig den schmalen Felsenpfad hinunter, mehr in der Gefahr vom Wind emporgewirbelt, als von der Last in die Tiefe gestürzt zu werden. Ich hänge an meiner überleichten Bürde. Endlich erreichen wir den Thalboden, und da ist auch schon der Weg der heißkalten Schmerzen. Dießmal aber bläst mich ein sausender Ostwind durch die Felsenenge hinunter und über die Felder hinaus, bewohnten Stätten entgegen. Der Schmerzensweg berührte meine Sohlen nicht, beflügelt eile ich durch schönes Land. Vor mir gehen zwei auf der Straße. Es ist Ammonius und der Rothe. Als wir dicht hinter ihnen sind, wenden sie sich um und stürzen mit entsetztem Geschrei in die Felder hinaus. Mein Anblick muß gewiß sonderbar sein.

I: Was sind das für Mißgestalten? Sind das deine Genossen?

P: Das sind keine Menschen, das sind sogenannte Relikte der Vergangenheit, denen man im Westland noch öfters begegnet. Sie waren früher von großer Bedeutung. Jetzt braucht man sie hauptsächlich zum Schafehüten.

I: Was für ein wunderliches Land! Dort sieh, ist dort nicht eine Stadt? Willst du nicht dorthin gehen?

P: Nein, Gott bewahre mich, ich will keinen Volksauflauf erregen. Dort wohnen ja die Aufgeklärten. Riechst du sie nicht? Die sind eigentlich gefährlich, denn sie kochen die allerstärksten Gifte, vor denen ich mich sogar hüten muß. Die Leute dort sind total gelähmt, in einen braunen Giftdampf gehüllt, von lärmenden Schnattermaschinen umgeben und können sich nur noch mit künstlichen Mitteln fortbewegen, aber sei ohne Sorge. Es ist jetzt schon so dunkel, daß uns niemand sieht. Überdieß würde es sich keiner eingestehen, ihn gesehen zu haben. Ich weiß hier ein einsames Haus. Dort habe ich vertraute Freunde, die uns für die Nacht aufnehmen werden.

Ich komme mit Izdubar zu einem stillen dunkeln Garten, darin steht ein verschwiegenes Haus. Ich verberge Izdubar unter den breit herabhängenden Aesten eines Baumes und gehe zur Hausthüre, um anzuklopfen. Ich betrachte nachdenklich die Thüre: sie ist viel zu klein. Hier bringe ich Izdubar nie hindurch. Doch — eine Phantasie braucht ja keinen Raum! Warum kam ich nicht früher auf diesen ausgezeichneten Gedanken? Ich gehe in den Garten zurück, drücke Izdubar ohne Mühe bis zur Größe eines Eies zusammen und stecke ihn in die Tasche. So trete ich ~~da~~ ins gastliche Haus der Menschen, wo Izdubar Heilung finden soll.

So fand mein Gott Rettung. Die Rettung geschah dadurch, daß ihm eben das geschah, was man für das unbedingt tödliche halten müßte, nämlich daß man ihn für ein Gespinst der Einbildung erklärt. Wie viele male schon glaubte man, daß die Götter auf diese Weise zu ihrem Ende gebracht seien. Das war offenbar eine große Täuschung: denn dadurch wird der Gott ja eben gerettet. Er verging nicht, sondern wurde zu einer lebendigen Phantasie, deren Wirkung ich an meinem eigenen Körper erfuhr: die mir wesenszugehörige Schwere schwand, nicht mehr brannte und fror der heißkalte Schmerzensweg meine Sohlen, nicht mehr hielt mich die Schwere an den Boden gedrückt, sondern leicht wie eine Feder trug mich der Wind, derweil ich den Riesen trug. Man glaubte, man könne an Gott einen Mord vollbringen. Der Gott aber war gerettet, er schmiedete im Feuer eine neue Axt und tauchte wiederum hinein in die Lichtfluthen des Ostens, um seinen uralten Kreislauf aufs neue zu beginnen. Wir klugen Menschen aber schlichen lahm und giftig herum und wußten nicht einmal, daß uns etwas fehlte. Ich liebte aber meinen Gott und nahm ihn mit zum Hause der Menschen, denn ich war überzeugt, daß er auch als Phantasie wirklich lebte und deßhalb nicht dürfe liegen gelassen werden wund und krank. Darum erfuhr ich das Wunder, daß mein Körper seine Schwere verlor, als ich mich mit dem Gotte belud. St. Christophorus, der Riese, trug schwer an seiner Last, trotzdem er nur das Christuskind trug. Ich aber war klein wie ein Kind und trug einen Riesen, und der hob mich meine Last empor. Das Christuskind wäre der Riese Christophorus eine leichte Last gewesen, denn der Christus selber sagte: mein Joch ist sanft und meine Last ist leicht. Nicht sollen wir den Christum tragen, denn er ist unerträglich, sondern wir sollen Christi sein, dann ist unser Joch sanft und unsere Last leicht. Diese tast- und sichtbare Welt ist das eine Wirkliche, die Phantasie aber das andere Wirkliche. Solange wir den Gott im sicht- und tastbaren, im außer-uns lassen, ist er unerträglich und hoffnungslos. Wenn wir aber den Gott zu einer Phantasie machen, dann ist er in uns und leicht zu tragen. Gott außer uns vermehrt das Gewicht alles Schweren, Gott in uns erleichtert alles Schwere. Darum haben alle Christophori krumme Rücken und kurzen Athem, denn die Welt ist schwer.

Es sind viele, die ihrem kranken Gott Hilfe holen wollten und die von den Schlangen und Drachen, welche am Wege zum Sonnenland lauern, verschlungen wurden. Sie sind im überhellen Tag untergegangen und sind dunkle Männer geworden, denn ihre Augen sind geblendet. Nun gehen sie herum wie Schatten und reden vom Lichte und sehen nichts. Ihr Gott aber ist in allem dem, was sie nicht sehen: er ist im dunkeln Westlande und schärft sehende Augen und hilft den Giftköchen und richtet Schlangen ab für die Fersen der blinden Gewaltthäter. Darum, wenn du klug bist, nimm den Gott mit, dann weißt du, wo er ist. Hast du ihn nicht bei dir im Westland, dann kommt er über Nacht an dich gerannt mit klirrendem Panzer und schmetternder Streitaxt. Hast du ihn nicht bei dir im Lande des Aufgangs, dann trittst du unversehens auf den göttlichen Wurm, der deiner ahnungslosen Ferse wartete.

Alles gewinnst du vom gotte / der du trägst / nicht aber seine waffe / denn er zerschlug sie. die waffe
gebraucht / wer erobern will. was aber willst du noch erobern? mehr als die erde kannst du nicht
erobern. und was ist die erde? sie ist überall rund / ein tropfen / der im weltall hängt. und zur sonne
gelangst du nicht / nicht einmal zu dem mond reicht deine macht / nicht einmal das meer
bezwingst du / nicht einmal den schnee der pole / nicht einmal den sand der wüste / sondern
am ende nur ein paar flecken grüner erde. nicht einmal auf irgend eine dauer eroberst
du. morgen ist deine herrschaft staub / denn vor allem solltest du – und wenigstens – den tod bezwingen. also sei
kein narr und lege die waffe weg. gott selbst zerschlug seine waffe. der panzer genügt / um dich vor den narren
zu schützen / die noch am erobern leiden. gottes panzer macht dich unverwundbar / für die ärgsten narren sogar unsichtbar.

Nimm deinen gott mit. trage ihn hinunter in dein dunkelland / wo die leute wohnen / die jeden morgen die
augen reiben und doch immer nur das gleiche und nie das andere sehen. bringe deinen gott herunter in den
giftschwangern dunst / aber nicht wie jene geblendeten / die mit lichtern die finsterniß erleuchten wollten /
welche die finsterniß aber nicht begreift / sondern heimlich trage deinen gott zu gastlichen dache. klein sind
die hütten der menschen und trotz ihrer gastlichkeit und willfährigkeit können sie den gott nicht aufnehmen. darum
warte nicht / bis rohe ungeschickte menschenhände deinen gott zerbrechen / sondern umfasse ihn noch mals /
liebend / bis er die gestalt seines allerersten anfanges angenommen hat. nicht lasse eines menschen auge
sehen den vielgeliebten / schrecklich prächtigen im zustande seiner krankheit und ohnmacht. bedenke / daß deine
mitmenschen thiere sind / ohne es zu wissen. solange sie auf ihrer weide gehen oder an der sonne liegen oder ihre
jungen säugen oder sich begatten / sind sie schöne und harmlose geschöpfe der schwarzen mutter erde. wenn
aber der gott erscheint / dann fangen sie an zu rasen / denn die gottes nähe macht rasend. sie zittern
vor angst und wuth und fallen sich plötzlich zu brudermörderischen kampf an / denn einer wittert im andern
den nahen gott. verbirg also den gott / den du dir mitgenommen hast. lasse sie rasen und sich gegenseitig zerfleischen.
deine stimme ist zu schwach / als daß die wüthenden sie hören könnten. drum rede nicht und zeige den gott nicht.
sondern sitze an einsamer stelle und singe die incantation nach uralter weise:

vor dich lege das ei / den gott in seinem anfang.
und betrachte es.
und mit deines anschauens zauberischer wärme bebrüte es.

hier beginnt die incantation.

Weihnacht i[st] angebroch[en]: d[er]
gott i[st] mei[n]. i[ch] habe mein[en] gott
ein[en] tepp[ich] gebreitet/ ein[en] köstlich[en]
roth[en] tepp[ich] des morgenlandes.
er soll vom schim[m]er d[er] pracht seines östlich[en] landes umgeb[en] sein.
i[ch] bin die mutt[er]/ die einfältige
magd/ die empfang[en] hat[te] u[nd] w-
ußte nicht wie. i[ch] bin d[er] sorgsa-
me vat[er]/ d[er] die magd schützte.
i[ch] bin d[er] hirt/ d[er] die botschaft e-
mpfieng/ als er des nachts sei-
n[e] herde wartete auf dunkeln flur.

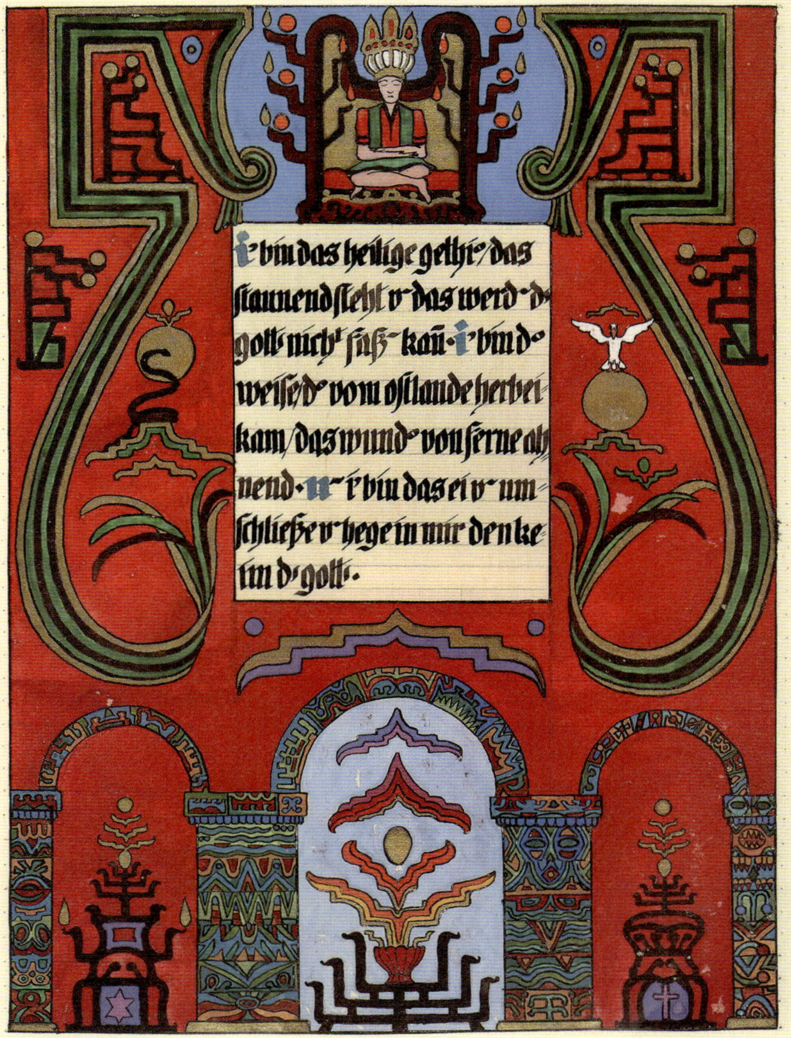
i bin das heilige gethr / das
staunend steht v das werd d
gott nicht fass kan. i bin d
weise, d vom ostlande herbei
kam, das wund von ferne ah
nend. u i bin das ei v um
schließe v hege in mir den ke
im d gott.

die feierlich- stund- wachs- .

u- mein menschliches i- elend u- leidet qual:
deñ i- bin eine gebärerin.
wohin entzückst du mi- o gott?
er i- d- ewig leere u- d- ewig volle.
nichts gleicht ihm u- er gleicht all-.
ewig dunkel u- ewig hell.
ewig unt- u- ewig ob-.
zwiefache natur im einfach-.
einfa- im vielfach-.
siñ im widersiñ.
freih- im gebund-sein.
unt-worf- weñ siegrei-.
alt in jugend.
ja im nein.

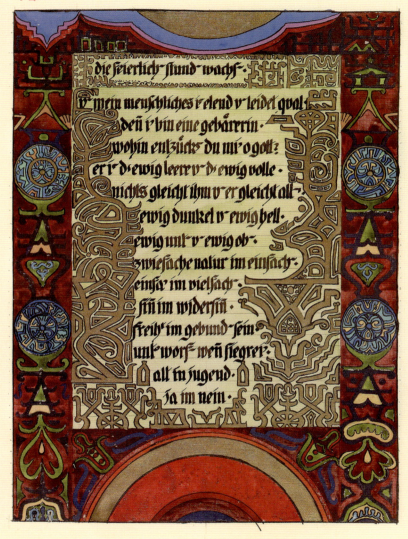

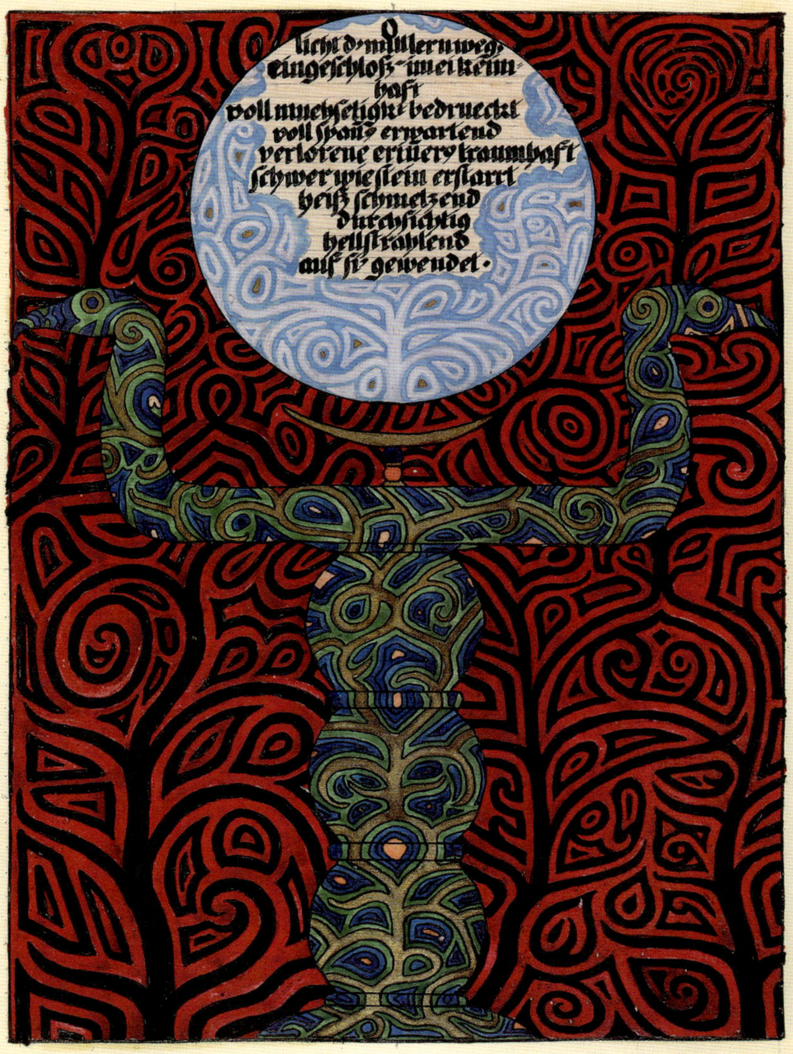
O
licht d· mittlern weg·
eingeschloss· im ei keim-
haft
voll unwetsetigk· bedrueckt
voll spann· erwartend
verlorene erinner· traumhaft
schwer wie stein erstarrt
heiss schmelzend
durchsichtig
hellstrahlend
auf si· gewendet·

amen / du bist der herr des anfangs.
amen / du bist der stern des ostens.
amen / du bist die blume / die über alle blueht.
amen / du bist der hirsch / der aus dem walde bricht.
amen / du bist der gesang / der ferne über das wasser toent.
amen / du bist ende und anfang.

brahmanaspati.

ein word / das nie gesproch̄ ward ·
ein licht / das nō nie leuchtete ·
eine verwirr̄ sondergleich̄ ·
v̄ eine straße ohn̄ ende ·

r vergebe mir diese worte/wie auch du mir vergieb- um deines
lodernd- lichtes will-.

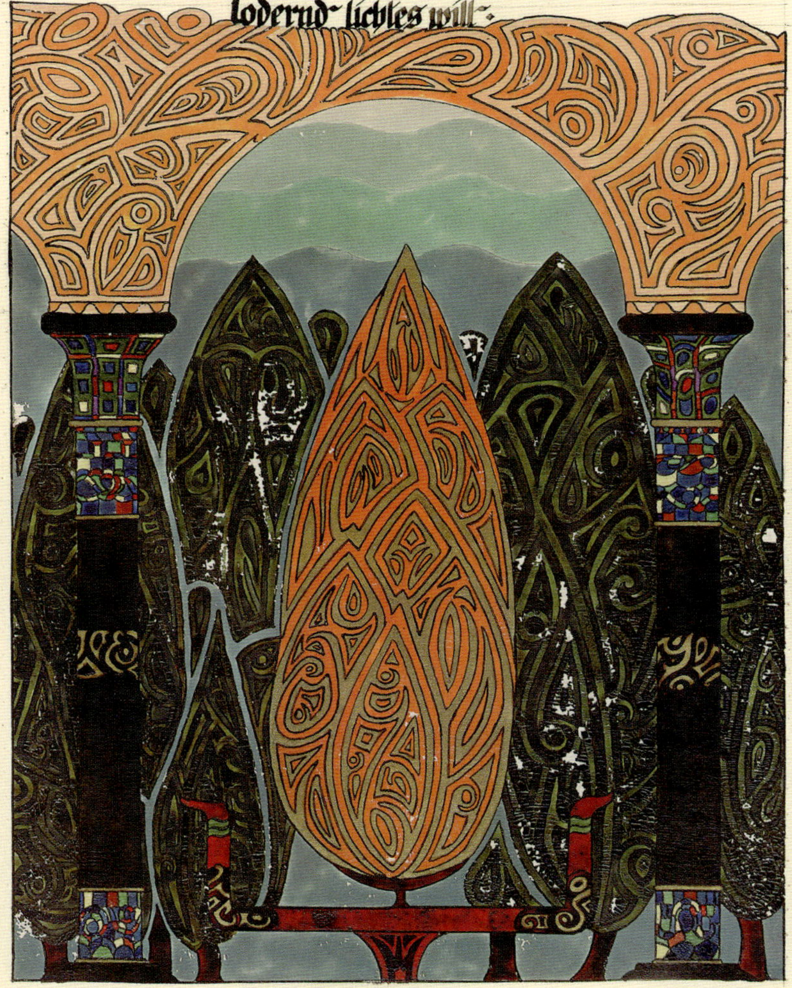

kom̄e herauf / du gnad¯ reiches feu˚ d˚ alt¯ nacht ·
ṽ küsse die schwelle deines aufgang˚ ·
meine hand breitet dir tep̄iche ṽ streut dir die fülle roth˚ blum¯ ·
kom̄e herauf mein freund / d˚ du krank lage˚ / brī dur˚ die schale ·
wir hab¯ dir ein mahl zugerüstet ·
weihgeschenke sind vor dir aufgestellt ·
tänzerin¯ wart¯ dein˚ ·
ein haus hab¯ wir dir gebaut ·
deine dien˚ steh¯ dir bereit ·
herd¯ trieb¯ wir dir auf grün˚ flur zusam̄¯ ·
wir füllt¯ dein¯ bech˚ mit roth¯ wein ·
duftende früchte legt¯ wir auf goldene schal¯ ·
wir poch¯ an dein gefängniß ṽ leg¯ lauschend uns˚ ohr daran ·
die stund¯ wachs / säume nicht läng˚ ·

wir sind elend ohne dich/ und erschöpft unsere gesänge·
wir sagten dir alle worte/ die uns unser herz uns gab·
was willst du noch?
was sollen wir dir erfüllen?
wir öffnen dir jedes thor·
wir beugen unsere kniee/ wo du willst·
wir gehen nach allen richtungen des himmels/ nach deinem wunsch·
wir tragen/ was unten ist nach oben/ und was oben/ machen wir zum untern/ wie du befiehlst·
wir geben und nehmen/ nach deinem begehren·
wir wollten nach rechts/ gehen aber nach links/ deinem wink gehorchend
wir steigen und fallen/ wir schwanken und stehen fest/ wir sehen und sind blind/
wir hören und sind taub/ wir sagen ja und nein/ immer nach deinem worte hörend·
wir begreifen nicht/ und leben das unverstehbare·
wir lieben nicht und leben das ungeliebte·
und wiederkehren wir uns um und begreifen und leben das verstehbare
wir lieben und leben das geliebte/ deinem gesetze treu·

kom̄e zu uns/die wir willig sind aus eigen˜ will˜·
kom̄e zu uns/die wir di˜ versteh˜ aus eigen˜ geiste·
kom̄e zu uns/die wir di˜ wärm˜ am eigen˜ feu˜·
kom̄e zu uns/die wir di˜ heil˜ aus eigen˜ kun˜·
kom̄e zu uns/die wir di˜ erzeug˜ aus eigen˜ leibe·
kom̄e/kind/zu vat˜ u˜ mutt˜·

hiranyagarbha

wir fragt̄ die erde·
wir fragt̄ d̄ him̄el·
wir fragt̄ das mēr·
wir fragt̄ d̄ wind·
wir fragt̄ das feu°·
wir sucht̄ dir bei all̄ völkern·
wir sucht̄ dir bei all̄ köniḡ·
wir sucht̄ dir bei all̄ weis̄·
wir sucht̄ dir in unserm eigen̄ kopf v̄ herz̄·
v̄ wir fand̄ dir im ei·

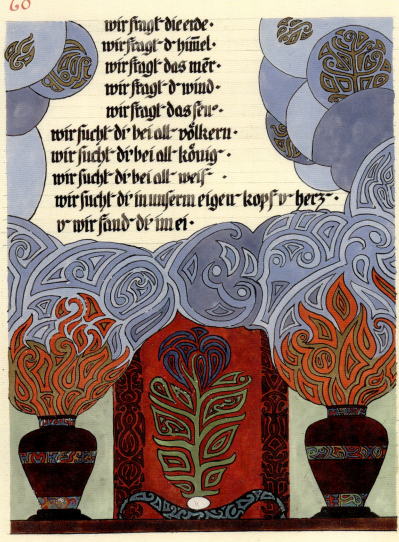

i habe dir ein kostbares menschenopf~ geschlachtet/ein~ jüngl~ v~ ein~ greis·

i habe meine haut mit meßern geritzt·

i habe mit mein~ eigen~ blute dein~ altar besprengt·

i habe vat~ v~ mutt~ verstoß~/damit du bei mir wohne~·

i habe meine nacht z~ tag gemacht v~ bin um mittag wie ein traumwandl~ gegang~·

i habe alle gött~ gestürzt/die gesetze gebroch~/das unreine gegeß~·

i habe mein schwert hingeworf~ v~ weib~ kleid~ angezog~·

i zerbra~ meine feste burg v~ spielte wie ein kind im sande·

i sah die krieg~ z~ schlacht zieh~ v~ zerschlug meine rüst~ mit d~ ham~·

i bepflanzte mein~ ack~ v~ ließ die frucht verfaul~·

i machte alles große klein v~ alles kleine groß·

meine fernst~ ziele vertauschte i geg~ nächstes/also bin i bereit·

Ich bin aber nicht bereit / denn noch habe ich jenes herzzuschnürende nicht in mich aufgenommen: jenes schreckliche ist die einschließung des gottes im ei. wohl freue ich mich / daß das große wagniß gelungen ist / aber ich vergaß des schreckens über eben dieses wagniß. ich liebe und bewundere das gewaltige. keiner ist größer als der mit den stierhörnern / und den lähmte und trug und verkleinerte ich ihn mit leichtigkeit. ich sank vor schrecken fast zu boden als ich ihn sah und jetzt berge ich ihn in der hohlen hand. das sind die mächte / die dich schrecken und bezwingen / das sind deine götter / deine herrscher seit undenkbaren zeiten: du kannst sie auch in die tasche stecken. was ist eine gotteslästerung dagegen? ich möchte gott lästern können: ich hätte doch wenigstens einen gott / den ich beleidigen könnte / aber es lohnt sich nicht ein ei zu lästern / das man in der tasche trägt. das ist ein gott / den man nicht einmal lästern kann. ich hasse diese jämerlichkeit des gottes. ich habe genug an meiner eigenen nichtswürdigkeit. sie erträgt es nicht / wenn ich sie noch mit der jämerlichkeit des gottes belaste. nichts hält stand: du berührst dich selber: du zerfällst in staub. du berührst den gott und er verkriecht sich erschreckt in ein ei. du sprengst die pforten der hölle: masst gekicher und narrenmusik tönen dir entgegen. du stürmst den himmel: theatercoulissen wanken und der souffleur im kasten fällt in ohnmacht. du merkst: du bist nicht wahr / oben ist nicht wahr / unten ist nicht wahr / links und rechts sind täuschungen. wohin du greifst / ist luft / luft / luft.

Aber ich habe ihn gefangen / jenen seit urzeit furchtbaren / ich habe ihn klein gemacht / meine hand umschließt ihn. das ist das ende der götter: der mensch steckte sie in die tasche. das ist der schluß der göttergeschichte. nichts blieb von den göttern als ein ei. und dieses ei besitze ich. vielleicht kann ich dieses eine und letzte ausrotten und damit das geschlecht der götter endgiltig vertilgen. jetzt / da ich weiß / daß die götter meiner macht verfallen sind — was soll mir jetzt noch götter? alt und überreif sind sie gefallen und im ei begraben.

Wie geschah es doch? ich fällte den großen / ich beklagte ihn / ich wollte ihn nicht lassen / denn ich liebte ihn / weil ihm keiner gleichkommt der sterblichen menschen. aus liebe ersann ich die list / die ihn der schwere enthob und von der räumlichkeit befreite. ich nahm ihm – aus liebe – form und körperlichkeit. ich schloß ihn liebend ein in das mütterliche ei. soll ich ihn / den wehrlosen / den ich liebe / erschlagen? soll ich seines grabes zartes gehäuse zerschmettern und ihn / den schwere- und ausdehnungslosen / den winden der welt preisgeben? aber sang ich nicht die incantation zu seiner bebrütung? tat ich es nicht aus liebe zu ihm? warum liebe ich ihn? die liebe zum großen will ich nicht aus meinem herzen reißen. ich will meinen gott lieben / den wehr- und hülflosen. ich will mich seiner annehmen wie eines kindes. sind wir nicht söhne der götter? warum sollen nicht götter unsere kinder sein? wenn mir auch mein gottvater starb / so soll mir ein gottkind erstehen aus meinem mütterlichen herzen. denn ich liebe den gott und will ihn nicht lassen. nur wer den gott liebt kann ihn fällen / und der gott ergiebt sich seinem besieger und schmiegt sich in seine hände und stirbt an seinem herzen / das ihn liebt und ihm geburt verheißt.

mein gott / ich liebe dich / wie eine mutter das ungeborene liebt / das sie unter dem herzen trägt. wachse im ei des ostens / nähre dich von meiner liebe / trinke die säfte meines lebens / damit du ein strahlender gott werdest. wir bedürfen deines lichtes / o kind. da wir in dunkelheit gehen / erhelle unsere pfade. dein licht leuchte vor uns / dein feuer erwärme die kälte unseres lebens. wir bedürfen nicht deiner macht / sondern des lebens.

Was fromt uns macht: wir woll- nicht herrsch-. wir woll- leb-/ wir woll- das licht u- die wärme/ u- darum be-
dürf- wir dein-. wie die grünende erde u- jeglich- lebende körp- d- sonne bedarf/ so bedürf- wir als geist- deines
lichtes u- dein- wärme. ein sonn-loser geist wird z- schmarotz- d- körpers. d- gott ab- nährt d- geist.

çatapatha-brâhmaṇam 2,2,4.

die eröffnung des eies. cap. XI.

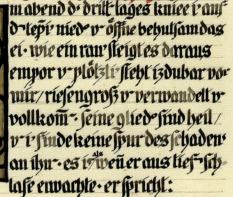

Am abend d' dritt' tages kniee i' auf d' tepi' nied' v' öffne behutsam das ei. wie ein rau' steigt es daraus empor v' plötzl' steht izdubar vor mir/ riesengroß v' verwandelt v' vollkom'. seine glied' sind heil/ v' i' finde keine spur des schaden' an ihm. es i' weñ er aus tief' schlafe erwachte. er spricht:

Wo bin i'? wie eng i' es hi' – wie dunkel – wie kühl – bin i' im grabe? wo war i'? es schi' mir/ als sei i' drauß' im weltall gewes' – üb' v' unt' mir unendlich' schwarz' sternfunkelnd' himel – i' war in unsagbar sehnend' gluth –

feu'ströme brach' aus mein' strahlend' körp' –

i' selb' wogte in lodernd' flam' –

i' selb' schwam̃ im eng an mi' gepreßt' mere lebensvoll' feuers –

ganz licht/ ganz sehnsucht/ ganz ewigkeit –

uralt v' ewig mi' erneuernd –

vom höchst' ins tiefste fallend v' vom tiefst' ins höchste leuchtend emporgewirbelt –

in glühend' wolk' um mi' selb' schwebend –

als glutreg' wie gischt d' brandung niederprasselnd/ mi'

selber heiß überfluthend –
in unermeßlichem spiel mit selber umarmend und
abstoßend –
wo war ich? ich war ganz sonne.

ich: o Izdubar! göttlicher! welches wunder! du bist geheilt!

geheilt? war ich jemals krank? wer spricht von krankheit? ich war sonne/ ganz sonne. ich bin die sonne.

ein unaussprechliches licht bricht aus seinem körper/ ein licht/ das meine augen nicht fassen können. ich muß mein gesicht verhüllen und berge es am boden.

ich: du bist die sonne/ das ewige licht – vergieb/ mächtigster/ daß meine hand dich trug.

es ist alles still und dunkel. ich blicke um mich: auf dem teppich liegt die leere schale eines eies. ich betaste mich/ den boden/ die wände: es ist alles/ wie es immer war/ ganz einfach und ganz wirklich. ich möchte sagen: alles um mich sei zu gold geworden. aber es ist nicht wahr – es ist alles/ wie es immer gewesen ist. hier fluthet das ewige licht/ unermeßlich und übergewaltig.

es geschah/ daß ich das ei öffnete/ und daß der gott das ei verließ. er war heil und leuchtete in verwandelter gestalt/ und ich kniete wie ein kind und konnte das wunder nicht fassen. er/ der zusammengepreßt lag im gehäuse des anfangs/ stieg empor/ und keine spur der krankheit war an ihm zu finden. und als ich wähnte/ daß ich den starken gefangen hätte und in der hohlen hand berge/ da war er die sonne selber. ich wanderte nach osten zum aufgang der sonne. ich wollte wohl selber aufgehen/ wie wenn ich die sonne wäre. ich wollte wohl selber die sonne umfangen und mit ihr hinaufsteigen zum leuchtenden tage. er aber kam mir entgegen und vertrat mir den weg. von ihm mußte ich hören/ daß mir alle möglichkeit benommen sei/ zum aufgang zu gelangen. er aber/ der zum niedergange eilen wollte/ um mit der sonne in den schoß der nacht hinunterzusteigen/ wurde von mir gelähmt/ und es wurde ihm jede hoffnung genommen/ das selige westland zu erreichen. aber siehe! ich fieng mir die sonne/ ohne es zu wissen und trug sie in meiner hand. er/ der mit der sonne untergehen wollte/ fand durch mich seinen niedergang. ich selber wurde seine nächtige mutter/ die das ei des anfangs bebrütete. und er gieng auf/ erneuert/ wiedergeboren zu größerer herrlichkeit.

aber indem er aufgeht/ komme ich zum untergang. als ich den gott bezwang/ strömte seine kraft in mich. als aber der gott im ei ruhte und seines anfangs harrte/ da gieng meine kraft in ihn. und als er strahlend emporstieg/ da lag ich auf meinem angesicht. er nahm mein leben mit sich. all meine kraft war mit ihm. meine seele schwamm wie ein fisch in seinem feuermeere. mein menschliches aber lag in der schaurigen kühle des erdschattens und sank tiefer und tiefer zur untersten dunkelheit hinab. alles licht war von mir gegangen. der gott stieg empor im ostlande und mein ich fiel hinunter zum grauen der unterwelt. wie eine gebärerin grausam zerrissen und blutend ihr leben hinüberhaucht in das geborene und in sterbendem blicke tod und leben einigt/ so lag ich/ die mutter des tages/ eine beute der nacht. mein gott hat mich grausam zerrissen/ meines lebens säfte hat er getrunken/ meines lebens höchste kraft trank er in sich und wurde herrlich und stark wie die sonne/ ein heiler gott/ an dem kein makel und keine fehle ist. meine flügel hat er mir genommen/ die schwellkraft meiner muskeln hat er mir geraubt/ die macht meines willens schwand mit ihm. mir ließ er ohnmacht und stöhnen.

Ich wusste nicht, wie mir geschah, denn eben war alles Mächtige, Schöne, Glückselige, Übermenschliche aus meinem mütterlichen Schoss entwichen, nichts blieb mir vom strahlenden Golde. Grausam und undankbar breitete der Sonnenvogel seine Schwingen und flog empor zu unermesslichen Räumen. Zerbrochene Schale, das jämmerliche Gehäuse seines Anfangs blieb mir, und die Leere der Tiefe öffnete sich unter mir.

Wehe der Mutter, die einen Gott gebiert! Gebiert sie einen wunden und schmerzensvollen Gott, so wird ein Schwert ihre Seele durchdringen. Gebiert sie aber einen heilen Gott, so wird sich ihr die Hölle öffnen, daraus sich die Schlange ungeheuer hervorwälzen, welche die Mutter mit Pesthauch ersticken. Die Geburt ist schwer, tausendmal schwerer aber die höllische Nachgeburt. Hinter dem göttlichen Sohne kommen alle Drachen und Schlangenmonstren der ewigen Leere.

Was bleibt von der menschlichen Natur, wenn der Gott reif geworden und alle Kraft an sich gerissen hat? Alles Untüchtige, alles Abkräftige, alles ewig Gemeine, alles Leere, alles Abholde und Ungünstige, alles Widerstrebende, Verkleinernde, Vernichtigende, alles Widersinnige, alles, was die unergründliche Nacht des Stoffes in sich schliesst. Das ist des Gottes Nachgeburt und sein höllischer Bruder scheusslicher Missgestalt.

Der Gott leidet, wenn der Mensch seiner Finsterniss nicht auf sich nimmt. Darum müssten die Menschen einen leidenden Gott haben, solange sie am Bösen litten. Am Bösen leiden heisst: dass du das Böse noch liebst und doch nicht mehr liebst. Du versprichst dir noch etwas davon, willst aber nicht hinsehen, aus Angst, du könnest entdecken, dass du das Böse doch noch liebst. Darum leidet der Gott, weil du noch das Böse liebend daran leidest, nicht weil du das Böse anerkennen musst, leidest du daran, sondern weil es dir noch ein geheimes Vergnügen macht, und weil es dir irgendeine Lust bei irgendeiner unbekannten Gelegenheit zu versprechen scheint.

Solange dein Gott leidet, hast du Mitleid mit ihm und mit dir, damit schonst du deine Hölle und verlängerst sein Leiden. Wenn du ohne geheimes Mitleid mit dir ihn gesund machen willst, so fällt dir das Böse in den Arm, dessen Dasein du wohl allgemein anerkennst, dessen höllische Stärke in dir selber du aber nicht kennst. Deine Unwissenheit über das Böse rührt her von der bisherigen Harmlosigkeit deines Lebens, der Ruhe der Zeitläufte und der Abwesenheit des Gottes. Wenn sich aber der Gott nähert, dann geräth dein Wesen in Wallung und der schwarze Schlamm der Tiefe wirbelt empor.

Der Mensch steht zwischen Voll und Leer. Wenn seine Kraft sich mit dem Vollen verbindet, so wirkt sie im Vollen gestaltend. Diese Gestaltung ist immer irgendwie gut. Wenn seine Kraft sich mit dem Leeren verbindet, so wirkt sie dadurch auflösend und zerstörend, indem das Leere nie gestaltet werden kann, sondern sich nur auf Kosten des Vollen zu sättigen trachtet. So verbunden macht die menschliche Kraft das Leere zum Bösen. Wenn deine Kraft das Volle gestaltet, so thut sie das vermöge ihrer Verbindung mit dem Vollen. Damit aber deine Gestaltung erhalten bleibe, ist es nothwendig, damit deine Kraft damit verbunden bleibe. Durch beständige Gestaltung verlierst du allmählig deine Kraft, indem schliesslich alle Kraft mit dem Gestalteten verbunden wird. Am Ende, wo du reich zu sein wähnst, bist du arm geworden und stehst wie ein Bettler inmitten deiner Gestaltungen. Das ist dann der Augenblick, wo der verblendete Mensch von vermehrter Sehnsucht der Gestaltung erfasst wird, denn er meint, durch vielfach vermehrtes Gestalten könne seine Sehnsucht gesättigt werden. Weil seine Kraft zu Ende ist, wird er begehrlich, und er fängt an, andere in seinen Dienst zu zwingen und nimmt deren Kraft, um das Seine zu gestalten. In diesem Augenblick brauchst du das Böse. Du musst nämlich, wenn du merkst, dass deine Kraft zu Ende geht und das Begehren anfängt, sie aus der Gestaltung in deine Leere zurückziehen, und durch diese Verbindung mit dem Leeren gelingt es dir, die Gestaltung in dir aufzulösen. Damit gewinnst du die Freiheit wieder zurück, indem du deine Kraft von der drückenden Verbindung mit dem Gegenstande erlösest. Solange du auf dem Standpunkt des Guten verharrst, kannst du deine Gestaltung nicht auflösen, denn sie ist eben dein Gutes. Du kannst Gutes mit Gutem nicht auflösen. Du kannst das Gute nur mit dem Bösen auflösen. Denn auch dein Gutes führt dich schliesslich zum Tode durch fortschreitende Bindung deiner Kraft. Du kannst ohne das Böse überhaupt nicht leben.

Dein Gestalten schafft zuerst ein Bild deiner Gestaltung in dir selber. Dieses Bild bleibt in dir und ist der erste und unmittelbare Ausdruck deines Gestaltens. Dann schafftest du durch eben dieses Bild ein Äußeres, das ohne dich bestehen und dich überdauern kann. Deine Kraft ist nicht unmittelbar an deine äußeren Gestalten geknüpft, sondern nur durch das Bild, das in dir bleibt. Wenn du daran gehst, mit dem Bösen deine Gestalten aufzulösen, so zerstörst du nicht die äußeren Gestalten, sonst würdest du ja dein eigenes Werk vernichten, sondern du zerstörst nur das Bild, das du in dir gestaltet hast. Denn es ist dieses Bild, das deine Kraft festhält. In dem Maße, indem dieses Bild deine Kraft fesselt, in demselben Maße wirst du auch des Bösen bedürfen, um deine Gestalten aufzulösen und dich selber von der Macht des Gewesenen zu befreien.

Darum sind viele Gute, die sich an ihren Gestalten verbluten, weil sie sich nicht in demselben Maße auch des Bösen annehmen können. Je besser einer ist und je mehr er deshalb an seinen Gestalten hängt, desto mehr wird er seine Kraft verlieren. Was geschieht aber, wenn der Gute seine Kraft gänzlich an seine Gestalten verloren hat? Nicht nur wird er versuchen, andere Menschen mit unbewußter List und Gewalt in den Dienst seiner Gestalten zu zwingen, sondern er wird auch, ohne es zu wissen, schlecht in seinem Guten, denn seine Sehnsucht nach Sättigung und Kräftigung wird ihn mehr und mehr selbstisch machen. Dadurch aber zerstört der Gute schließlich sein eigenes Werk, und alle die, die er zum Dienste seines Werkes zwang, werden seine Feinde werden, weil er sie ihnen selber entfremdet hat. Wer aber dich dir selber entfremdet, und wäre es im Dienste der besten Sache, den wirst du, auch gegen deinen eigenen Wunsch, heimlich zu hassen anfangen. Der Gute, der seine Kraft gebunden hat, wird es leider allzuleicht, Sklaven für seinen Dienst zu finden, denn es giebt nur zu viele, die sich nichts sehnlicher wünschen, als sich selber entfremdet zu werden unter einem guten Vorwand.

Du leidest am Bösen, weil du es im Geheimen und dir selber nicht bewußt liebst. Dem möchtest du entgehen und du fängst an, das Böse zu hassen. Und wiederum bist du durch deinen Haß an das Böse gebunden, denn ob du es liebst oder hassest, bleibt für dich dasselbe: du bist an das Böse gebunden. Das Böse ist anzunehmen. Was wir wollen, bleibt in unserer Hand. Was wir nicht wollen, und der stärker ist als wir, reißt uns mit, und wir können es nicht anhalten, ohne uns selber zu schädigen. Denn unsere Kraft bleibt dann doch im Bösen. Also müssen wir unser Böses wohl annehmen, ohne Liebe und ohne Haß, anerkennend, daß es da ist und seinen Antheil am Leben haben muß. Dadurch nehmen wir ihm die Kraft, uns zu überwältigen.

Wenn es uns gelungen ist, einen Gott zu schaffen, und wenn durch diese Schöpfung unsere ganze Kraft in diese Gestalten eingegangen ist, dann packt uns übermächtige Sehnsucht, mit dem göttlichen Sohne emporzusteigen und seiner Herrlichkeit theilhaft zu werden. Wir vergessen aber, daß wir dann nichts mehr sind als hohle Form, indem die Gestalten des Gottes all unsere Kraft an sich gerissen hat. Wir sind nicht nur arm, sondern durchaus fauler Stoff geworden, dem es nie zukäme, an der Göttlichkeit theil zu nehmen. Wie ein furchtbares Leiden oder eine unentrinnbare teuflische Verfolgung beschleicht uns die Armseligkeit und Bedürftigkeit unseres Stoffes. Der ohnmächtige Stoff fängt an zu saugen und möchte sein Gebilde wieder in sich schlucken. Da wir aber immer in unsere Gestalten verliebt sind, so glauben wir, der Gott rufe uns zu sich, und wir machen verzweifelte Anstrengungen, dem Gotte in den höhern Raum zu folgen, oder wir wenden uns predigend und fordernd an unsere Mitmenschen, um wenigstens andere zur Gefolgschaft des Gottes zu zwingen. Leider giebt es Menschen, die sich dazu gerne überreden lassen, zu ihrem und unserem Schaden. Es ist viel Verhängniß in diesem Drange: denn wer könnte es ahnen, daß er, der den Gott geschaffen, selber zur Hölle verdamt sei? Und doch ist dem so, denn der Stoff, der des göttlichen Glanzes der Kraft entkleidet ist, ist leer und finster. Ist der Gott dem Stoff entstiegen, dann fühlen wir die Leere des Stoffes als eines Theiles des unendlichen leeren Raumes. Durch Hast und vermehrtes Wollen und Thun wollen wir der Leere und also dem Bösen entrinnen. Aber der richtige Weg ist, daß wir die Leere annehmen, das Bild der Gestalten in uns zerstören, den Gott verneinen und ins Abgründige und Abscheuliche des Stoffes hinuntersteigen. Der Gott als unser Werk steht außer uns und bedarf unserer Hilfe nicht mehr. Er ist geschaffen und bleibt sich selber überlassen. Ein geschaffenes Werk, das alsbald wieder untergeht, wenn wir uns von ihm abwenden, taugt nicht, und wenn es ein gott wäre.

Wo abº is~ den dº gott na' seinº erschaffg u~ na' seinº lostrenng von mir? wen du ein haus erbaus / dan siehs du es steh~ in dº äußern welt. wen du ein~ gott erschaff~ has / d~ du nicht mit leiblich~ aug~ siehs / dan is~ er in dº geistig~ welt / die nicht geringº is~ als die äußere wirkliche welt. er is~ dort u~ wirkt für di~ u~ andere alles / was du von ein~ gotte erwart~ kanst. so is~ deine sele dem eigenes selbs~ in dº geistig welt. die geistige welt abº is~ als dº wohnort dº geistº au~ eine äußere welt. wie du au' nicht allein bis~ in dº sichtbar~ welt / sondern umgeb~ von d~ geg~stand~ / die dir gehör~ u~ nur dir gehorch~ / so has~ du au' gedank~ / die dir gehör~ u~ nur dir gehorch~. wie du abº au' in dº sichtbar~ welt von ding~ u~ wes~ umgeb~ bis~ / die wedº dir gehör~ / noº dir gehorch~ / so bis~ du au' in dº geistig~ welt von gedank~ u~ gedankwes~ umgeb~ / die wedº dir gehorch~ / noº dir gehör~. wie deine leiblich~ kindº von dir gezeugt odº aus dir gebor~ sind / aufwachs~ u~ si~ von dir tren~ / um ihr eigenes schicksal z' leb~ / so zeugs~ odº gebiers~ du au' gedankwes~ / die si~ von dir tren~ u~ ihr eigenes leb~ leb~. wie ein mens~ seine kindº läßt / wen er alt wird / u~ sein~ leib dº erde wiedº giebt / so trene i~ mi~ von mein~ gotte / dº sonne / u~ versinke in die leere des stoffes u~ lösche das bild meines kindes in mir aus. dieß geschieht / ind~ i~ die natur des stoffes annehme u~ die kraft meinº gestaltg in seine leere hineinfließ~ lasse. wie i~ dur~ meine zeugende kraft d~ krank~ gott erneuert wiedºgebar / so belebe i~ nun mehr das leere des stoffes / woraus die gestaltg des bös~ wächst.

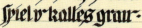

Natur i~ spieleris~ u~ schreckli~. die ein~ seh~ das spielerische u~ tändeln damit u~ laß~ es funkeln. die andern seh~ das grau~ u~ bedeck~ ihr haupt u~ sind mehr tot als lebendig. dº weg i~ nicht zwisch~ beid~ / sondern faßt beide in si~. er i~ heiteres spiel u~ kaltes grau~.

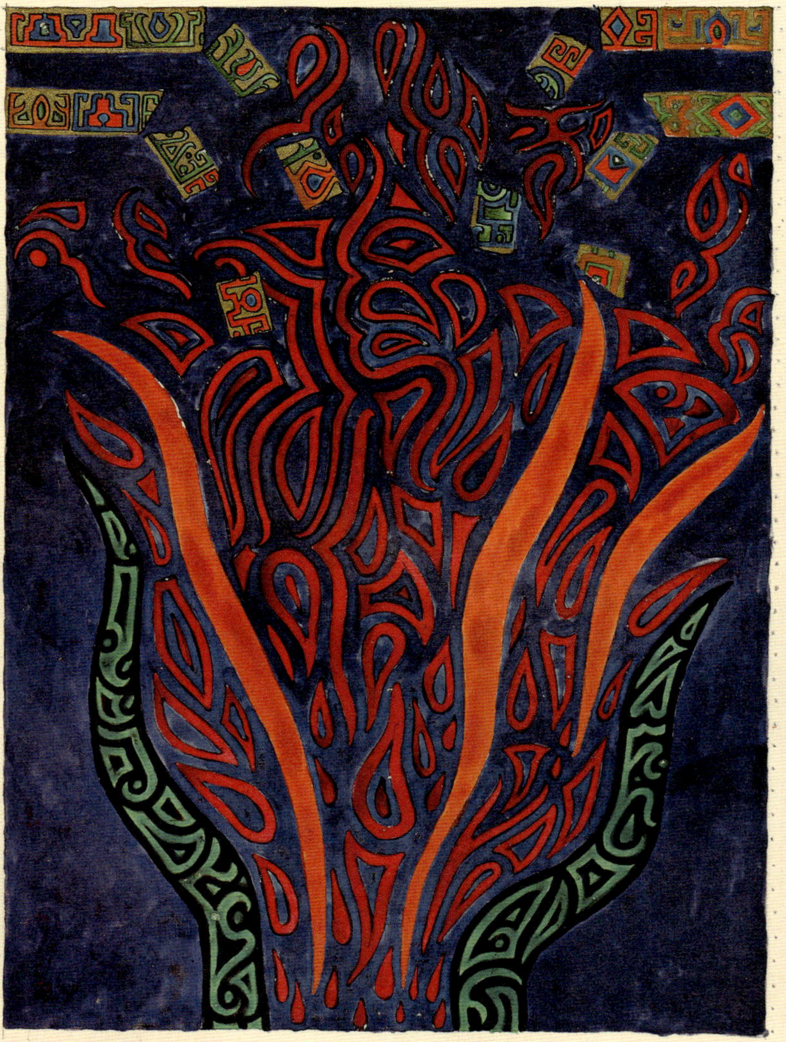

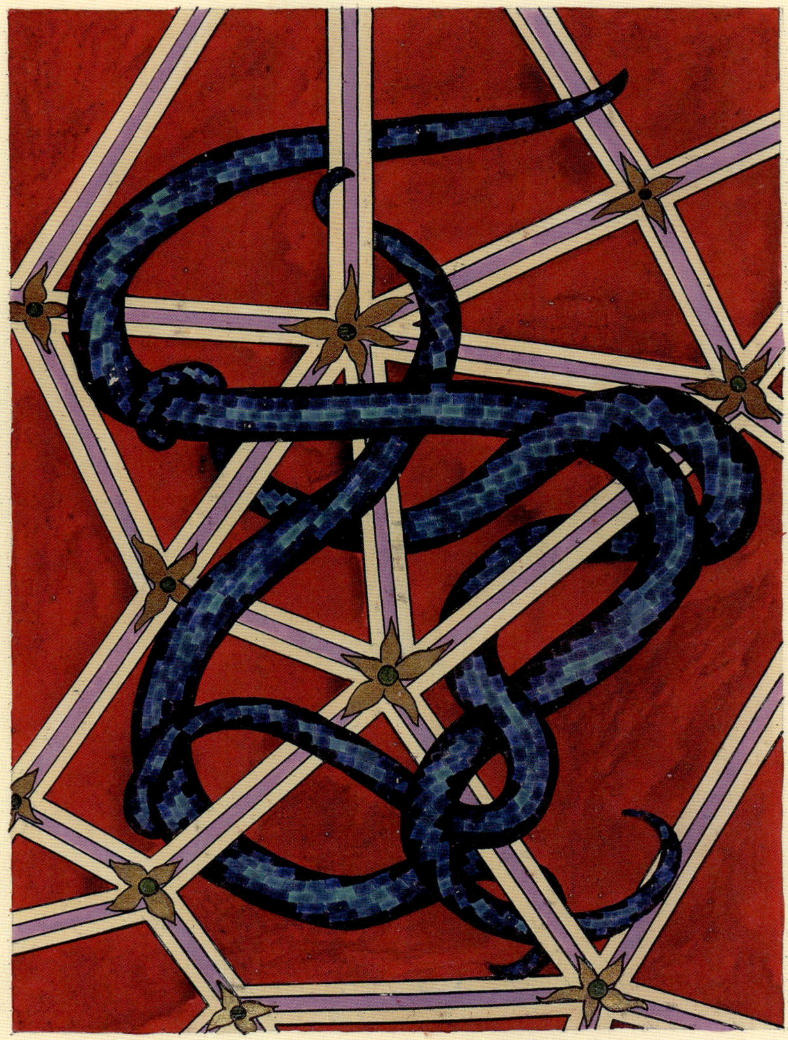

72

Die hoelle · cap · xii ·

In der zweiten nacht nach der erschaffung meines gottes that mir ein gesicht kund, dass ich die unterwelt erreicht hatte.

Ich befinde mich in einem düstern gewölbe, der boden besteht aus feuchten steinplatten. In der mitte steht eine säule, daran hängen taue und haken. Am fuss der säule liegt ein furchtbar schlangenhaftes gewirr menschlicher körper. Zuerst sehe ich die gestalt eines jungen mädchens mit wunderbar goldrothem haar, halb unter ihr liegt ein mann von teuflischem aussehen, sein kopf ist zurückgebeugt, ein dünner blutstreifen rinnt über seine stirne, über die füsse und den körper des mädchens haben sich noch zwei ähnliche daemonen geworfen. Ihre gesichter sind von unmenschlichem ausdruck, das lebendige böse, ihre muskeln sind straff und hart und ihre körper geschmeidig wie die von schlangen. Sie liegen regungslos. Das mädchen hält die hand über dem einen auge des unter ihr liegenden mannes, der der mächtigste der drei ist. Ihre hand umfasst starr eine kleine silberne fischangel, die sie in das auge des teufels getrieben hat. Der angstschweiss bricht mir aus allen poren: sie wollten das mädchen zu tode martern, sie wehrte sich mit der kraft der äussersten verzweiflung und es gelang ihr, mit dem kleinen haken das auge des bösen zu fassen. Wenn er sich bewegt, so wird sie ihm das auge mit einem letzten ruck ausreissen. Das entsetzen lähmt mich: was wird geschehen? Eine stimme spricht:

Der böse kann kein opfer bringen, er kann sein auge nicht opfern. Der sieg ist mit dem, der opfern kann.

çatapatha-brâhmanam 2,2,4.

Das gesicht verschwand. Ich sah, dass meine seele in die macht des abgrundtiefen bösen gefallen war. Die macht des bösen ist unzweifelhaft, mit recht also fürchten wir es. Hier hilft kein gebet, kein frommes wort, kein zauberspruch. Einmal kommt rohe gewalt an dich, und es ist nirgends hilfe. Einmal fasst dich das böse ohne erbarmen. Nicht vater, nicht mutter, nicht recht, nicht mauern und thürme, nicht panzer und schützende macht kommen dir zu hilfe. Sondern ohnmächtig und ganz allein fällst du in die hand der übermacht des bösen. In diesem kampfe bist du allein. Ich wollte meinen gott gebären, darum wollte ich auch das böse. Wer das ewig volle schaffen will, der wird sich auch das ewig leere schaffen. Du kannst das eine ohne das andere nicht. Willst du aber dem bösen entrinnen, so schaffst du keinen gott, sondern alles, was du thust, ist lau und grau. Ich wollte meinen gott auf gnade und ungnade. Darum will ich auch mein böses. Wäre mein gott nicht übermächtig, so wäre auch mein böses nicht übermächtig. Aber ich will, dass mein gott mächtig und über die massen herrlich und strahlend sei. Nur so liebe ich meinen gott. Um des glanzes seiner schönheit willen werde ich auch den grund der hölle schmecken. Mein gott stieg empor am östlichen himmel, heller als alle gestirne und führte einen neuen tag herauf über die völker. Darum mag ich zur hölle fahren. Wird nicht eine mutter ihr leben für ihr kind lassen? Wieviel eher werde ich mein leben dahingeben, wenn nur mein gott die qual der letzten stunde der nacht überwindet und siegreich durchbricht durch die rothen nebel des morgens. Ich zweifle nicht: ich will auch das böse um meines gottes willen. Ich nehme den ungleichen kampf auf, denn dieser kampf ist immer ungleich und von sicherer aussichtslosigkeit. Wie wäre dieser kampf sonst schrecklich und verzweifelt? Aber eben das soll und wird er sein.

Nichts ist dem bösen werthvoller als sein auge, denn nur vermöge seines auges kann das leere das strahlend volle fassen. weil das leere des vollen entbehrt, so giert es nach dem vollen und seiner leuchtenden kraft. und es trinkt sie mittels seines auges, welches die schönheit und den unbefleckten glanz des vollen zu erfassen vermag. das leere ist arm und hätte es das auge nicht, so wäre es hoffnungslos. es ersieht das schönste und will es in sich schlingen, um es zu verderben. der teufel weiss, was schön ist, darum ist er der schatten des schönen und folgt ihm überall, des augenblickes harrend, wo die schönheit, sich in wehen windend, dem gotte das leben geben möchte. wenn deine schönheit wächst, dann kriecht auch an dir der scheussliche wurm empor, seiner beute harrend. ihm ist nichts heilig ausser seinem auge, mit dem er das schönste ersieht. sein auge wird er nie lassen. er ist unverwundbar, aber nichts schützt sein auge, es ist zart und klar, geschickt, das ewige licht in sich zu trinken. er will dich, deines lebens hellrothes licht.

Ich erkenne das furchtbar teuflische menschlicher natur. ich bedecke davor meine augen. ich strecke meine hand abwehrend aus, wenn jemand sich mir nahen will, aus furcht, es könnte mein schatten auf ihn fallen, oder sein schatten falle auf mich, denn ich sehe auch das teuflische in ihm, den harmlosen gefährten seines schattens. niemand berühre mich, mord und schandthat lauern um dich und mich. du lächelst unschuldig, mein freund? siehst du nicht, dass ein leises zucken deines auges das furchtbare verräth, dessen ahnungsloser bote du bist? dein blutlechzender tiger knurrt leise, deine giftschlange zischt heimlich, während du, nur deiner güte bewusst, deine menschliche hand mir zum grusse bietest. ich kenne deinen und meinen schatten, der hinter uns geht und mit uns kommt und nur der stunde der dämmerung harrt, wo er mit allen daemonen der nacht dich und mich erwürgen wird.

Welcher abgrund blutriefender geschichte trennt dich und mich! ich fasste deine hand und schaute dir ins menschliche auge. ich legte meinen kopf in deinen schooss und fühlte die lebenswärme deines körpers, der so mein eigen war, als ob es mein eigener körper wäre, und ich fühlte plötzlich eine glatte schnur um den hals, die erbarmungslos würgte, und ein grausamer hammerschlag schlug mir einen nagel in die schläfe. an den füssen schleppte man mich übers pflaster und wilde hunde frassen in der einsamen nacht an meinem körper.

Niemand soll sich wundern, dass die menschen einander so fern sind, dass sie einander nicht verstehen, dass sie einander bekriegen und tödten. man soll sich vielmehr wundern, dass die menschen glauben, einander nahe zu sein, einander zu verstehen und zu lieben. es sind zwei dinge noch zu entdecken. das erste ist der unendliche abgrund, der die menschen von einander trennt. das zweite ist die brücke, die zwei menschen mit einander verbinden könnte. hast du je bedacht, wieviel ungeahnte thierheit dir das zusammensein mit den menschen ermöglicht?

Khândogya-upanishad I, 2, 1–7.

Als meine seele in die hände des bösen fiel, war sie wehrlos bis auf die schwache angel, mit der sie den fisch ihrer kraft wieder aus dem meere des leeren heraufziehen konnte. das auge des bösen sog ein alle kraft meiner seele, nur ihr wille blieb ihr, welcher eben jener kleine angelhaken ist. ich wollte das böse, da ich sah, dass ich ihm doch nicht zu entrinnen vermochte. und weil ich das böse wollte, so hielt meine seele den kostbaren haken in der hand, der die verwundbare stelle des bösen fassen sollte. wer das böse nicht will, dem fehlt die möglichkeit, seine seele von der hölle zu erretten. er selber bleibt zwar im lichte der oberwelt, aber wird zum schatten seiner selbst. seine seele aber schmachtet im kerker der daemonen. damit ist ihm ein gegengewicht geschaffen, das ihn für immer beschränkt. die höhern kreise der innern welt bleiben ihm unerreichbar. er bleibt, wo er war, ja er geht zurück. du kennst diese menschen und du weisst, wie verschwenderisch die natur der menschen leben und Kraft auf unfruchtbare Wüsten verstreut. Du sollst es nicht beklagen, sonst wirst du ein Prophet und willst retten, was nicht gerettet sein soll. Weißt du nicht, daß die Natur ihre Felder auch mit Menschen düngt? Den Suchenden nimm auf, aber gehe nicht auf die Suche nach Irrenden. Was weißt du von ihren Irrthümern? Vielleicht ist er heilig. Du sollst das Heilige nicht stören. Schaue nicht zurück und bedauere nicht. Du siehst viele neben dir fallen? Du fühlst Mitleid? Du sollst aber dein Leben leben, dann bleibt von Tausend wenigstens einer übrig. Das Sterben hältst du nicht auf.

Warum aber riß meine Seele dem Bösen das Auge nicht aus? Das Böse hat viele Augen, eines verloren ist nichts verloren. Und hätte sie es gethan, so wäre sie dem Bösen ganz und gar verfallen. Der Böse kann nur nicht opfern. Du sollst ihn nicht beschädigen, vor allem nicht sein Auge, denn das Schönste wäre nicht, wenn es der Böse nicht sähe und darnach begehrte. Der Böse ist heilig.

Das Leere kann nichts opfern, denn es leidet immer Mangel. Nur das Volle kann opfern, denn es hat die Fülle. Das Leere kann seinen Hunger nach dem Vollen nicht opfern, denn es kann sein eigenes Wesen nicht verneinen. Deßhalb bedürfen wir auch des Bösen. Ich kann aber, weil ich die Fülle zuvor empfing, meinen Willen zum Bösen opfern. Alle Kraft strömt mir wieder zu, da der Böse mir das Bild der Gottesgestaltung zerstört hat. Noch war aber das Bild der Gottesgestaltung in mir nicht zerstört. Mir graut vor dieser Zerstörung, denn sie ist schrecklich, eine Tempelschändung ohne Gleichen. Alles sträubt sich in mir gegen das abgrundtief Abscheuliche. Denn noch wußte ich nicht, was es heißt: einen Gott gebären.

Der opfermord. cap: xiii.

Dieses aber war das gesicht / das ich nicht sehen wollte / das schreckniß / das ich nicht leben wollte:
ein krankes ekelgefühl beschleicht mich / widerwärtige heimtückische schlangen winden sich langsam und knisternd durch dürre büsche / hangen faul und volleklig schlafes / zu abscheulichen knoten geschlungen in den zweigen. ich sträube mich / dieses thal von langweiligen unansehnlicher gestalt zu betreten / wo die büsche in dürrsteinigen hang stehen: das thal sieht so gewöhnlich aus / seine luft wittert nach verbrechen / nach jeder übeln feigen that. mich fasst ekel und grauen. ich gehe zögernd über die geröllsteine jede dunkle stelle meidend / aus angst / auf eine schlange zu treten. die sonne blickt matt aus grauem / fernen himel / und alles laub ist dürr. da liegt vor mir in den steinen eine puppe mit zerbrochenem kopf / ein paar schritte weiter eine kleine schürze / und dort hinter dem busch — der körper eines kleinen mädchens / bedeckt mit schrecklichen wunden / blutbeschmiert / der eine fuß ist mit schuh und strumpf bekleidet / der andere nackt und blutig zerquetscht — der kopf — wo ist der kopf? — der kopf ist ein mit haar durchmischter blutbrei / mit weißlichen knochenstücken darin / ringsum sind die steine mit gehirnmasse und blut besudelt. mein blick ist vom gräßlichen gebannt. — da steht bei dem kinde eine verhüllte gestalt / wie die eines weibes / ruhig / das gesicht von einem undurchdringlichen schleier bedeckt. sie fragt mich:

S: was sagst du dazu?
I: was soll ich sagen? hier giebt es keine worte.
S: verstehst du das?
I: ich weigere mich / solches zu verstehen. ich kann nicht davon sprechen / ohne rasend zu werden.
S: warum solltest du rasend werden? du könntest jeden tag rasen / solange du lebst / denn solches und ähnliches geschieht auf der erde täglich.
I: aber der anblick fehlt uns meistens.
S: also das wissen darum genügt dir nicht / um rasend zu werden?
I: wenn ich etwas bloß weiß / so ist es allerdings leichter und einfacher. das furchtbare ist bei bloßem wissen weniger wirklich.
S: tritt näher / du siehst / der leib des kindes ist aufgeschnitten / nimm die leber heraus.
I: ich berühre diese leiche nicht. wenn mich jemand dabei anträfe / würde er denken / ich sei der mörder.
S: du bist feige / nimm die leber.
I: wozu soll ich das thun? das ist unsinn.
S: ich will / daß du die leber herausnimmst. du mußt es thun.
I: wer bist du / daß du meinst / mir solches befehlen zu können?
S: ich bin dieses kindes seele. du hast diese handlung für mich zu thun.
I: ich verstehe nichts / aber ich will dir glauben und das grauenhaft unsinnige thun.

Ich greife in die Leibeshöhle – sie ist noch warm / die Leber hängt fest / ich nehme mein Messer und schneide sie von den Bändern los. Dann nehme ich sie heraus und halte sie mit blutigen Händen der Gestalt hin.

S: Ich danke dir.

I: Was soll ich thun?

S: Du kennst die Bedeutung der Leber und sollst damit die heilige Handlung vollbringen.

I: Was soll es sein?

S: Nimm ein Stück anstelle der ganzen Leber und iss es.

I: Was verlangst du? Das ist fürchterlicher Wahnsinn – das ist Leichenschändung / Leichenfrass. Du machst mich zum schuldigen Theilnehmer an diesem furchtbarsten aller Verbrechen.

S: Du hast in Gedanken die schrecklichste Qual für den Mörder ersonnen / mit der man seine That sühnen könnte. Es giebt nur eine Sühne: erniedrige dich selbst und iss.

I: Ich kann nicht / ich weigere mich / ich kann nicht theilhaben an dieser schrecklichen Schuld.

S: Du hast Theil an dieser Schuld.

I: Ich? Theil an dieser Schuld?

S: Du bist ein Mensch / und ein Mensch hat diese That vollbracht.

I: Ja / ich bin ein Mensch – ich verfluche ihn / dass er ein Mensch ist / und ich verfluche mich / dass ich ein Mensch bin.

S: Also – nimm Theil an seiner That / erniedrige dich und iss. Ich bedarf der Sühne.

I: So soll es sein um deinetwillen / die du die Seele dieses Kindes bist.

Ich kniee nieder in die Steine / schneide ein Stück von der Leber ab und stecke es in den Mund. Meine Eingeweide würgen sich in den Hals empor / Thränen brechen mir aus den Augen / kalter Schweiss bedeckt meine Stirn / ein fader süsslicher Blutgeschmack / ich schlucke mit verzweifelten Anstrengungen / es geht nicht – noch einmal und noch einmal – mir wird fast ohnmächtig – es ist geschehen. Das Furchtbare ist vollbracht.

S: Ich danke dir.

Sie schlägt ihren Schleier zurück – ein schönes Mädchen mit rothblonden Haar.

S: Erkennst du mich?

I: Wie seltsam bekannt du mir bist! Wer bist du?

S: Ich bin deine Seele.

Das Opfer ist vollbracht: Das göttliche Kind / das Bild der Gottesgestaltung ist erschlagen und ich habe vom Opferfleisch gegessen. Im Kinde / im Bilde der Gottesgestaltung lag nicht nur mein menschliches Sehnen / sondern auch all das urthümliche und urkräftige eingeschlossen / das die Söhne der Sonne als unverlierbares Erbtheil besitzen. All dessen bedarf der Gott zu seinem Entstehen. Wenn er aber geschaffen ist und in die unendlichen Räume enteilt / dann bedürfen wir des Sonnengoldes wieder. Wir müssen uns selber wieder herstellen. Wie aber die Schaffung des Gottes eine schöpferische That höchster Liebe ist / so bedeutet die Wiederherstellung unseres menschlichen Lebens eine That des Untern. Dies ist ein grosses und dunkles Geheimniss. Der Mensch kann aus sich selber allein diese That nicht vollbringen / dazu hilft ihm der Böse / der es anstelle des Menschen thut. Aber der Mensch muss seine Mitschuld an der That des Bösen erkennen. Er muss diese Erkenntniss bezeugen / indem er vom blutigen Opferfleische isst. Durch diese Handlung bekundet er / dass er ein Mensch sei / dass er das Böse anerkenne wie das Gute und dass er durch die Zurückziehung seiner Lebenskraft das Bild der Gottesgestaltung zerstöre / womit er sich auch vom Gotte lossagt. Das geschieht zum Heile der Seele / welche die wahre Mutter des göttlichen Kindes ist. meine seele war/ als sie den gott trug und gebar/ durchaus menschlicher natur/ indem sie zwar die urkräfte seit alters in sich besass/ aber in schlafendem zustande. sie floss ohne mein zuthun in die gottesgestalt ein. durch den opfermord aber nahm ich die urkräfte wieder in mich zurück und fügte sie meiner seele hinzu. da die urkräfte eingegangen waren in eine lebendige form/ sind sie zu eigenem leben erwacht. wenn ich sie nunmehr zurücknehme/ so sind sie nicht mehr schlafenden zustands/ sondern wach und thätig und strahlen den glanz ihres göttlichen wirkens in meine seele. dadurch empfängt sie eine göttliche eigenschaft/ die über ihre menschliche eigenschaft hinausreicht. darum gereicht das essen des opferfleisches zu ihrem heile. das haben uns auch die alten gezeigt/ indem sie uns lehrten/ des erlösers blut zu trinken und sein fleisch zu essen. die alten glaubten/ dass dies der seele zum heil gereiche.

Es giebt nicht viele wahrheiten/ sondern nur wenige/ ihr sinn ist zu tief/ als dass man sie anders erfassen könnte als im symbol.

Ein gott/ der nicht stärker ist als die menschen/ was ist er? ihr sollt die göttliche angst noch schmecken. wie wollt ihr des weines und des brotes würdig geniessen/ wenn ihr nicht den schwarzen grund menschlichen wesens berührt habt? darum seid ihr laue und fade schatten/ heilfroh eurer seichten küsten und breiten landstrassen. es werden aber schleussen geöffnet werden/ es giebt unaufhaltsame dinge/ von denen euch nur der gott rettet.

Die urkraft ist sonnenglanz/ den die söhne der sonne seit aeonen in sich tragen und ihren kindern vererben. wenn aber die seele in den glanz taucht/ so wird sie unerbittlich wie der gott selber/ denn das leben des göttlichen kindes/ das du gegessen hast/ wird in dir sein wie glühende kohlen. es ist wie ein schreckliches nie verlöschendes feuer. aber trotz aller qual kannst du nicht davon lassen/ denn es lässt nicht von dir. daraus wirst du erkennen/ dass dein gott lebt/ und dass deine seele begonnen hat/ auf unerbittlichen pfaden zu wandeln. du fühlst/ dass das feuer der sonne in dir entbrannt ist. dir ist etwas neues hinzugefügt, eine heilige krankheit. bisweilen kennst du dich selber nicht mehr. du willst es bewältigen/ aber es bewältigt dich. du willst es in grenzen weisen/ aber es hält dich umschränkt. du willst ihm entkommen/ aber es kommt mit dir. du willst es anwenden/ aber du bist sein werkzeug/ du willst es ausdenken/ aber deine gedanken gehorchen ihm. schliesslich packt dich die angst vor dem unentrinnbaren/ denn langsam und unbezwingbar kommt es an dich heran. es giebt keinen ausweg/ daran wirst du erkennen/ was ein wirklicher gott ist. nun ersinnst du kluge allerweltsworte/ vorbeugende maassnahmen/ geheime auswege/ ausflüchte/ vergessenheitstränke aller art/ aber es ist alles nutzlos. das feuer durchglüht dich. das lenkende zwingt dich auf den weg.

Der weg aber ist mein eigenstes selbst/ mein eigenes auf mich gegründetes leben. der gott will mein leben. er will mit mir gehen/ mit mir zu tische sitzen/ mit mir arbeiten. er will immer und überall gegenwärtig sein. ich schäme mich aber meines gottes. ich möchte nicht göttlich/ sondern vernünftig sein. das göttliche erscheint mir als vernunftloser wahn. ich hasse es als sinnlose störung meiner sinnvollen menschlichen thätigkeit. es erscheint mir wie eine ungehörige krankheit/ die sich in den geregelten verlauf meines lebens eingeschlichen hat. ja/ ich finde das göttliche überhaupt überflüssig.

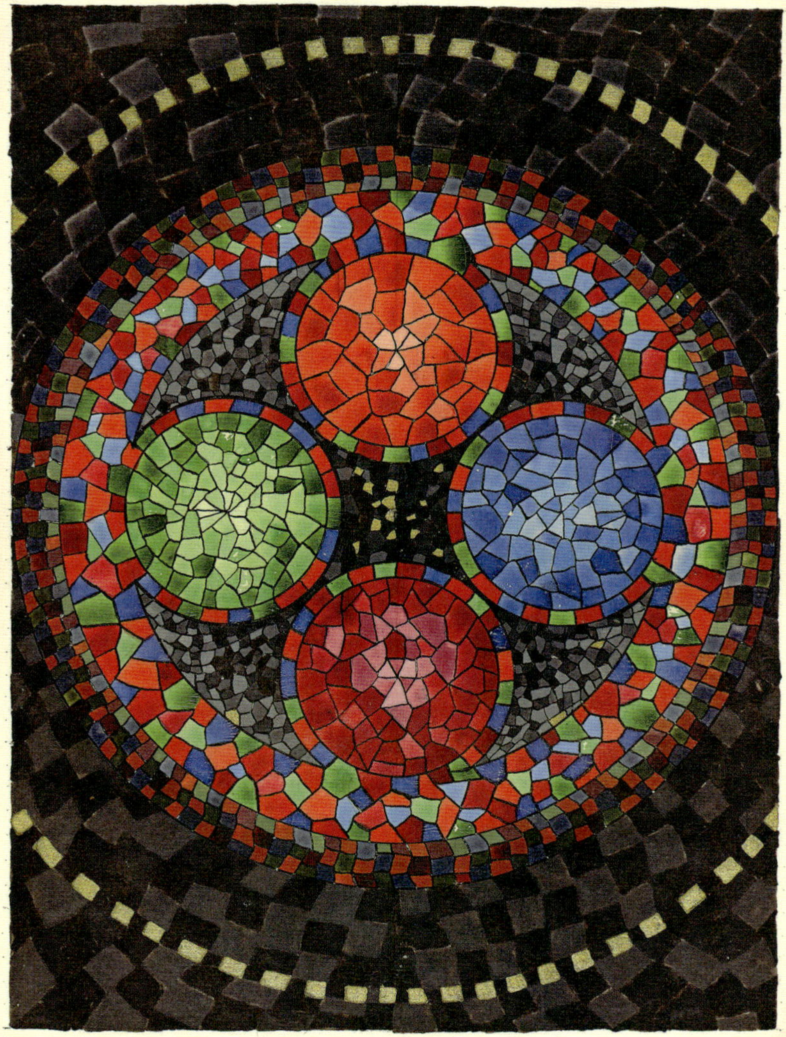

82

21 VIII 1917
fecit 14 X 17.

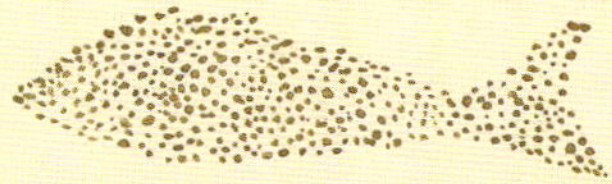

92

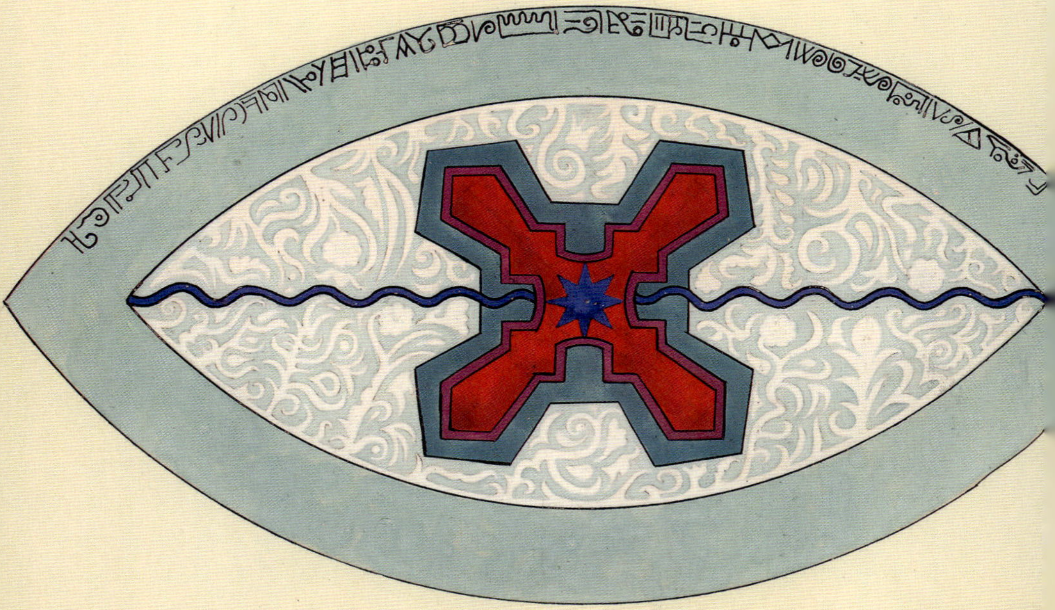

2 XII 17

96

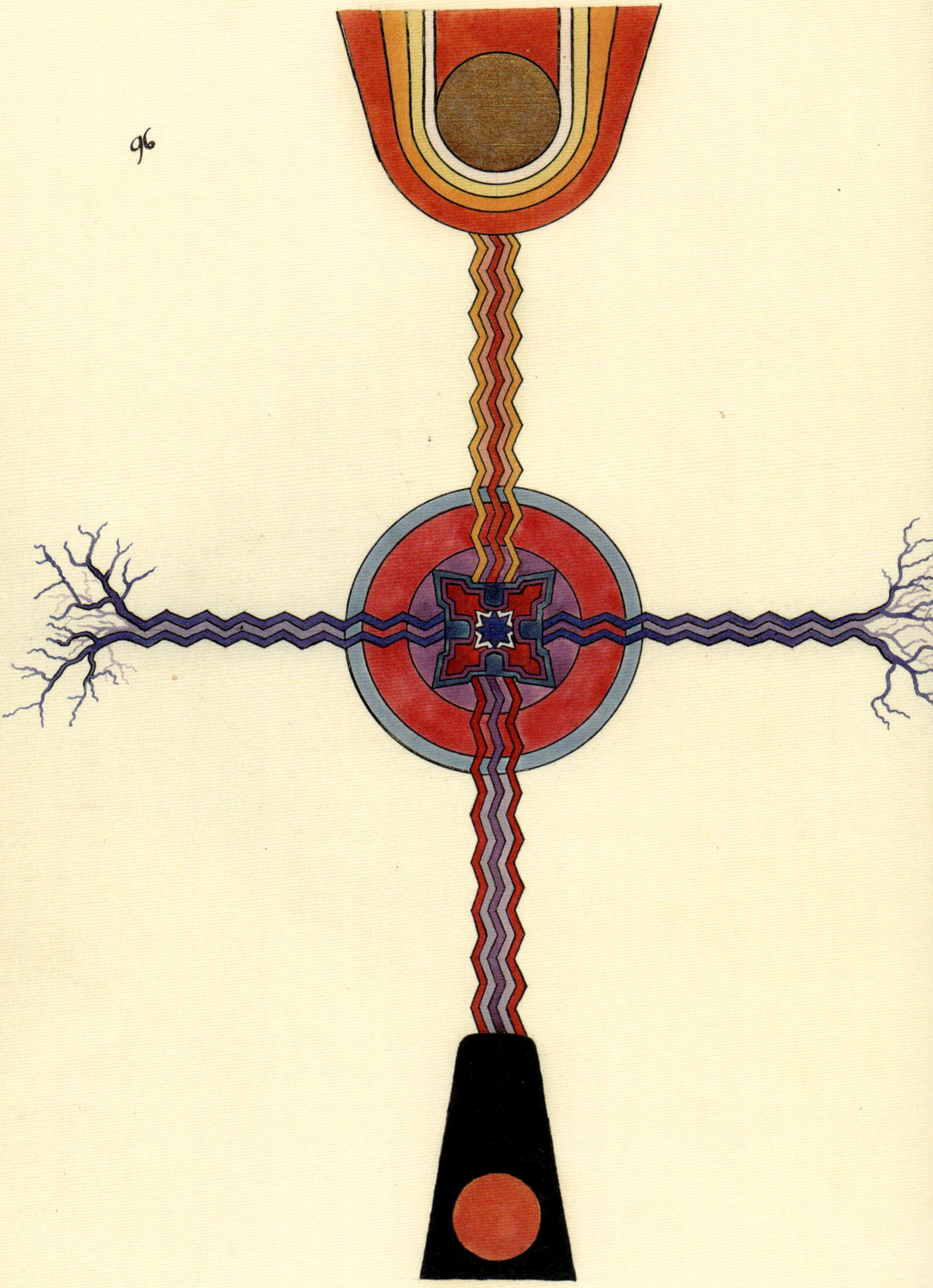

Die göttliche narrheit.

cap. XIV.

Ich stehe in einer hohen halle. vor mir sehe ich einen grünen vorhang zwischen zwei säulen. der vorhang öffnet sich leise. ich sehe in einen wenig tiefen raum mit nackten wänden, oben ein kleines rundes fenster mit bläulichem glase. ich setze meinen fuss auf die stufe, die zu diesem raum zwischen den säulen emporführt, und trete ein. rechts und links sehe ich eine thüre in der rückwand des raumes. es ist mir, als müsste ich zwischen rechts und links entscheiden.

Ich wähle rechts. die thüre ist offen, ich trete ein: ich bin im lesesaal einer grossen bibliothek. im hintergrund sitzt ein kleiner magerer mann von blasser gesichtsfarbe, offenbar der bibliothekar. die atmosphaere ist beschwerend – gelehrte ambition – gelehrten dünkel – verletzte gelehrteneitelkeit. ich sehe ausser dem bibliothekar niemand. ich trete zu ihm. er blickt von seinem buch auf und sagt:

Was wünschen sie?

ich bin etwas verlegen, denn ich weiss nicht, was ich eigentlich will: es fällt mir der Thomas a Kempis ein.

Ich möchte Thomas a Kempis: die nachfolge christi haben.

er sieht mich etwas erstaunt an, wie wenn er mir das nicht zugetraut hätte und legt mir einen bestellzettel hin zum eintragen. ich denke auch, dass es erstaunlich sei, gerade den Thomas a Kempis zu verlangen.

Wundert es sie, dass ich gerade den Thomas verlange?

Nun ja, das buch wird selten verlangt, und gerade bei ihnen hätte ich dieses interesse nicht erwartet.

Ich muss gestehen, ich bin von diesem einfall auch etwas überrascht. aber ich habe neulich einmal aus dem Thomas gelesen, die mir einen besondern eindruck gemacht hat, warum kann ich eigentlich nicht sagen. wenn ich mich recht erinnere, war es gerade das problem der nachfolge Christi.

Haben sie besondere theologische oder philosophische interessen oder —

Sie meinen wohl – ob ich es zur andacht lesen wolle?

Nun letzteres wohl kaum.

Wenn ich Thomas a Kempis lese, so geschieht dies eher zum zwecke der andacht oder etwas dem ähnlichen als aus wissenschaftlichem interesse.

Ja sind sie denn so religiös? das wusste ich gar nicht.

Sie wissen, dass ich die wissenschaft ausserordentlich hoch schätze, aber es giebt wahrhaftig augenblicke im leben, wo auch die wissenschaft uns leer und krank lässt. in solchen momenten bedeutet ein buch, wie das des Thomas mir sehr viel, denn es ist aus der seele geschrieben.

Aber etwas sehr altmodisch. wir können uns doch heutzutage nicht mehr auf christliche dogmatik einlassen.

Mit dem christenthum sind wir nicht ans ende gekommen, wenn wir es einfach weglegen. es scheint mir, als sei mehr daran, als wir sehen.

Was soll denn daran sein? es ist bloss eine religion.

Aus was für Gründen und zu welchem Alter legt man es denn weg? Wohl meistens zur Zeit des Studiums oder auch schon früher. Nennen Sie das eine besonders urtheilsfähige Zeit? Und haben Sie einmal die Gründe genauer untersucht, auf die hin man die positive Religion weglegt? Die Gründe sind meistens windig, z. B. weil der Inhalt des Glaubens mit der Naturwissenschaft oder mit der Philosophie zusammenstoße.

Das ist, wie ich finde, gar nicht etwa ein unbedingt zu verschmähender Gegengrund, obschon es noch bessere Gründe giebt. Der Mangel an Wirklichkeitssinn in der Religion halte ich z. B. direkt für einen Schaden. Übrigens ist jetzt auch reichlicher Ersatz geschaffen für den durch den Zerfall der Religion herbeigeführten Verlust an Gelegenheit zur Andacht. Nietzsche hat z. B. mehr als ein wahrhaftes Andachtsbuch geschrieben, vom Faust nicht zu reden.

Das ist meines Gewissens eine richtig. Aber besonders Nietzsche's Wahrheit ist mir zu unruhig und aufreizend, gut für solche, die noch zu befreien sind. Aber darum ist seine Wahrheit auch nur für solche gut. Wie ich in letzter Zeit glaube entdeckt zu haben, bedürfen wir aber auch einer Wahrheit für solche, die in die Enge zu gehen haben. Für solche ist eine depressive Wahrheit, welche den Menschen verkleinert und verinnerlicht, vielleicht mehr von nöthen.

Aber ich bitte, Nietzsche verinnerlicht doch den Menschen ganz außerordentlich.

Vielleicht haben Sie von ihrem Standpunkt aus recht, aber ich kann mich des Eindruckes nicht erwehren, daß Nietzsche durch sich selber zu denen spricht, denen mehr Freiheit noth thäte, nicht aber zu denen, die hart mit dem Leben zusammengestoßen sind und aus Wunden bluten, die sie sich an den Dingen der Wirklichkeit geholt haben.

Aber auch solchen Menschen giebt Nietzsche ein kostbares Gefühl der Überlegenheit.

Ich kann das nicht bestreiten. Aber ich kenne Menschen, die nicht der Überlegenheit, sondern der Unterlegenheit bedürfen.

Sie drücken sich sehr paradox aus. Ich verstehe Sie nicht. Unterlegenheit dürfte doch wohl kaum ein Desideratum sein.

Vielleicht verstehen Sie mich besser, wenn ich statt Unterlegenheit Ergebung sage, ein Wort, das man früher viel, neuerdings aber selten hört.

Es klingt auch sehr christlich.

Wie gesagt, am Christenthum scheint allerhand zu sein, was man vielleicht noch mitnehmen sollte. Nietzsche ist zu sehr Gegensatz. Die Wahrheit hält sich leider, wie alles Gesunde und Dauerhafte, mehr an den Mittelweg, den wir zu unrecht perhorrescieren.

Ich wußte wirklich nicht, daß Sie eine so vermittelnde Stellung einnehmen.

Ich auch nicht, meine Stellung ist mir nicht so ganz klar. Wenn ich vermittle, so vermittle ich jedenfalls in einer sehr eigenthümlichen Weise.

In diesem Augenblick bringt der Diener das Buch, und ich verabschiede mich vom Bibliothekar.

Das Göttliche will mit mir leben. Meine Abwehr ist vergebens. Ich fragte mein Denken und es sprach: „Nimm dir ein Vorbild, das dir zeigt, wie das Göttliche zu leben ist." Unser natürliches Vorbild ist der Christus. Wir stehen seit alters unter seinen Gesetzen, zuerst äußerlich und dann innerlich. Zuerst wußten wir es, und dann wußten wir es nicht mehr. Wir kämpften gegen den Christus, wir setzten ihn ab und kamen uns vor als Überwinder. Er aber blieb in uns und beherrschte uns. Besser man sei in sichtbare Fesseln geschlagen als in unsichtbare. Du kannst wohl den Christum lassen, aber er läßt dich nicht. Deine Befreiung von ihm ist Wahn. Christus ist der Weg. Du kannst wohl abwegs laufen, aber dann bist du nicht mehr auf dem Wege. Der Weg des Christus endet am Kreuze. Darum sind wir mit ihm in uns selber gekreuzigt. Mit ihm erwarten wir unsere Auferstehung bis zum Tode. Mit Christus erlebt der Lebendige keine Auferstehung, es sei denn, daß es ihm nach dem Tode geschähe.

Wenn ich Christum nachfolge, so ist er mir immer voran, und ich kann nimmer zum Ziele gelangen, es sei denn in ihm. So aber komme ich außer mir und außer der Zeit, in der und durch die ich so bin, wie ich bin. Und gerathe dagegen in den Christus und in seine Zeit, die ihn so und nicht anders geschaffen hat. Und so bin ich aus meiner Zeit heraus, obschon mein Leben in dieser Zeit ist, und ich bin gespalten zwischen dem Leben des Christus und meinem Leben, das eben zu dieser gegenwärtigen Zeit gehört. Soll ich aber Christum wahrhaft verstehen, so muß ich einsehen, wie der Christus wirklich nur sein eigenstes Leben gelebt hat und niemand nachgefolgt ist. Er hat kein Vorbild nachgeahmt. Wenn ich daher Christum wahrhaft nachfolge, so folge ich niemandem nach, ahme niemanden nach, sondern gehe auf meinen eigenen Wegen, auch werde ich mich keinen Christen mehr nennen. Zuerst wollte ich den Christum nachahmen, ihm nachfolgen, indem ich zwar mein Leben, aber unter Beobachtung seiner Gebote leben wollte. Eine Stimme in mir empörte sich dagegen und wollte mich daran erinnern, daß auch diese meine Zeit ihre Propheten hätte, die gegen das sind, das die Vergangenheit uns aufbürdete, sich sträubten. Und ich vermochte nicht, den Christum mit den Propheten dieser Zeit zu vereinigen. Der eine verlangt Tragen, der andere Abwerfen, der eine befiehlt Ergeben, der andere Wollen. Wie sollte ich diesen Widerspruch ausdenken, ohne dem einen oder dem andern Unrecht zu thun? Was ich nicht zusammendenken kann, läßt sich nacheinander wohl leben. Also beschloß ich hinüberzugehen in das niedere und gewöhnliche Leben, in mein Leben, und dort anzufangen, wo ich eben stand. Wenn das Denken zum Unausdenkbaren führt, dann ist es Zeit, zum einfachen Leben zurückzukehren. Was das Denken nicht löst, löst das Leben, und was das Thun nie entscheidet, ist dem Denken vorbehalten. Wenn ich auf der einen Seite zum Höchsten und Schwierigsten aufgestiegen bin und eine Erlösung zu noch Höherem erkämpfen will, so geht der wahre Weg nicht nach der Höhe, sondern nach der Tiefe, denn nur mein Anderes führt mich dann über mich selber hinaus. Das Annehmen des Andern aber bedeutet einen Abstieg in den Gegensatz, vom Ernsten ins Lächerliche, vom Traurigen ins Heitere, vom Schönen ins Häßliche, vom Reinen ins Unreine.

Nox secunda. Cap. XV.

Als ich die Bibliothek verlassen hatte, stand ich wiederum im Vorraum. Dieses Mal blicke ich zur Thüre links hinüber. Das kleine Buch habe ich in die Tasche gesteckt. Ich gehe zur Thüre; auch sie ist offen: dahinter eine große Küche, über dem Herd ein gewaltiger Rauchfang. Zwei lange Tische stehen in der Mitte des Raumes, daneben Bänke. An den Wänden stehen auf Regalen messingene und kupferne Pfannen und sonstige Gefäße. Am Herd steht eine große dicke Frau – offenbar die Köchin, mit einer carrierten Schürze. Ich begrüße sie, etwas erstaunt. Auch sie scheint verlegen zu sein. Ich frage sie:

Könnte ich mich ein bischen hier hereinsetzen? Es ist kalt draußen und ich muß auf etwas warten.

Bitte, nehmen Sie nur Platz.

Sie wischt den Tisch vor mir ab. Da ich nichts anderes zu thun weiß, hole ich meinen Thomas hervor und beginne zu lesen. Die Köchin ist neugierig und betrachtet mich verstohlen. Hie und da geht sie an mir vorbei.

Erlauben Sie, sind Sie vielleicht ein geistlicher Herr?

Nein, warum denken Sie das?

O ich dachte bloß so, weil Sie so ein kleines schwarzes Buch lesen. Ich hab' auch so eines von meiner Mutter selig noch.

So, was ist denn das für ein Buch?

Es heißt: die Nachfolge Christi. Es ist ein so schönes Buch. Ich bete oft abends drin.

Das haben Sie gut errathen, das ist auch die Nachfolge Christi, was ich da lese.

Das glaube ich nicht, so ein Herr wird doch so ein Büchlein nicht lesen, wenn Sie kein Pfarrer sind.

Warum soll ich es nicht lesen? Es thut mir auch gut, was Rechtes zu lesen.

Meine Mutter selig hat es noch bei sich gehabt auf dem Totbett, und sie hat es mir noch, bevor sie starb, in die Hand gegeben.

Während sie spricht, blättere ich zerstreut in dem Buche. Mein Blick fällt im 19ten Hauptstücke auf folgende stelle: „die gerechten bauen ihre vorsätze mehr auf die gnade gottes / auf die sie bei allem / was sie nur unternehmen / vertrauen / als auf ihre eigene weisheit." nun / denke ich / das ist die intuitive methode / die der Thomas empfiehlt. ich wende mich zur köchin:

Ihre mutter war eine kluge frau / sie hat wohl daran gethan / ihnen dieses buch zu hinterlassen.

Ja gewiss / es hat mich schon oft in schweren stunden getröstet / und man kann sich immer einen rath darin holen.

ich bin wieder in meine gedanken versunken: ich denke / man könne auch der eigenen nase nachgehen. auch das wäre intuitive methode. aber die schöne form / in der es der christ thut / dürfte doch wohl von besonderem werth sein. ich möchte wohl den christ nachahmen — — eine innere unruhe fasst mich — was soll werden? ein merkwürdiges rauschen und schwirren ertönt / und plötzlich braust es in den raum wie eine schar grosser vögel / mit rauschendem flügelschlag / wie schatten sehe ich viele menschengestalten an mir vorübereilen und ich höre aus vielfachem stimmengewirr die worte: „lasset uns anbeten im tempel." wohin eilt ihr? rufe ich. ein bärtiger mann mit wirrem haupthaar und düster leuchtenden augen bleibt stehen und wendet sich zu mir: „wir wandern nach Jerusalem / um am allerheiligsten grabe zu beten."

Nehmt mich mit.

Du kannst nicht mit / du hast einen körper. aber wir sind tote.

Wer bist du?

Ich heisse Ezechiel und bin ein wiedertäufer.

Wer sind die / mit denen du wanderst?

Das sind meine glaubensbrüder.

Warum wandert ihr denn?

Wir können nicht enden / sondern müssen wallfahren zu allen heiligen stätten.

Was treibt euch dazu?

Das weiss ich nicht. aber es scheint / wir haben noch immer keine ruhe / obschon wir im rechten glauben gestorben sind.

Warum habt ihr keine ruhe / wenn ihr doch im rechten glauben gestorben seid?

Es scheint mir immer / als wir mit dem leben nicht recht zu ende gekommen wären.

Merkwürdig — wieso das?

Es scheint mir / wir vergassen etwas wichtiges / das auch hätte gelebt werden sollen.

Und was wäre das?

Weisst du es?

er fasst bei diesen worten gierig und unheimlich nach mir / seine augen leuchten wie von innerer brunst.

Lass los / daemon / du hast dein thier nicht gelebt.

vor mir steht die köchin mit entsetztem gesicht / sie hat mich an den armen gefasst und hält mich fest: „Um gotteswillen" / ruft sie / „hilfe / was ist mit ihnen? ist ihnen schlecht?"

ich schaue sie verwundert an und besinne mich / wo ich eigentlich bin. aber schon stürzen fremde leute herein — da ist auch der herr bibliothecarius / erst grenzenlos erstaunt und bestürzt / dann malitiös lächelnd: „oh / das habe ich mir doch gedacht! schnell die polizei!"

ehe ich mich sammeln kann / werde ich durch einen menschenauflauf in einen wagen geschoben / ich halte mein Thomas noch fest in den händen und mir steigt die frage auf: „was sagt er jetzt wohl zu dieser neuen situation?" ich schlage das büchlein auf und mein blick fällt auf das 13te hauptstück / wo es heisst: „solange wir hier auf erden leben / können wir der versuchung nicht entgehen. es ist kein mensch so vollkommen / und kein heiliger so heilig / der nicht noch manchmal versucht werden könnte. ja / wir können ohne versuchung gar nicht sein."

weiser Thomas / du weisst wirklich immer eine passende antwort! das hat wohl der verrückte wiedertäufer nicht gewusst / sonst hätte er ruhig enden können. er hätte es auch bei Cicero lesen können: rerum omnium satietas vitae facit satietatem — satietas vitae tempus maturum mortis affert. diese erkenntniss hat mich offenbar mit der societät in conflict gebracht. rechts sitzt ein polizist und links sitzt ein polizist. „nun" / sagte ich zu ihnen / „jetzt können sie mich wieder laufen lassen." „das ken-

wir schon" sagte der eine lächelnd. „seien sie jetzt nur ganz ruhig" sagte der andere streng.
also: die fahrt geht offenbar ins irrenhaus. das ist wohl kostspielig. aber es scheint, dieser weg sei auch zu begehen. dieser weg ist nicht so ungewöhnlich, denn tausende unserer mitmenschen gehen ihn.

Wir sind angekommen, ein grosses thor, eine halle, ein freundlich-geschäftiger oberwärter, und jetzt auch zwei herren doctoren. der eine ist ein kleiner dicker herr professor.

Pr: was haben sie denn da für ein buch?

Das ist der Thomas a Kempis: die nachfolge Christi.

Pr: also eine religiöse wahnform, ganz klar, religiöse paranoia — sie sehen, mein lieber, die nachfolge Christi führt heutzutage ins irrenhaus.

Daran ist kaum zu zweifeln, herr professor.

Pr: der mann hat witz, offenbar etwas maniakalisch erregt. hören sie stimmen?

Und ob! heute war es eine ganze schaar von wiedertäufern, die durch die küche schwirrten.

Pr: nun da haben wir's ja. werden sie von den stimmen verfolgt?

Oh nein bewahre, ich suche sie auf.

Pr: aha, das ist wieder ein fall, der klar beweist, dass die hallucinanten die stimmen direct aufsuchen. das gehört in die krankengeschichte, wollen sie das, herr doctor, sofort notieren.

Gestatten sie, herr professor, die bemerkung: das ist durchaus nicht krankhaft, das ist vielmehr intuitive methode.

Pr: ausgezeichnet, der mann hat auch sprachneubildungen. — nun — die diagnose dürfte hinreichend geklärt sein. also, ich wünsche gute besserung und halten sie sich recht ruhig.

Aber herr professor, ich bin ja gar nicht krank, ich fühle mich ja ganz wohl.

Pr: sehen sie, mein lieber, sie haben noch keine krankheitseinsicht. die prognose ist natürlich schlecht, im besten fall defectheilung.

Oberwärter: darf der patient das buch behalten?

Pr: nun ja, es scheint ein unschädliches andachtsbuch zu sein.

nun werden meine kleider aufgeschrieben, dann kommt das bad, und jetzt werde ich auf die abtheilung gebracht. ich komme in einen grossen krankenraum, wo ich mich zu bett zu begeben habe. mein bettnachbar zur linken liegt regungslos mit versteinertem gesicht, der rechts scheint ein gehirn zu besitzen, das an umfang und gewicht abnimmt. ich geniesse vollendete ruhe. das problem des wahnsinns ist tief. der göttliche wahnsinn — eine erhöhte form der irrationalität des in uns aufströmenden lebens — immerhin wahnsinn, welcher der heutigen gesellschaft nicht einzugliedern ist — aber wie? wenn man die gesellschaftsform dem wahnsinn eingliederte? hier wird es dunkel und es ist kein ende abzusehen.

Die pflanze, die wächst, treibt einen schoss zur rechten, und wenn dieser völlig gebildet ist, so will der natürliche drang des wachsthums nicht über die endknospe hinaus weiter wachsen, sondern er fliesst zurück in den stamm, in die mutter des zweiges, im dunkeln und stammhaft einen unsichtbaren weg und findet zuletzt gerade die richtige stelle zur linken und treibt dort einen neuen schoss hervor. diese neue richtung des wachsthums ist aber der früheren ganz entgegengesetzt. und doch wächst die pflanze in dieser weise ebenmässig, ohne überspannung und störung des gleichgewichtes. zur rechten ist mein denken, zur linken mein fühlen.
ich trete ein in den raum meines fühlens, das mir vordem unbekannt war, und sehe mit erstaunen den unterschied meiner beiden räume. ich kann das lachen nicht unterdrücken — viele lachen anstatt zu weinen.
ich bin vom rechten fusse auf den linken getreten, und zucke, von einem schmerze getroffen. zu gross ist der unterschied zwischen kalt und heiss. ich verlasse jetzt diese welt, der den christus zu ende gedacht hat und trete hinüber in jenes andere lustig-schreckliche reich, in welchem ich Christus wieder finde. die „nachfolge Christi" führte mich zum meister selbs und zu seinem erstaunlichen reiche. ich weiss nicht, was ich dort will, ich kann nur dem meister nachfolgen, der dieses andere reich in mir beherrscht. in diesem reiche gelten andere gesetze, als die richtlinien meiner weisheit. die „gnade gottes", auf die ich mich in meinem reiche aus guten gründen der erfahrung nie verlassen hatte, ist hier oberstes gesetz des handelns. die gnade gottes bedeutet einen be-

sondern zustand der seele / in welchem ich mich allen nächsten mit zittern und zagen und stärkstem aufwand der hoffnung / dass alles gut ausgehen werde / anvertraue. ich kann nicht mehr sagen: dieses oder jenes ziel sei zu erreichen / dieser oder jener grund gelte / weil er gut sei / sondern ich taste mich durch nebel und nacht. es ergiebt sich keine linie / kein gesetz thut sich auf / es ist alles durchaus und überzeugend zufällig / sogar furchtbar zufällig. aber eines wird erschreckend klar: nämlich dass gegenüber meinen früheren wegen und allen seinen einsichten und absichten nunmehr alles abwegig ist. immer deutlicher wird es / dass nichts führt / wie meine hoffnung mir einreden wollte / sondern dass alles verführt.

und plötzlich wird es dir klar zu deinem ungeheuren entsetzen / dass du ins schrankenlose / ins ungeordnete / in die dunkelheit des ewigen chaos gefallen bist. es saust heran wie auf rauschenden schwingen des sturmes / wie auf überstürzenden wogen des meeres.

jeder mensch hat in seiner seele einen ruhigen ort / wo alles selbstverständlich und leicht erklärbar ist / einen ort / an den er sich gegenüber den verwirrenden möglichkeiten des lebens gerne zurückzieht / weil dort alles einfach und klar ist und von ersichtlichen beschränkten zwecken. zu nichts in der welt kann der mensch mit gleicher überzeugung wie zu diesem orte sagen: du bist nichts als . . . und er hat es auch gesagt.

und eben dieser ort ist eine glatte oberfläche / eine alltagswand / nichts als eine wohlbehütete und öfters polierte kruste über den geheimnissen des chaos. durchbrichst du diese alltäglichsten aller wände / so fluthet in überwältigenden strömen das chaos herein. das chaos ist nicht ein einfaches / sondern ein unendlich vielfaches. es ist nicht gestaltlos / 26 I 1919 sonst wäre es einfach / sondern es ist erfüllt von figuren / die um ihrer fülle willen verwirrend und überwältigend wirken.

diese figuren sind die toten / nicht bloss deine toten / nämlich alle die bilder deiner vergangenen gestalten / die dein fortschreitendes leben hinter sich liess / sondern die massen der toten der menschlichen geschichte / die geisterzüge der vergangenheit / die ein meer ist gegenüber dem tropfen deiner eigenen lebensdauer. ich sehe hinter dir / hinter dem spiegel deines auges das gedränge gefährlicher schatten / der toten / die aus augenhöhlen gierig blicken / die stöhnen und hoffen / das ungelöste aller zeiten / das in ihnen seufzt / durch dich zur erfüllung zu bringen. deine ahnungslosigkeit beweist nichts. lege dein ohr an die wand und du hörst das rauschen ihres zuges. nun weisst du / warum du an jene stelle das einfachste und erklärbarste setztest / warum du jenen ruhesitz als den gesichertsten priesest: damit keiner / am wenigsten du selber / dort das geheimniss aufgrübe. denn dieses ist die stelle / wo tag und nacht sich qualvoll mischen. was du je und je aus deinem leben ausgeschlossen / was du abschworest und verdammtest / alles / was dir je abwegig war und hätte sein können / das wartet deiner hinter jener wand / vor der du ruhend sitzest.

wenn du die bücher der geschichte liesest / so findest du kunde von menschen / die absonderliches und unerhörtes wollten / die sich selber fallstricke legten und von andern in wolfsgruben gefangen wurden / die höchstes und tiefstes wollten / und die vom schicksal / unvollendet / ausgewischt wurden von der tafel der fortlebenden. wenige der lebenden wissen von ihnen / und diese wenigen wissen nichts an ihnen zu schätzen / sondern schütteln die köpfe ob ihres wahns. während du ihrer spottest / steht einer von ihnen hinter dir / keuchend vor wuth und verzweiflung / dass deine stumpfheit sich seiner nicht annimmt. er bedrängt dich in schlaflosen nächten / bisweilen fasst er dich an in einer krankheit / bisweilen vereitelt er deine absichten. er macht dich herrisch und begehrlich / er stachelt deine sehnsüchte nach allem / was dir nicht frommt / er verschlingt deine erfolge in unzufriedenheit. er begleitet dich als dein böser geist / dem du keine erlösung gewährtest. hörtest du je von jenen dunkeln / die neben denen / die den tag beherrschten / unerkannt herliefen und verschwörerische unruhe stifteten? die kühnes ersannen und vor keinem frevel zu ehren ihres gottes zurückschracken? zu diesen stelle den christus / der der grösste unter ihnen war. ihm allein war es zu wenig / die welt zu brechen / und darum brach er sich. und darum war er der grösste unter allen und die mächte dieser welt erreichten ihn nicht. ich spreche aber von den toten / die der macht zur beute fielen / gebrochen durch gewalt und nicht durch sich selber. ihre scharen bevölkern das land der seele. wenn du sie annimmer, so erfüllen sie dich mit wahn und mit empörung gegen das herrschende der welt. Aus tiefstem und aus höchstem ersannen sie gefährlichstes. Nicht waren sie von gemeiner natur, sondern edle klingen von härtestem stahl. Sie verschmähten allen antheil am kleinen leben der menschen und sie lebten auf höhen und vollbrachten verwerflichstes. Sie vergassen eines: sie lebten ihr thier nicht.

Das thier empört sich nicht gegen seine art. Siehe die thiere an: wie gerecht sie sind, wie sittsam, wie sie dem hergebrachten gehorchen, wie treu sie sind dem lande, das sie trägt, wie sie wiederkehren auf ihren gewohnten wechseln, wie sie ihre jungen pflegen, wie sie gemeinsam zu ihrer futter gehen und wie sie einander zur quelle locken. Da ist nicht eines, das seine beute überfluss verbirgt und seinen bruder darüber hungers sterben lässt. Da ist nicht eines, das seine eigene art unter seinen willen zwingt. Da ist nicht eines, das elephant zu sein wähnt, da es doch mücke ist. Das thier lebt sittsam und getreu das leben seiner art und nichts darüber und nichts darunter. Wer immer sein thier nicht lebt, muss seinen bruder wie ein thier behandeln. Erniedrige dich und lebe dein thier, damit du deinem bruder gerecht sein mögest. Damit erlösest du alle jene toten, die umherschweifen und am lebendigen sich zu nähren trachten. Und mache aus nichts, das du thust, ein gesetz, denn das ist anmaassung der macht.

Wenn die zeit gekommen ist, wo den toten die thüre öffnen, dann werden deine schrecknisse auch deinen bruder befallen, denn dein antlitz kündet das unheil. Darum entferne dich und gehe in die einsamkeit, denn kein mensch vermag dir zu rathen, wenn du mit den toten ringst. Schreie nicht um hilfe, wenn die toten dich umringen, sonst fliehen dich die lebendigen, die doch deine einzige brücke zum tage sind. Lebe das leben des tages und rede nicht von den geheimnissen, aber weihe die nacht den toten um der erlösung willen. Wer aber mit hilfsbereitschaft dich von den toten wegreisst, hat dir den schlechtesten dienst erwiesen, denn er hat deinen lebenszweig vom baume der gottheit gerissen. Auch frevelt er gegen die wiederbringung des geschaffenen und später unterworfenen und verlorenen. // Denn das sehnsüchtige harren der creatur wartet auf die offenbarung der söhne gottes. Denn die creatur ward der vergänglichkeit unterworfen, nicht freiwillig, sondern um dessen willen, der sie unterwarf auf hoffnung. Darum dass auch sie, die creatur von dem dienste der verwesung soll befreit werden zur freiheit des ruhms der kinder gottes. Denn wir wissen, dass die ganze creatur mitseufzt und mit in wehen liegt bis jetzt. // Jede stufe aufwärts wird die wiederbringung eine stufe abwärts sein, damit die toten zur freiheit erlöst werden. Das schaffen des neuen scheut den tag, denn geheim ist sein wesen. Es bereitet die zerstörung vor dieses tages, auf hoffnung seiner überführung in eine neue schöpfung. An dem schaffen des neuen hängt ein übles, das du nicht laut verkünden kannst. Das thier, das nach neuen jagdgründen späht, geht geduckt und witternd auf dunkeln pfaden und will nicht überrascht sein. Bedenke, dass dies das leid des schaffenden ist, dass er ein übel in sich trägt, ein aussatz der seele, der ihn von seinen gefährten trennt. Er könnte seinen aussatz als tugend preisen, und fürwahr, er könnte es auch tugendhaftigkeit. Aber er thäte es dem Christus gleich und wäre darum sein nachfolger. Aber nur einer war Christus und nur einer konnte die gesetze verletzen wie er. Es ist unmöglich, auf seiner bahn höhere übertretungen zu thun. Erfülle das, was dir zukommt. Breche den Christus in dir, damit du zu dir selber kommest, und zuletzt auch zu deinem thiere, das sittsam ist in seiner herde und unwillig ihre gesetze zu übertreten. Es sei genug der gesetzesübertretung, dass du Christum nicht nachahmst, denn damit thust du einen schritt vor das christenthum zurück und einen schritt darüber hinaus. Durch das kommen brachte der Christus erlösung, das nichtkommen wird dich erlösen. Hast du die toten gezählt, die der herr der opferung würdigte? Hast du sie um ihre meinung befragt, um derentwillen sie den tod erlitten? Hast du die schönheit ihrer gedanken, die reinheit ihrer absicht dir erschlossen? // Sie werden hinausgehen und schauen die leichname der menschen, die von mir abgefallen, denn ihr wurm wird nicht sterben und ihr feuer nicht erlöschen. // Darum thue busse, betrachte, was um des christenthums willen dem tode anheimfiel, lege es vor dich hin und zwinge dich, es in dich aufzunehmen. Denn die toten bedürfen der erlösung. Die menge der unerlösten toten ist grösser geworden, als die zahl der lebenden christen. Darum ist es zeit, dass wir uns der toten annehmen.

Renne nicht an mit wuth oder absicht der zerstörung gegen das gewordene. Was willst du an seine stelle setzen? Weisst du nicht, wenn es dir gelingt, das gewordene zu zerstören, dass du alsdann deinen willen zur zerstörung gegen dich selber wenden wirst? Aber jeder, der die zerstörung zu seinem ziele macht, wird durch sich selber zur zerstörung umkommen. Vielmehr achte das gewordene, denn die ehrfurcht ist ein segen. Dann aber wende dich zu den toten, höre ihre klage und nimm dich ihrer mit liebe an. Sei nicht ihr verblendeter spre-

es giebt Propheten, die sich am Ende selber steinigen. Wir aber suchen die Erlösung und darum bedürfen wir der Ehrfurcht vor dem Gewordenen, und des Annehmens der Toten, die seit Alters die Lüfte durchflattern und wie Fledermäuse unter unserem Dache wohnen. Neues wird sich auf Altes bauen, und vielleicht wird der Sinn des Gewordenen werden. Also wirst du deine Armuth im Gewordenen zum Reichthum des Zukünftigen erlösen.

Was dich vom Christenthum und seinem geheiligten Gesetz der Liebe entfernen möchte, das sind die Toten, die im Herrn keine Ruhe finden konnten, denn ihre unvollendeten Werke folgten ihnen nach. Eine neue Erlösung ist immer eine Wiederbringung des vordem Verlorenen. Hat nicht selber der Christus das blutige Menschenopfer wiedergebracht, das seit Alters bessere Sitte aus der heiligen Handlung ausgeschlossen hatte? Hat er nicht selber die heilige Handlung des Essens des Menschenopfers wieder eingesetzt? In der heiligen Handlung wird wiederum eingeschlossen werden, was bisheriges Gesetz verdammte. Der wie der Christus zwar das Menschenopfer und das Essen des Opfers wiederbrachte, so geschah dieß der alles an ihm und nicht am Bruder, denn der Christus stellte darüber das höchste Gesetz der Liebe, also daß keiner der Brüder darüber zu Schaden kam, sondern alle sich der Wiederbringung freuen konnten. Dasselbe geschieht wie vor Alters, aber unter dem Gesetz der Liebe. Also, wenn du keine Ehrfurcht hast vor dem Gewordenen, so wirst du das Gesetz der Liebe zerstören. Und was wird alsdann mit dir geschehen? Dann wirst du gezwungen, wieder zu bringen, was vordem war, nämlich Gewaltthat, Mord, Unrecht und Verachtung deines Bruders. Und einer wird dem andern fremd sein und es wird Verwirrung herrschen. Darum sollst du Ehrfurcht haben vor dem Gewordenen, damit das Gesetz der Liebe durch die Wiederbringung des Unteren und Vergangenen zur Erlösung werde und nicht zur Verdammniß durch schrankenlose Herrschaft der Toten. Die Geister derjenigen aber, die jetzt um unserer gegenwärtigen Unvollkommenheit willen vor der Zeit dem Tode verfallen werden, in dunkeln Schaaren das Gebälk unserer Häuser bewohnen und mit dringlichen Klagen unsere Ohren bestürmen, bis daß wir ihnen Erlösung gewähren durch die Wiederbringung des vor Alters Gewesenen unter dem Gesetze der Liebe. Was wir Versuchung nennen, ist die Anforderung der Toten, die vor der Zeit unvollendet dahingiengen durch die Schuld des Guten und des Gesetzes. Denn kein Gutes ist so vollkommen, daß es nicht Unrecht thäte und zerbräche, was nicht zerbrochen sein sollte.

Wir sind ein verblendetes Geschlecht. Wir leben nur an der Oberfläche, nur im Heute und denken nur an das Morgen. Wir handeln roh am Vergangenen, indem wir uns der Toten nicht annehmen. Wir wollen nur Arbeit thun mit sichtbaren Erfolge. Wir wollen vor allem bezahlt sein. Es käme uns wahnwitzig vor, ein verborgenes Werk zu thun, das dem Menschen nicht sichtbar dient. Es ist kein Zweifel, daß die Noth des Lebens uns zwang, tastbare Früchte zu bevorzugen. Aber wer leidet mehr unter dem verführenden und irreleitenden Einfluß der Toten, als die, die sich ganz an die Oberfläche der Welt verloren haben? Es giebt ein nothwendiges, aber verborgenes und seltsames Werk, ein Hauptwerk, das du im Geheimen zu thun hast, um der Toten willen. Wer immer zu seinem sichtbaren Acker und Weinberg nicht gelangen kann, der ist von den Toten gehalten, die das Sühnwerk von ihm verlangen. Und bevor er dieses nicht erfüllt hat, kann er zu seinen äußern Werken nicht gelangen, denn die Toten lassen ihn nicht. Er gehe in sich und thue im Stillen nach ihrem Geheiß und vollende das Geheime, damit die Toten ihn entlassen. Blicke nicht zu viel vorwärts, sondern zurück und nach innen, damit du die Toten nicht überhörst. Das gehört zum Wege des Christus, daß er wenige der Lebenden, aber viele der Toten mit sich emporführte. Sein Werk war die Erlösung des Verachteten und Verlorenen. Um dessentwillen war er zwischen zwei Verbrechern gekreuzigt. Ich erleide meine Qual zwischen zwei Wahnsinnigen. Ich steige in Wahrheit, wenn ich hinuntergehe. Gewöhne dich daran, mit den Toten allein zu sein. Es ist schwer, aber gerade dadurch wirst du den Werth deiner lebenden Gefährten entdecken. Was thaten die Alten für ihre Toten! Du glaubst wohl, du könnest dich der Sorge und des so nöthigen Werkes für die Toten entheben, denn was tot sei, sei vergangen. Du entschuldigst dich mit deinem Unglauben an die Unsterblichkeit der Seele. Meinst du, die Toten seien darum nicht, weil du dir die Unmöglichkeit der Unsterblichkeit ersonnen hast? Du glaubst an deine Wortgötzen. Die Toten wirken, das genügt. In der innern Welt giebt es kein Wegerklären, so wenig als in der äußern Welt, das man wegerklären kann. Du mußt endlich verstehen, was die Absicht deines Wegerklärens ist, nämlich Schutzsuchen.

Ich nahm das Chaos an, und in der nächsten Nacht trat meine Seele zu mir.

Nox tertia · cap · xvi ·

Meine seele sprach flüsternd zu mir/ eindringlich und beängstigend: worte/ worte/ mache nicht zu viele worte. schweige und höre: hast du deinen wahnsinn erkannt und gibst du ihn zu? hast du gesehen/ dass alle deine untergründe voll wahnsinn stecken? willst du deinen wahnsinn nicht anerkennen und freundlich bewillkommnen? du wolltest ja alles annehmen. also nimm auch den wahnsinn an. lasse das licht deines wahnsinns leuchten und es soll dir ein grosses licht aufgehen. der wahnsinn ist nicht zu verachten und nicht zu fürchten/ sondern du sollst ihm das leben geben.

I: hart klingen deine worte/ und schwer ist die aufgabe/ die du mir stellst.

S: wenn du wege finden willst/ hast du auch den wahnsinn nicht zu verschmähen/ da er doch einen so grossen theil deines wesens ausmacht.

I: ich wusste nicht/ dass dem so ist.

S: sei froh/ dass du es erkennen kannst/ so vermeidest du sein opfer zu werden. der wahnsinn ist eine besondere form des geistes und haftet allen lehren und philosophien an/ noch mehr aber dem täglichen leben/ denn das leben selbst ist voll tollheit und ganz wesentlich unvernünftig. der mensch strebt nur deshalb nach vernunft/ damit er sich regeln machen kann. das leben selbst hat keine regel. das ist sein geheimniss und sein unbekanntes gesetz. was du erkenntniss nennst/ ist ein versuch/ dem leben etwas verstehbares aufzudrängen.

I: das klingt alles sehr trostlos/ erweckt aber meinen widerspruch.

S: du hast nichts zu widersprechen/ du bist im irrenhaus.

da steht der kleine dicke professor – hat er so gesprochen? und habe ich ihn für meine seele gehalten?

prof.: ja/ mein lieber/ sie sind verwirrt. sie reden ja ganz zusammenhangslos.

I: ich glaube auch/ dass ich mich gänzlich verloren habe. bin ich wirklich verrückt? es ist alles schrecklich verworren.

prof.: nur geduld/ es wird sich schon machen. also/ schlafen sie wohl.

I: danke/ aber mir ist bange.

Alles wogt und stürzt in mir durcheinander. es wird ernst/ das chaos kommt. ist dies der unterste grund? ist das chaos auch eine grundlage? wenn nur diese furchtbare woge nicht wäre. wie schwarze wogen bricht alles durcheinander. ja/ ich sehe und verstehe: es ist der ocean/ die allgewaltige nachtfluth – dort zieht ein schiff – ein grosser dampfer – ich trete eben in den rauchsalon – viele menschen – schöne kleider – sie sehen alle erstaunt nach mir – jemand kommt auf mich zu: was ist mit ihnen? sie sehen ja aus wie ein gespenst! was ist passiert?

I: nichts – das heisst – ich glaube/ ich bin übergeschnappt – der boden wankt – alles wogt –

jemand: aber wir haben ja heute abend bloss etwas hohen seegang – nehmen sie einen heissen grog – sie sind seekrank.

I: sie haben recht/ ich bin seekrank/ aber in besonderer weise – ich bin ja eigentlich im irrenhaus.

jemand: na/ sie machen ja schon wieder witze/ das leben kehrt wieder.

I: nennen sie das witz? eben hat mich doch der professor für gänzlich verwirrt erklärt.

wirklich sitzt der kleine dicke professor an einem grünbezogenen tischchen und spielt karten. er wendet sich bei meinem wort nach mir um und lacht mir zu: na/ wo waren sie denn/ kommen sie her. nehmen sie auch ein glas? sie sind ein unglaubliches original. sie haben mit ihren ideen heute abend alle damen in aufregung gebracht.

I: herr professor/ das geht mir doch über den spass. eben war ich ja noch ihr patient –

es erhebt sich allgemeines schallendes gelächter.

prof.: ich hoffe/ sie werden es nicht tragisch genommen haben.

I: nun/ ins irrenhaus gesteckt zu werden/ ist keine kleinigkeit.

der jemand/ mit dem ich vorher sprach/ tritt mir plötzlich näher und sieht mir ins gesicht. er ist ein mann mit schwarzem bart und wirrem haupthaar und düster leuchtenden augen. er spricht heftig auf mich ein: mir ist es schlimmer ergangen/ ich bin schon seit fünf jahren hier.

ich sehe/ es ist mein bettnachbar/ der offenbar aus seiner apathie erwacht ist und sich nun auf mein bett gesetzt hat. er spricht heftig und eindringlich weiter: ich bin der nietzsche/ aber der wiedergetaufte/ ich bin auch christus/ der heiland/ und bestimmt/ die welt zu erlösen/ aber sie lassen mich nicht.

I: wer lässt sie denn nicht?

der narr: der teufel. wir sind doch hier in der hölle. sie haben natürlich auch nichts davon gemerkt. ich bin auch erst im zweiten jahr meines hiesigen aufenthaltes dahinter gekommen/ dass der director der teufel ist.

I: sie meinen den professor? das klingt unglaublich.

der narr: sie sind ein ignorant. ich sollte ja schon längstens die mutter gottes heirathen. aber der professor/ der teufel hat sie in der gewalt. jeden abend bei sonnenuntergang zeugt er mit ihr ein kind. am morgen früh bei sonnenaufgang gebiert sie es. dann kommen alle teufel zusammen und töten das kind auf grausame

dieser mensch aus stoff stieg zu weit empor in die welt des geistes / dort aber durchbohrte ihm der geist das herz mit dem gold-
strahl. er fiel in entzücken und löste sich auf. die schlange / die das böse ist / konnte nicht in der welt des geistes bleiben.

weiße. Ich höre deutlich sein Geschrei.
Ich: Aber das ist ja die reinste Mythologie, was Sie da erzählen.
Der Narr: Du bist verrückt und verstehst darum nichts davon. Du gehörst ins Irrenhaus. Mein Gott, warum
sperrt man meine Familie immer mit Verrückten zusammen? Ich sollte ja die Welt erlösen, ich bin ja der Erlöser.
Er legt sich zu Bett und verfällt wieder in seine frühere Apathie. Ich fasse die Seiten meines Bettes, um mich gegen
das furchtbare Wogen zu schützen. Ich blicke starr an die Wand, um mich wenigstens mit Blicken anzuklam-
mern. An der Wand läuft ein horizontaler Strich, darunter ist die Wand dunkler gemalt. Davor steht ein
Heizkörper – es ist ein Geländer, darüber hinaus sehe ich auf das Meer hinaus. Der Strich ist der Horizont.
Und dort geht jetzt die Sonne auf in roter Glorie, einsam und herrlich – darin ist ein Kreuz, daran hängt
eine Schlange – oder ist es ein Stier, aufgeschlitzt, wie beim Schlächter, oder ist es ein Esel? Es ist wohl
ein Widder mit der Dornenkrone – oder ist es der Crucifixus, ich selbst? Die Sonne des Martyriums ist
aufgegangen und schüttet blutige Strahlen aufs Meer. Lange währt dieses Schauspiel, die Sonne steigt höher,
22 III 1919 ihre Strahlen werden heller und heißer und weiß brennt die Sonne auf ein blaues Meer hernieder. Das Wogen hat auf-
gehört. Eine wohltätige Sonnenmorgenruhe liegt auf dem flimmernden Meer. Salziger Wasserduft er-
hebt sich. Eine matte breite Brandungswoge bricht mit dumpfem Donner auf dem Sande und immer erneut
kehrt sie wieder, zwölfmal, die Glockenschläge der Weltuhr, die zwölfte Stunde ist vollendet. Und
jetzt tritt Stille ein. Kein Laut, kein Hauch. Alles ist starr und totenstill. Ich harre heimlich beklommen.
Ich sehe einen Baum dem Meer entsteigen. Seine Krone reicht zum Himmel und seine Wurzeln greifen hinab
bis in die Hölle. Ich bin ganz einsam und verzagt und schaue von ferne. Es ist, wie wenn alles Leben
aus mir entflohen wäre, ganz dahingegeben an das Unfaßbare und Furchtbare. Ich bin ganz schwach
und unfähig. „Erlösung" flüstere ich. Eine fremde Stimme spricht: „Hier giebt es keine Erlösung, sondern Sie haben
sich ruhig zu verhalten, sonst stören Sie die andern. Es ist Nacht und die andern Leute wollen schlafen." Ich sehe,
es ist der Wärter. Der Saal ist düster erhellt durch eine kleine Lampe und Traurigkeit lastet über dem
Raume. „Ich fand den Weg nicht." Er sagt: „Sie brauchen jetzt keine Wege zu suchen." Er spricht die Wahrheit.
Der Weg, oder was es auch sei, worauf man geht, ist unser Weg, der rechte Weg. Es giebt keine gebahn-
ten Wege in die Zukunft. Wir sagen, es sei dieser Weg, und er ist es. Wir bauen die Straßen, indem
wir gehen. Unser Leben ist die Wahrheit, die wir suchen. Nur mein Leben ist die Wahrheit, die Wahrheit überhaupt. Wir schaffen die Wahrheit, indem wir sie leben.

Dieß ist die Nacht, in der alle Dämme brachen, wo sich bewegte, was bisher fest war, wo sich die Steine
in Schlangen wandelten und alles Lebendige erstarrte. Ist es ein Wortgespinst? Dann ist ein Wortgespinst
Hölle für den, der darin hängt. Es giebt höllische Wortgespinste, nur Worte, aber was sind Worte?
Sei zaghaft mit Worten, wähle sie wohl, nimm sichere Worte, Worte ohne Haken, spinne sie nicht aneinander,
damit keine Gespinste entstehen, denn du bist der erste, der sich darin fängt. Denn Worte haben Bedeutung.
An Worten ziehst du die Unterwelt herauf. Wort ist das Nichtigste und Stärkste. Im Wort fließt das
Leere und das Volle zusammen. Darum ist das Wort ein Bild Gottes. Wort ist das Größte und Kleinste, das
der Mensch schuf, wie das, was durch den Menschen schafft, selber das Größte und Kleinste ist. Darum
wenn ich dem Wortgespinst verfalle, so bin ich dem Größten und Kleinsten verfallen. Ich bin dem Meere aus-
geliefert, der unbestimmten Woge, die ruhelos den Ort ändert. Ihr Wesen ist Bewegung und Bewegung ist ihre
Ordnung. Wer der Woge widerstrebt, ist der Willkür preisgegeben. Stetigs ist Werke der Menschen, aber es schwimmt
auf dem Chaos. Wer vom Meere kommt, dem scheint das Treiben der Menschen wie Wahnwitz. Die Menschen
aber schauen ihn an, wie einen Wahnsinnigen. Wer vom Meere kommt, ist krank. Er kann den Anblick
der Menschen kaum ertragen. Denn sie scheinen ihm alle trunken zu sein und närrisch von schlafmachendem Gift. Sie wollen dir zu Hilfe eilen und du möchtest zwar weniger Hilfe annehmen, als vielmehr dich in ihre Gesellschaft hineinbetrügen und gut
sein, wie einer, der das Chaos nie sah, sondern nur davon spricht. Aber wer das Chaos sah, für den giebt es kein Verstecken
mehr, sondern er weiß, daß der Boden wankt, und was dieses Wanken bedeutet. Er sah die Ordnung und die Unordnung des
Unendlichen, er weiß von den ungesetzmäßigen Gesetzen. Er weiß vom Meere und kann es nie vergessen. Furchtbar ist das
Chaos: Tage voll Blei, Nächte voll Grauen. Aber wie der Christus wußte, daß er der Weg, die Wahrheit und das Leben war
indem durch ihn die neue Qual und das erneute Heil in die Welt kam, so weiß ich, daß das Chaos über die Menschen kommen
muß, und daß die Hände derer geschäftig sind, die selber ahnungslos und unwissend die dünnen Wände durchbrechen,
die uns vom Meere trennen. Denn dieß ist unser Weg, unsere Wahrheit und unser Leben. Wie die Jünger des Christus erkannten,
daß der Gott Fleisch geworden und unter ihnen wohnte als ein Mensch, so erkennen wir jetzt, daß der Gesalbte dieser Zeit ein
Gott ist, der nicht im Fleische erscheint, kein Mensch ist und doch ein Menschensohn, aber im Geiste und nicht im Fleische, und
darum nur durch den Geist des Menschen als dem empfangenden Gebärmutter des Gottes geboren. Dieses Gotte ist gethan, was
du dem Geringsten in dir selber thust, unter dem Gesetz der Liebe, von dem nichts abgestrichen ist. Denn wie anders soll dein Geringstes

die schlange fiel tot auf die erde. v- das war die nabelschnur ein° neu-geburt.

von der Verderbniß errettet werden? wie sollst du das Geringste in dir annehmen, wenn du es nicht thust? wer das aber nicht aus Liebe, sondern aus Hochmuth, Selbstsucht oder Begehrlichkeit thut, ist verdammt. auch anderer Verdammung ist nichts abgestrichen. Unvermeidlich ist das Leiden, wenn du dir das Geringste in dir annimmst, denn du thust das Verworfene und richtest auf, was zu Boden lag. es ist viel Grab und Aas in uns, ein übler Geruch der Verwesung. wie der Christus durch die Qual der Heiligung das Fleisch unterwarf, so wird der Gott dieser Zeit durch die Qual der Heiligung den Geist unterwerfen. wie der Christus durch den Geist das Fleisch peinigte, so wird der Gott dieser Zeit den Geist durch das Fleisch peinigen. denn unser Geist ist zur frechen Hure geworden, ein Sklave der von Menschen geschaffenen Worte und nicht mehr das göttliche Wort selber. das Geringste in dir ist der Quell der Gnade. wir nehmen diese Krankheit auf uns, die Friedlosigkeit, die Geringheit und Verächtlichkeit, damit der Gott heil werde und strahlend emporsteige, gereinigt von der Verwesung des Todes und dem Schlamme der Unterwelt. glänzend und ganz heil wird der schmählich Gefangene aufsteigen zu seiner Erlösung. giebt es ein Leiden, das zu groß wäre um unseres Gottes willen? Du siehst nur das Eine, und bemerkst nicht das Andere. wenn es aber Eines giebt, so giebt es auch ein Anderes und das ist das Geringste in dir. das Geringste in dir ist aber auch das Auge der Bösen, das dich starr und kalt anblickt und dein Licht in den finstern Abgrund hinuntersaugt. segnet die Hand, die euch oben hält, am Kleinsten menschlichen, am Geringsten lebenden. nicht wenige werden den Tod vorziehen. denn wie der Christus den Menschen blutige Opfer auferlegte, so wird auch der erneuerte Gott des Blutes nicht sparen.

Warum ist dein Gewand so rothfarb, und dein Kleid wie eines Keltertreters? Ich trete die Kelter allein und niemand ist mit mir. ich habe mich gekeltert in meinem Zorn und zertreten in meinem Grimm. daher ist mein Blut auf meine Kleider gespritzt und ich habe all mein Gewand besudelt. denn ich habe einen Tag der Rache mir vorgenommen, das Jahr mich zu erlösen ist gekommen. und ich sah mich um, und da war kein Helfer, und ich verwunderte mich, und niemand stund mir bei, sondern mein Arm mußte mir helfen, und mein Zorn stund mir bei. und ich habe mich zertreten in meinem Zorn, und ich habe mich trunken gemacht in meinem Grimm, und mein Blut auf die Erde geschüttet. denn ich nahm meine Missethat auf mich, damit der Gott gesunde. so, wie der Christus sagte, daß er nicht den Frieden, sondern das Schwert bringe, so wird der, der in sich den Christus vollendet, sich nicht den Frieden, sondern ein Schwert geben. er wird sich gegen sich selber empören, und eines wird gegen das andere in ihm gerichtet sein. er wird das, was er in sich liebt, auch hassen. er wird in sich selber gegeißelt, verspottet, und der Kreuzesqual übergeben sein, und keiner wird ihm beistehen und seine Qual mildern. gleich wie der Christus gekreuzigt war zwischen den beiden Schächern, so liegt auch unser Geringstes zu beiden Seiten unseres Weges. und wie der eine Schächer zur Hölle fuhr, und der andere emporstieg zum Himmel, so wird sich das Geringste in uns am Tage unseres Gerichts in zwei Hälften scheiden. die eine, die zur Verdammniß und zum Tode bestimmt ist, und die andere, der es zukommt, emporzusteigen. aber es wird lange dauern, bis du einsiehst, was zum Tode und was zum Leben bestimmt ist, denn noch ist das Geringste in dir ungetrennt und eines, und in tiefem Schlafe.

Wenn ich das Geringste in mir annehme, so senke ich einen Keim in den Grund der Hölle. der Keim ist unsichtbar klein, aber aus ihm wächst der Baum meines Lebens empor und verbindet das Untere mit dem Obern. an beiden Enden ist Feuer und höchste Gluth. das Obere ist feurig und das Untere ist feurig. zwischen den unerträglichen Feuern wächst dein Leben. zwischen diesen beiden Polen hängst du. in unermeßlicher furchterregender Bewegung wogt das ausgespannt Hängende auf und nieder. darum fürchtet man sein Geringstes, denn immer ist das, was man nicht besitzt, eins mit dem Chaos und nimmt Theil an seiner räthselvollen Ebbe und Fluth. wenn ich das Geringste in mir annehme, eben jene röthlich glühende Sonne der Tiefe und ich dadurch der Verwirrung des Chaos verfalle, so geht mir auch die obere leuchtende Sonne auf. darum wer nach Höchstem strebt, das Tiefste findet.

Um die Menschen seiner Zeit zu erlösen vom ausgespannt Hängenden, nahm der Christus diese Qual auf sich wirklich und lehrte sie: seid klug wie die Schlangen und ohne Falsch wie die Tauben. denn die Klugheit räth gegen das Chaos, und die Arglosigkeit verhüllt sein schreckliches Antlitz. also konnten die Menschen auf den sichern mittlern Pfaden gehen mit Beschränkung nach oben und unten. aber die Not des Obern und Untern häufte sich und ihre Anforderung wurde immer lauter. und es standen edle und verruchte Menschen auf, die, ohne es zu wissen, das Gesetz des mittlern übertraten. sie öffneten Thüren nach oben und nach unten. sie zogen viele nach sich zum obern und zum untern Wahnsinn und also säeten sie Verwirrung, und bereiteten so den Weg des Kommenden. wer aber in das eine geht und nicht zugleich auch in das andere, indem er das ihm Entgegenkommende annimmt, der wird bloß das eine lehren und leben und daraus eine Wirklichkeit machen. denn er wird das Opfer dessen einen. wenn du in das eine gehst, und deshalb das dir entgegenkommende andere für einen Feind hältst, so wirst du das andere bekämpfen. denn du siehst nicht, daß das andere auch in dir ist. du meinst vielmehr, es komme irgendwie von außen und du meinst es auch zu erblicken in den dir widerstrebenden Meinungen und Handlungen deiner Mitmenschen. dort bekämpfst du es und bist gänzlich verblendet. wer aber das ihm entgegenkommende andere annimmt, weil es ja auch in ihm ist, der streitet nicht mehr,
415 sondern schaut in sich und schweigt.

dies ist das bild des göttlichen kindes. es bedeutet die vollendung einer langen bahn. gerade als das bild im april MCMXIX beendet war / u. das nächste bild bereits begonnen war / kam die / die das O brachte / das mir ΦΙΛΗΜΩΝ vorausgesagt hatte. ich nannte ihn ΦΑΝΗΣ / weil er der neuerscheinende gott ist.

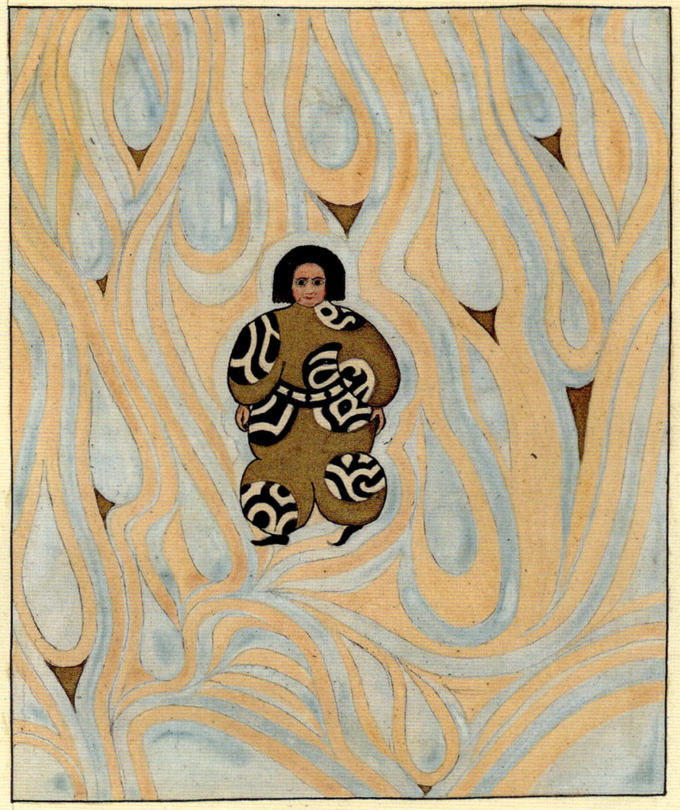

Er sieht den baum des lebens / dessen wurzeln in die hölle reichen und dessen wipfel den himmel berührt. er weiss auch nicht mehr die unterschiede: wer hat recht? was ist heilig? was ist wahr? was ist gut? was ist richtig? er weiss nur einen unterschied: den unterschied von unten und oben. denn er sieht / dass der baum des lebens von unten nach oben wächst / und dass er oben die von den wurzeln deutlich unterschiedene krone hat. das ist ihm unzweifelhaft. so kennt er den weg zur erlösung. es gehört zu deiner erlösung / dass du die unterschiede verlernst / bis auf diesen einen der richtung. damit befreist du dich von dem alten fluche der erkenntniss des guten und bösen. weil du nach deinem besten dafürhalten das gute vom bösen trenntest und nur nach dem guten trachtetest / und das böse / das du trotzdem tatest / verleugnetest und nicht auf dich nahmst / so sogen deine wurzeln nicht mehr die dunkle nahrung der tiefe / und dein baum wurde krank und dürr. darum sagten die alten / dass / nachdem Adam den apfel gegessen / der baum des paradieses verdorrte. du bedarfst des dunkeln zu deinem leben. aber wenn du weisst / dass es das böse ist / dann kannst du es nicht mehr annehmen und du leidest noth und du weisst nicht / warum. du kannst es aber auch nicht als das böse annehmen / sonst verwirft dich dein gutes. du kannst auch nicht verleugnen / dass du das gute und das böse kennst. darum war die erkenntniss von gut und böse ein unüberwindlicher fluch. wenn du aber zurückkehrst zum anfänglichen chaos und du das zwischen den unerträglichen feuerpolen ausgespannt hängende fühlst und erkennst / dann wirst du merken / dass du gutes und böses nicht mehr endgültig trennen kannst weder durch gefühl noch durch erkenntniss / sondern dass dir nur gegeben ist / die richtung des wachsthums / die von unten nach oben geht / wahrzunehmen. so verlernst du den unterschied von gut und böse / und du weisst ihn so lange nicht mehr / als dein baum von unten nach oben wächst. sobald aber das wachsthum stille steht / zerfällt das im wachsthum ununterschieden geeinte und du erkennst wiederum gut und böse. niemals kannst du vor dir selber die kenntniss des guten und bösen verleugnen / sodass du dein gutes betrügen könntest / um das böse zu leben. denn sobald du gutes und böses trennst / so erkennst du sie. nur im wachsthum sind beide geeint. du wächsest aber / wenn du im grossen zweifel stillestehst / und darum ist der stillstand im grossen zweifel eine wahrhafte blüthe des lebens. wer den zweifel nicht erträgt / der erträgt sich nicht. ein solcher ist zweifelhaft / er wächst nicht / darum auch lebt er nicht. der zweifel ist das zeichen des stärksten und des schwächsten. der starke hat zweifel / der zweifel aber hat den schwachen. darum ist der schwächste dem stärksten nahe / und wenn er zu seinem zweifel sagen kann: „ich habe dich" / dann ist er der stärkste. niemand aber kann ja sagen zu seinem zweifel / er erdulde denn das geöffnete chaos. weil so viele unter uns sind / die alles sagen können / so schaue darauf / was sie leben. was einer sagt / kann sehr viel sein / oder sehr wenig. erforsche darum sein leben. meine rede ist nicht hell und nicht dunkel / denn sie ist die rede eines wachsenden. 14.IX.1922.

Nox quarta · cap · xvii ·

Ich höre das brausen des morgenwindes / der über die berge kommt. die nacht ist überwunden / da all mein leben dahingegeben war und verstrickt ins ewig verworrene und ausgespannt hieng zwischen den feuerpolen. meine seele spricht zu mir mit heller stimme: die thüre soll aus den angeln gehoben werden / damit ein freier durchgang entstehe zwischen hier und dort / zwischen ja und nein / zwischen oben und unten / zwischen rechts und links. es sollen luftige gänge gebaut werden zwischen allen entgegengesetzten dingen / leichte glatte strassen sollen von einem pol zum andern führen. eine wage soll aufgestellt werden / deren zünglein leise schwankt. eine flamme soll brennen / die vom winde nicht verweht wird. ein strom soll fliessen nach seinem tiefsten ziel. es sollen die herden wilder thiere zu ihren futterplätzen ziehen auf ihren alten wechseln. das leben gehe fürderhin seine bahn / von geburt zu tod / von tod zu geburt / ungebrochen wie die bahn der sonne. alles gehe diese bahn. also spricht meine seele. ich aber spiele lässig und grausam mit mir selber. ist es tag oder nacht? schlafe ich oder wache ich? lebe ich oder bin ich schon gestorben? blinde finsterniss umlagert mich / eine grosse mauer / ein grauer dämmerungswurm kriecht ihr entlang. er hat ein rundes gesicht und lacht. das lachen ist erschütternd und erlösend wirklich. ich schlage die augen auf: da steht die dicke köchin vor mir: „sie haben aber einen gesunden schlaf. sie haben länger als eine stunde geschlafen."

Ich: wirklich? habe ich geschlafen? mir hat wohl geträumt / was für ein schreckliches spiel! ich bin in dieser küche eingeschlafen / ist das wohl das reich der mütter?

trinken sie ein glas wasser / sie sind ja noch ganz schlaftrunken.

Ich: ja / dieser schlaf kann einen trunken machen. wo ist mein Thomas? ach / da liegt er ja / aufgeschlagen am 21. hauptstück: „über allem und in allem / meine seele / suche deine ruhe allezeit in dem herrn / denn er ist die ewige ruhe aller heiligen."

ich lese diese stelle laut vor. steht nicht hinter jedem wort ein fragezeichen?

wenn sie mit diesem satz eingeschlafen sind / so müssen sie wohl einen schönen traum gehabt haben.

Ich: ich habe allerdings geträumt / an den traum werde ich denken. übrigens / sagen sie / bei wem sind sie denn eigentlich köchin?

beim herrn bibliothecarius. er liebt eine gute küche / und ich bin schon seit vielen jahren bei ihm.

dieß is daz stoffliche gold / in welch der schatt dess gott wohnt.

I: oh/ das habe ich gar nicht gewusst/ daß der herr bibliothecarius eine solche küche besitzt.
ja/ sie müssen wissen/ er ist ein feinschmecker.
I: leben sie wohl/ junge frau köchin/ ich danke bestens für die herberge.
bitte/ bitte/ die ehre ist ganz auf meiner seite.
nun bin ich draußen. also das war die küche des herrn bibliothecarius. weiß er wohl/ was darin gekocht wird? er hat wohl nie einen tempelschlaf darin versucht. ich glaube/ ich will ihm den thomas a kempis zurückbringen. ich trete in die bibliothek ein.
B: ah/ guten abend/ da sind sie ja wieder.
I: guten abend/ herr bibliothecar/ da bringe ich ihnen den thomas wieder. ich habe mich ein bisschen nebenan in ihre küche gesetzt/ um zu lesen/ allerdings ohne zu ahnen/ daß es ihre küche sei.
B: oh/ ich bitte/ das macht gar nichts. hoffentlich hat meine köchin sie gut aufgenommen.
I: ich kann mich über die aufnahme nicht beklagen. ich habe sogar ein nachmittagsschläfchen über dem thomas gehalten.
B: das wundert mich nicht. diese andachtsbücher sind entsetzlich langweilig.
I: ja für unsereinen. aber für ihre köchin bedeutet das kleine buch doch viel erbauung.
B: nun ja/ für die köchin.
I: gestatten sie mir die indiscrete frage: haben sie auch schon einmal einen incubationsschlaf in ihrer küche gehalten?
B: nein/ auf diese absonderliche idee bin ich noch nie gekommen.
I: ich sage ihnen/ dabei könnten sie was lernen über das wesen ihrer küche. guten abend/ herr bibliothecar!
nach diesem gespräch verließ ich die bibliothek und gieng hinaus in den vorraum/ wo ich zum grünen vorhang trat. ich schlug ihn zur seite und/ was sah ich? ich sah eine hohe säulenhalle vor mir/ im hintergrund einen herrlich sein sollenden garten/ Klingsor's zaubergarten/ wie ich gleich bemerke. ich bin nämlich ins theater gerathen: dort stehen zwei/ die zum spiel gehören: amfortas und kundry oder vielmehr/ was sehe ich? es ist der herr bibliothecarius und seine köchin. er ist leidend, blaß und hat einen verdorbenen magen/ sie ist enttäuscht und zornig. links steht klingsor und hält die feder/ die der herr bibliothecarius hinter dem ohr zu tragen pflegte. wie ähnlich mir klingsor sieht. abscheuliches spiel! doch siehe/ von rechts tritt parcival auf. merkwürdig/ auch er sieht mir gleich. klingsor wirft giftig die feder nach parcival. dieser aber fängt sie gelassen auf. die scene verwandelt sich: es scheint/ daß das publicum/ in diesem falle/ ich/ im letzten act mitspielt. man hat nieder zu knieen/ denn das supplicium des charfreitags beginnt: parcival tritt auf/ langsamen schrittes das haupt bedeckt vom schwarzen helm. er trägt um die schultern das herakleische löwenfell und in der hand hält er die keule/ außerdem trägt er moderne schwarze beinkleider/ der hohen kirchlichen feiertage halber. ich sträube mich und strecke abwehrend die hände aus/ doch das spiel geht weiter. parcival entblößt sein haupt vom helm. doch kein gurnemanz ist da/ der ihn entsühnte und ihm die weihe gäbe. kundry steht von ferne/ verhüllt ihr haupt und lacht. das publicum ist hingerissen und erkennt sich selber in parcival. er ist ich. ich entledige mich meiner historisch gestickten rüstung/ meines chimaerischen schmuckes und gehe in weißem büßerhemde zur quelle/ wasche ohne fremde beihülfe meine füße und hände. dann lege ich auch mein büßerhemd ab und ziehe meine bürgerliche kleider an. ich trete aus der scene heraus und nähere mich mir selber/ der ich als publicum noch immer andächtig auf den knieen liege. ich hebe mich selber vom boden empor und werde eins mit mir selber.

Was wäre spott/ wenn es nicht wirklicher spott wäre? was wäre zweifel/ wenn es nicht wirklicher zweifel wäre? was wäre gegensatz/ wenn es nicht wirklicher gegensatz wäre? wer sich selber annehmen will/ der muß auch wirklich sein anderes annehmen. der im ja ist/ alles nein nicht wahr/ und im nein ist alles ja lüge. da ich aber heute im ja sein kann und morgen im nein/ so ist ja und nein wahr und unwahr. ja und nein können nicht nachgeben/ denn sie sind/ wohl aber unsere begriffe und wahrheit und irrthum. du möchtest wohl sicherheit haben über wahrheit und irrthum? sicherheit innerhalb des einen oder anderen ist nicht nur möglich/ sondern auch nothwendig/ aber die sicherheit im einen ist unsicherheit und widerstand gegen das andere. wenn du in dem einen bist/ dann schließt deine sicherheit des einen das andere aus. aber wie kannst du dann je zum anderen gelangen? und warum kann uns das eine nie genügen? das eine kann uns darum nicht genügen/ weil auch das andere in uns ist. und wenn wir uns mit dem einen begnügten/ so litte das andere noth und befiele uns mit seinem hunger. wir mißverstehen aber diesen hunger und glauben immer noch nach dem einen hungrig zu sein und befestigen uns darum noch mehr in unserem streben nach dem einen. dadurch allerdings bewirken wir/ daß das andere in uns seine anforderung mit stärke geltend macht. wenn wir alsdann bereitwillig sind/ die forderung des anderen in uns anzuerkennen/ so können wir hinübergehen ins andere/ um es zu sättigen. wir können aber so hinübergelangen/ weil uns das andere bewusst geworden ist. wenn aber unsere verblendung durch das eine stark ist/ dann entfernen wir uns nur noch mehr vom anderen und eine unheilvolle kluft eröffnet sich in uns zwischen dem einen und dem anderen. das eine wird übersatt und das andere überhungrig. das satte wird faul und das hungrige wird schwach. und so ersticken wir in fett/ verzehrt von mangel. das ist krankhaft/ aber von dieser art siehst du viele. es muß so sein/ aber es muß auch nicht so sein. es giebt gründe und ursachen genug/ daß es so ist/ wir aber wollen/ daß es auch nicht so sei. der mensch nämlich ist die freiheit gegen/ auch die ursache zu überwinden/ denn er ist schöpferisch in sich und aus sich selbst. wenn du durch das leiden deines geistes jene freiheit errungen hast/ trotz deinem höchsten glaubens an das eine/ auch das andere anzunehmen/ weil du es auch bist/ dann beginnt dein wachsthum.

Wenn mich andere verspotten/ dann thun es doch immer noch die andern/ und ich kann ihnen dafür schuld zumessen/ und darüber vergessen/ mich selbst zu verspotten. wer aber sich selbst nicht verspotten kann/ wird andern zum spott. also nimm auch deine selbstverspottung an/ damit alles göttliche und heldenhafte von dir abfalle und du ganz nur menschlich wirst. deine göttliche und heldenhaftigkeit ist den andern in dir ein spott. um der andern willen in dir/ lege deine bewunderte rolle/ die du bisher vor dir selber spieltest/ und werde der/ der du bist.

Wer das glück und missgeschick einer besondern gabe hat/ der verfällt der täuschung/ zu glauben/ er sei diese gabe. darum ist er auch öfters ihr narr. eine besondere gabe ist etwas ausser mir. ich bin nicht gleich mit ihr. das wesen der gabe hat nichts zu thun mit dem wesen des menschen/ der ihr träger ist. sie lebt sogar öfters auf kosten des characters ihres trägers. seine persönlichkeit ist gekennzeichnet durch die nachtheile seiner gabe/ ja sogar durch den gegensatz dazu. darum ist er nie auf der höhe seiner gabe/ sondern immer darunter. wenn er sein anders annimmt/ so wird er fähig/ ohne schaden ~~sein anders~~ zu ertragen. wenn er aber nur seine gabe in seiner gabe leben will/ und deshalb sein anders verwirft/ so verliert er das maass/ denn das wesen seiner gabe ist aussermenschlich und eine naturerscheinung. er wird selber aussermenschlich/ selber eine naturerscheinung/ was er in wirklichkeit nicht ist. alle welt sieht sein irrthum/ und er fällt ihrem spotte zum opfer. dann sagt er/ es seien die andern/ die ihn verspotten/ während es doch nur die vernachlässigung seines anderen ist/ die ihn lächerlich macht.

Wenn der gott in mein leben eintritt/ dann kehre ich zu meiner ärmlichkeit zurück um des gottes willen. ich nehme die last der ärmlichkeit auf mich und trage all meine hässlichkeit und lächerlichkeit/ auch alles verwerfliche in mir. auf solche weise entlaste ich den gott von allem dem verwirrenden und unsinnigen/ das ihn befallen würde/ wenn ich es nicht annähme. damit bereite ich den weg für das thun des gottes. noch ist es nacht/ eine lange nacht voll unheimlichkeit. was soll werden? sind die finstern abgründe geleert und ausgeschöpft? oder was wartet und steht dort unten/ drohend und rothglühend?

ATMAVICTU

iuvenis adiutor

ΤΕΛΕϹΦΟΡΟϹ

spiritus malus in hominibus quibusdam.

der drache will die sonne fressen/ der jüngling beschwört ihn/ es nicht zu thun. er frisst sie aber doch.

welches Feuer ist nicht gelöscht und welche Gluth lohet noch? Wir schlachteten unzählbare Opfer der finstern Tiefe/
und immer noch fordert sie. Was ist das aberwitzige Verlangen/ das gestillt sein will? Wer ist es/ der das
wahnsinnige Geschrei erhebt? Wer unter den Toten leidet so? Komme heran und trinke Blut/ damit du
sprechen kannst. Warum weisest du Blut zurück? Willst du Milch? oder den rothen Saft der Rebe? Willst
du gar vielleicht Liebe? Liebe zu Totem? Verliebtheit in die Toten? Heischest du Lebenssamen für
den erstorbenen tausendjährigen Leib der Unterwelt? eine unkeusche/ blutschänderische Wollust
an den Toten? etwas/ das das Blut erstarren macht. Du verlangst eine wollüstige Vermi-
schung mit dem Leichnam? Ich sprach von Annehmen/ du verlangst aber an mich reissen/ an mich drücken/
begatten? Du verlangst Schändung der Toten? Jener Prophet/ sagst du/ legte sich auf das Kind/ und legte
seinen Mund auf des Kindes Mund/ und seine Augen auf dessen Augen/ und seine Hände auf dessen
Hände und breitete sich also über den Knaben/ daß des Kindes Leib warm ward. Er aber stund wieder
auf/ und gieng im Hause einmal hieher und daher/ und stieg hinauf/ und breitete sich über ihn. Da schnaub-
te der Knabe sieben mal. Danach that der Knabe seine Augen auf. So soll dein Annehmen sein/ so sollst
du annehmen/ nicht kühl/ nicht überlegen/ nicht ausgeklügelt/ nicht unterwürfig/ nicht als Selbstkasteiung/
sondern mit Lust/ eben mit dieser zweideutigen/ unreinen Lust/ die das Tiefere anzieht und vermöge ihrer
Zweideutigkeit dem höhern verbindet/ mit jener heilig-übeln Lust/ von der du nicht weisst/ ob sie Tugend
oder Laster ist/ mit jener Lust/ die wollüstige Widerwärtigkeit/ lüsterne Angst/ geschlechtliche Unreife ist.
Mit dieser Lust weckt man Tote auf. Das Geringste ist in einem todähnlichen Schlafe/ und bedarf der
Lebenswärme/ die Böses und Gutes ununterschieden und ununterscheidbar enthält. Das ist der Weg des
Lebens/ du kannst ihn nicht böse und nicht gut/ nicht rein und nicht unrein nennen. Dies ist aber nicht
Ziel/ sondern Weg und Übergang. Es ist auch Krankheit und Beginn der Gesundung. Es ist die Mutter aller
Schandthaten und aller heilbringenden Symbole. Es ist urälteste Form des Schaffens/ aller erster dunkler
Drang/ der im Verborgensten alle geheimen Schlupfwinkel und finstern Gänge mit der absichtslosen Ge-
setzmässigkeit des Wassers durchfliesst/ und an unerwarteter Stelle aus lockerem Grunde/ aus feinster Spalte
aufquellend trockenes Erdreich befruchtet. Es ist der allererste/ geheime Lehrmeister der Natur/ der den Pflanzen
und Thieren die erstaunlichen/ die überschlauen Listen und Künste lehrte/ welche unser Verstand kaum zu
fassen weiss. Es ist der grosse Weise/ der übermenschliches weiss/ der aller Wissenschaft grösste hat/
der aus verworrenem geordnetes schafft/ und vorschauend aus der unfassbaren Fülle Zukünftiges
weissagt. Es ist das Schlangenhafte/ Verderbliche und Segenspreiche/ das Furchtbar und Lächerlich
Daemonische. Es ist der Pfeil/ der immer die schwache Stelle trifft/ die Springwurzel/ die verschlossene
Schatzkammern öffnet. Du kannst es nicht klug und nicht dumm/ nicht gut und nicht böse nennen/ denn es
ist durchaus unmenschlicher Natur. Es ist der Sohn der Erde/ der dunkle/ den du aufwecken sollst.
Er ist Mann und Weib zugleich und unreifen Geschlechts/ reich an Deutung und Missdeutung/ so arm an Sinn
und doch so reich. Dies ist das Tote/ das am lautesten schrie/ das zu unterst stand und wartete/ das
am schwersten litt. Nicht Blut/ noch Milch noch Wein begehrte es zum Totenopfer/ sondern die Willigkeit
unseres Fleisches. Nicht achtete seine Sehnsucht der Qualen unseres Geistes/ der sich mühte und marterte/
zu erkennen/ was nicht zu erkennen ist/ der sich selber darob zerfleischte und als Opfer dahingab. Als unser
Geist zerstückelt auf dem Altare lag/ da erst hörte ich die Stimme des Sohnes der Erde/ und da erst sah
ich/ daß er der grosse Leidende war/ der der Erlösung bedurfte. Er ist der Erwählte/ denn er war der Ver-
worfenste. Es ist schlimm/ dies zu sagen/ vielleicht höre ich schlecht/ vielleicht verstehe ich falsch/
was die Tiefe sagt. Es ist elend/ solches zu sagen/ und doch muss ich es sagen.

Die Tiefe schweigt. Er ist emporgestiegen und erblickt das Licht der Sonne und weilt unter den Lebenden. Unrast und Entzweiung stiegen mit ihm empor/ Zweifel und die Fülle des Lebens. Amen/ es ist vollendet.
Wirklich ist/ was unwirklich war/ unwirklich/ was wirklich war. Ich aber mag nicht/ ich will nicht/ ich
kann nicht. Oh menschliche Erbärmlichkeit! Oh Unwilligkeit in uns! Oh Zweifel und Verzweiflung. Dies
ist wahrlich der Charfreitag/ wo der Herr starb und in die Hölle hinunterstieg und das Geheime vollendete. Dies ist der Charfreitag/ da wir den Christus in uns vollenden/ und da wir selber zur
Hölle hinuntersteigen. Dies ist der Charfreitag/ an dem wir klagen und weinen/ um des vollendeten
des Christus willen/ denn nach seiner Vollendung fahren wir zur Hölle. So mächtig war der Christus/
daß sein Reich alle Welt bedeckte und ausser sich nur die Hölle liess. Wie gelang es/ mit gutem
Recht und reinem Gewissen und den Gesetzen der Liebe gehorchend/ die Grenzen dieses Reiches zu überschreiten? Wer
ist es unter den Lebenden/ der Christus ist und im lebendigen Fleische zur Hölle fährt? Wer ist es/ der das
Reich des Christus um die Hölle erweitert? Wer ist es/ der nüchtern voll Trunkenheit ist? Wer
ist es/ der aus dem Einssein hinabstieg ins Zweisein? Wer ist es/ der sein eigenes Herz zer-
riss/ um das Getrennte zu vereinigen? Ich bin es/ der Namenlose/ der sich selber nicht kennt/ und dessen Name
vor ihm selber verborgen ist. Ich habe keinen Namen/ denn ich war noch gar nicht/ sondern bin eben
geworden. Ich bin mir ein Wiedergekaufter/ der mir fremd ist. Ich/ der ich ich bin/ bin es nicht. Ich
aber/ der ich vor mir und der ich nach mir sein werde/ bin es wohl. Indem ich mich selber erniedrig-
te/ ich mich als einen andern. Indem ich mich selber annahm/ theilte ich mich in zwei/ und indem ich mich mit mir selber vereinigte/ wurde ich zum kleinern Theil meiner selbst. Dies bin ich in meinem Bewusstsein. Jedoch bin ich so in meinem Bewusstsein, als ob ich auch davon geschieden wäre. Ich bin

der verfluchte drache hat die sonne gefressen / der bauch wird ihm aufgeschnitten und nun muss er das sonnengold hergeben / samt seinem bluth. dies ist die umkehr atmavictus / des alten. der herr / der die wuchernde grüne hülle zerstörte / ist der jüngling / der mir half / Siegfried zu töten.

nicht in meinem zweiten und grösseren, also ob ich dieser zweite und grössere selber wäre, sondern ich bin stets in meinem gewöhnlichen Bewusstsein, doch der Maasse davon geschieden und unterschieden, als ob ich in meinem zweiten und grösseren wäre, ohne es aber dem Bewusstsein nach wirklich zu sein. Ich bin sogar kleiner und ärmer geworden, aber gerade wegen meiner Kleinheit kann ich mir der Nähe der Grösse bewusst sein.

Ich bin getauft mit unreinem Wasser zur Wiedergeburt. Eine Flamme vom Feuer der Hölle wartete meiner über dem Becken der Taufe. Mit Unreinheit habe ich mich gebadet und mit Schmutz habe ich mich gereinigt. Ich nahm ihn auf, ich nahm ihn an, den göttlichen Bruder, den Sohn der Erde, den zweigeschlechtigen und unreifen und über Nacht ist er mannbar geworden: zwei Schneidezähne sind ihm ausgebrochen und junger Bartflaum bedeckt sein Kinn. Ich fieng ihn ein, ich überwand ihn, ich umschlang ihn. Er forderte viel von mir und brachte doch alles mit. Denn reich ist er, ihm gehört die Erde. Sein schwarzes Pferd aber ist von ihm geschieden.

Wahrlich, einen stolzen Feind hab ich mir erlegt, einen grösseren und stärkeren hab ich mir zum Freunde gezwungen. Nichts soll mich von ihm, dem Dunkeln, trennen. Will ich von ihm gehen, so folgt er mir, wie mein Schatten. Wenn ich nicht an ihn denke, so ist er mir doch unheimlich nahe. Er wird zur Angst, wenn ich ihn verleugne. Ich muss viel seiner gedenken, ich muss Opferspeise für ihn hinlegen. Ich fülle einen Teller für ihn auf meinem Tische. Vieles, was ich früher an Menschen getan hätte, muss ich jetzt für ihn thun. Darum halten sie mich für selbstisch, denn sie wissen nicht, dass ich mit meinem Freunde gehe, und dass viele Tage ihm geweiht sind. Aber Unruhe ist eingezogen, leises unterirdisches Beben, ein fernes grosses Rauschen. Wege sind eröffnet zur Weite und zum Zukünftigen. Wunder sind nahe und grausame Geheimnisse. Ich fühle die Dinge, die waren und sein werden. Hinter den gewöhnlichen klaffen die ewigen Abgründe. Mir giebt die Erde wieder, was sie barg.

xi. mcmxix.

dieser stein / so köstlich gefaßt
ist / ist sicherlich der lapis philosophorum.
er ist härter / als der demant. aber er erstreckt sich im
raume von vier eigenschaften / nämlich der breite / höhe / tiefe / und der zeit.
er ist darum unsichtbar und du kannst durch ihn hindurchgehen / ohne es zu merken. aus dem stein fließen die vier aquariusströme.
dies ist das unverwesliche korn / das zwischen vater und mutter gelegt ist und das verhindert / daß die spitzen der beiden kegel sich
berühren / die monade / die das pleroma aufwiegt.

4 dec. mcmxix.

dieſʒ iſ die hintere ſeite d. kleinods. w. im ſteine iſ / hat dieſ. ſchatt. dieſʒ i. atmavictu / d. alte / nach d. er ſi. aus d. ſchöpfg. z. rückgezog. hat. er kehrte z. rück in die endloſe geſchichte / allwo er ſein anfang genom. er wurde wiederum z. ſtein v. reſt / nach d. er ſeine ſchöpfg. vollendet hatte. in izdubar hat er d. menſch. überwachſ. u. aus ihm ΦΙΛΗΜΩΝ u. KA befreit. ΦΙΛΗΜΩΝ gab d. ſtein / KA das ⊙.

dieß is d· hl· wassgieß·. aus d· blum / die d· leibe d· drach· entspriess / wachs· die kabir·. o· is d· tempel·

an·
nce·

Die drei Prophezeiungen · cap. xviii ·

Wunderliche Dinge kamen näher. Ich rief meine Seele und bat sie, hinunter zu tauchen in das Flutende, dessen fernes Rauschen ich vernommen hatte. Dies geschah am 22. Jan. des Jahres 1914, wie in meinem schwarzen Buche aufgezeichnet steht. Da tauchte sie hinab, pfeilschnell, in das Dunkle und aus der Tiefe rief sie herauf: willst du annehmen, was ich bringe?

I: Ich will annehmen, was du giebst. Nicht mir steht das Recht zu, zu urtheilen und zu verwerfen.

S: So höre: es giebt hier unten alte Panzer, Rüstzeuge unserer Väter, von Rost zerfressen, moderige Lederriemen hängen daran, wurmstichige Lanzenschäfte, verbogene Speerspitzen, zerbrochene Pfeile, verfaulte Schilde, Schädel, Totenbeine von Mann und Ross, alte Geschütze, Steinschleudern, zerfallene Brandfackeln, zerschmettertes Sturmzeug, Steinspitzen, Steinkeulen, scharfe Knochen, spitze Zähne geschickt für Pfeile, alles, was Schlachten der Vorzeit auf dem Felde liegen liessen. Willst du all das annehmen?

I: Ich nehme an. Du weisst es besser, meine Seele.

S: Ich finde bemalte Steine, geritzte Knochen mit magischen Zeichen, Zaubersprüche auf Lederlappen und Bleiplättchen, schmutzige Beutel mit Zähnen, Menschenhaar und Fingernägeln gefüllt, zusammengebundene Hölzer, schwarze Kugeln, vermoderte Thierhäute, allen Aberglauben, den finstere Vorzeit ausheckte. Willst du all das?

I: Ich nehme alles an, wie soll ich etwas von mir weisen?

S: Ich finde aber Schlimmeres, Brudermord, feigen Totschlag, Tortur, Kinderopfer, Ausrottung ganzer Völker, Brand, Verrath, Krieg, Empörung, willst du auch das?

I: Auch das, wenn es sein muss, wie kann ich urtheilen?

S: Ich finde Seuchen, Naturkatastrophen, gesunkene Schiffe, zerstörte Städte, furchtbare thierhafte Wildheit, Hungersnoth, Lieblosigkeit der Menschen, und Angst, ganze Berge von Angst.

I: Es soll so sein, weil du es giebst.

S: Ich finde die Schätze aller vergangenen Culturen, herrliche Götterbilder, weite Tempel, Malereien, Papyrusrollen, Pergamentblätter mit den Schriftzeichen vergangener Sprachen, Bücher voll verschollener Weisheit, Lieder und Gesänge alter Priester, die Geschichten, welche durch tausend Generationen erzählt wurden.

I: Das ist eine Welt, deren Umfang vermag ich nicht zu fassen. Wie kann ich annehmen?

S: Du wolltest doch alles annehmen? Du kennst deine Grenzen nicht. Kannst du dich nicht beschränken?

I: Ich muss mich beschränken. Wer vermöchte diesen Reichthum je zu fassen?

S: Sei bescheiden und baue deinen Garten mit Genügsamkeit.

I: Ich will es thun. Ich sehe, dass es sich nicht lohnt, ein grösseres Stück der Unermesslichkeit zu erobern statt eines kleineren. Ein kleiner Garten gut gepflegt ist besser als ein grosser Garten schlecht gepflegt. Angesichts der Unermesslichkeit sind beide Gärten gleich klein, aber ungleich gepflegt.

S: Nimm eine Schere und beschneide deine Bäume.

Aus dem flutenden Dunkel, das der Sohn der Erde herangeführt hatte, gab mir die Seele alte Dinge, die das Zukünftige deuten. Drei Dinge gab sie: den Jammer des Krieges, die Finsterniss der Zauberei und das Geschenk der Religion. Wenn du klug bist, dann verstehst du, dass diese drei Dinge zusammengehören. Diese drei bedeuten die Entfesselung des Chaos und seiner Kräfte, ebenso sind die drei auch die [illegible] des Chaos. Der Krieg ist offenbar und jedermann sieht ihn, die Zauberei ist dunkel und niemand sieht sie. Die Religion ist noch nicht, wird aber offenbar werden. Dachtest du, dass die Schrecken eines solchen Kriegsgreuels über uns kommen würden? Dachtest du, dass es Zauberei gäbe? Dachtest du an eine neue Religion? Ich sass die langen Nächte und schaute das Kommende und mir schauderte. Ob du mir glaubst? Wenig kümmert es mich. Was soll ich glauben und was soll ich unglauben? Ich sah und mir schauderte. Aber mein Geist vermochte das Ungeheuere nicht zu fassen, nicht auszudenken den Umfang des Kommenden. Die Kraft meiner Sehnsucht ermattete und entkräftet sanken die erntenden Hände. Ich fühlte die Last der ungeheueren Arbeit der kommenden Zeiten. Ich sah, wo und wie, aber kein Wort vermag es zu fassen, kein Wille kann es bezwingen. Ich konnte nicht anders, ich liess es wieder zur Tiefe sinken. Ich kann es dir nicht geben, ich kann nur vom Wege des Kommenden reden. Wenig Gutes wird von aussen an euch kommen. Was euch zukommt, liegt in euch. Aber was liegt dort! Ich möchte meine Augen abwenden, meine Ohren verschliessen und alle meine Sinne verleugnen, ich möchte einer sein unter euch, der von nichts weiss und nie etwas sah. Es ist zu viel und zu unerwartet. Aber ich sah es und mein Gedächtniss lässt nicht von mir. Meine Sehnsucht aber, die sich nach den Zukünftigen strecken möchte, beschneide ich, und ich kehre zurück zu meinem kleinen Garten, der mir gegenwärtig blüht, und dessen Umfang ich ermessen kann. Er soll gepflegt sein. Die Zukunft ist den Zukünftigen zu lassen. Ich kehre zurück in das Kleine und Wirkliche, denn dies ist der grosse Weg, der Weg des Kommenden. Ich kehre zurück zu meiner einfachen Wirklichkeit, zu meinem unleugbaren kleinsten Sein. Und ich nehme ein Messer und halte Gericht über all das, das wuchs ohne Mass und Ziel. Wahrlich, Wälder sind um mich gewachsen, schlingende Pflanzen klettern an mir empor und ich bin ganz zugedeckt vom endlos Wuchernden. Die Tiefe ist unerschöpflich, sie giebt alles. Alles ist so gut wie nichts. Behalte ein weniges und du hast etwas. Dein Ehrgeiz und deine Gier zu erkennen und zu wissen, deine Sucht

zu sammeln, zu säen, zu bauen, zu umfassen, dienstbar zu machen, zu beeinflussen, zu herrschen, einzuordnen, Bedeutung und Deutung zu geben, ist maßlos. Es ist Wahnwitz, wie alles, das über seine Grenzen hinausgeht. Wie kannst du halten, was du nicht bist? Du möchtest wohl das All, das du nicht bist, unter das Joch deines elenden Wissens und Erkennens zwingen? Bedenke, du kannst dich wissen, und damit weißt du genug. Du kannst aber nicht den andern und all das andere wissen. Hüte dich, über dich hinaus zu wissen, sonst erstickst du mit der Anmaaßung deines Wissens das Leben der andern, das sich selber weiß. Ein Wissender möge sich selber wissen. Das ist seine Grenze. Mit schmerzhaftem Schnitt schneide ich ab, was ich über das außer mir zu wissen vorgab. Ich schneide mich heraus aus den listigen Schlingen der Bedeutungen, die ich den andern mir gab. Und mein Messer schneidet noch tiefer und trennt mich ab von den Bedeutungen, die ich mir selber gab. Ich schneide hinunter bis ins Mark, bis alles Bedeutungsvolle von mir abfällt, bis ich nichts mehr, als das ich mir erscheinen könnte, bis ich nur noch weiß, daß ich bin, ohne zu wissen, was ich bin. Ich will arm und bloß sein, ich will nackt stehen vor dem Unerbittlichen. Ich will mein Körper sein und seine Dürftigkeit. Ich will von Erde sein und ihr Gesetz leben. Ich will mein Menschenthier sein und alle seine Schrecken und Lüste annehmen. Ich will durch den Jammer und die Seligkeit dessen gehen, der mit armem, unbewehrtem Körper auf besonnter Erde stand, allein, eine Beute seiner Triebe und der lauernden wilden Thiere, dessen, der von Gespenstern geschreckt war und von fernen Göttern träumte, dessen, der dem Nahen gehörte und dem das Ferne feindlich war, dessen, der aus Steinen Feuer schlug, und dem unerkennbare Mächte die Herden raubten und die Saat seines Feldes zerstörten, dessen, der nicht wußte und nicht erkannte, sondern nach Nächstem lebte, und dem das Fernste aus Gnade zufiel. Ein Kind war er und unsicher, der voll Sicherheit, schwach und der theilhaft unerhörter Kraft. Als sein Gott nicht half, nahm er einen andern. Und als auch dieser nicht half, züchtigte er ihn. Und siehe da: ein ander mal halfen die Götter. Also werfe ich weg all das Bedeutungsschwere, all das Göttliche und Teuflische, mit dem mich das Chaos belud. Wahrlich, nicht an mir liegt es, die Götter und die Teufel und die chaotischen Monstren zu verweisen, sie sorgsam aufzufüttern, sie behutsam mit mir zu schleppen, sie zu zähmen und zu benennen, und sie mit Glauben vor Unglauben und Anzweifeln zu schützen. Ein freier Mann kennt nur freie Götter und Teufel, die aus sich selber bestehen und aus eigener Kraft wirken. Wirken sie nicht, so ist das ihre Sache, und ich kann mich dieser Bürde entledigen. Wirken sie aber, so bedürfen sie der weder meines Schutzes noch meiner Fürsorge noch meines Glaubens. Also magst du ruhig warten, ob sie wirken. Wenn sie aber wirken, dann sei klug, denn der Tiger ist stärker als du. Du sollst alles von dir legen können, sonst bist du ein Sklave, selbst wenn du der Sklave eines Gottes bist. Das Leben ist frei und wählt seine Wege. Es ist beschränkt genug, darum häufe keine Schranken. Also schnitt ich alles Beschränkende weg. Hier stand ich und dort lag die räthselvolle Vielgestalt der Welt.

Und ein Grauen beschlich mich. Bin ich nicht das Eingegrenzte? Ist die Welt dort nicht das Unbegrenzte? Und meine Schwäche wurde mir bewußt. Was wäre Armuth, Blöße, Unbewehrtheit ohne das Bewußtsein der Schwäche und ohne das Grauen der Ohnmacht? Also stand ich und mir graute. Da flüsterte meine Seele zu mir:

Die Gabe der Magie. Cap. XIX.

Hörst du nicht etwas? I: Mir ist nichts bewußt, was soll ich hören? S: Ein Läuten. I: Ein Läuten – wovon? Ich höre nichts. S: So höre besser. I: Vielleicht im linken Ohr. Was soll's bedeuten? S: Unglück. I: Ich nehme an, was du sagst. Ich will Glück und Unglück empfangen. S: So halte deine Hände ausgebreitet empor und empfange, was dir zukommt. I: Was ist es? Ein Stab? Eine schwarze Schlange? Ein schwarzer Stab, geformt wie eine Schlange, zwei Perlen als Augen, ein Goldreif um den Hals. Ist es nicht wie ein Zauberstab? S: Es ist ein Zauberstab. I: Was soll mir Magie? Ist der Zauberstab ein Unglück? Ist Magie ein Unglück? S: Ja, für die, die sie besitzen. I: Es klingt wie alte Sage – wie wunderlich bist du, meine Seele! Was soll mir Magie? S: Magie soll dir viel. I: Ich fürchte, du weckest meine Begehrlichkeit und mein Mißverstehen. Du weißt, der Mensch hört nicht auf, nach der schwarzen Kunst zu gieren und nach den Dingen, die ihn keine Arbeit kosten. S: Magie ist nicht leicht und sie kostet Opfer. I: Kostet sie das Opfer der Liebe? Der Menschlichkeit? Dann nimm den Stab zurück. S: Sei nicht voreilig. Magie verlangt nicht diese Opfer. Sie verlangt ein anderes Opfer. I: Was ist das Opfer? S: Das Opfer, das Magie verlangt, ist Trost. I: Trost? Verstehe ich recht? Es ist unsäglich schwer, dich zu verstehen. Sprich, was heißt das? S: Trost ist zu opfern. I: Wie meinst du? Soll der Trost, den ich gebe, oder der, den ich empfange, geopfert werden? S: Beides. I: Ich bin verwirrt. Es ist zu dunkel. S: Um des schwarzen Stabes willen hast du den Trost zu opfern, den Trost, den du giebst, und den, den du empfängst. I: Ich soll den Trost von denen, die ich liebe, nicht empfangen dürfen? Und ich soll denen, die ich liebe, keinen Trost geben? Das bedeutet den Verlust eines Stückes Menschlichkeit, und an seine Stelle tritt das, was man Härte gegen sich selber und gegen andere nennt. S: So ist es. I: Erfordert der Stab dieses Opfer? S: Er verlangt dieses Opfer. I: Kann ich, darf ich dieses Opfer bringen um des Stabes willen? Muß ich den Stab annehmen? S: Willst du oder willst du nicht? I: Ich kann es nicht sagen. Was weiß ich vom schwarzen Stab? Wer giebt ihn mir? S: Das Dunkel, das vor dir liegt. Er ist das nächste Ding, das zu dir kommt. Willst du ihn annehmen und ihm dein Opfer anbieten? I: Es ist hart, dem Dunkeln, der blinden Finsterniß zu opfern, und welch ein Opfer! S: Die Natur, trostlose Natur, empfängt sie Trost? I: Du wagst ein schweres Wort. Welche Einsamkeit forderst du von mir? S: Das ist dein Unglück und die Macht des schwarzen Stabes. I: Wie düster ahnungsreich du sprichst! Umschließest du mich mit dem Panzer

s bild wurde beendet am 9 januar 1921/ nachd̃ es an die 9 monate unvollendet gewartet hatte. es drückt/ i weiß
t/ was für eine trauer aus/ ein vierfach opf. i konte mi beinahe nicht entschließ/ es zu beendig. es is das unerbittliche
d vier function/ das opf erfüllte wesen all lebendig.

eisiger härte? umklammerst du mein herz mit ehernen schalen? ich fühle mich der lebensquellen ferne. soll ich sie missen um der magie willen? was ist magie? S: du kennst magie nicht. also verurtheile nicht. weswegen sträubst du dich? I: magie! was soll magie? ich glaube nicht daran / kann nicht daran glauben. mir sinkt das herz – und der magie soll ich ein grösstes stück menschlichkeit opfern? S: ich rathe dir gut. sträube dich nicht / und vor allem / benimm dich nicht so aufgeklärt / wie wenn du nicht im kleinsten an magie glaubtest. I: du bist unerbittlich. aber ich kann nicht an magie glauben / oder ich habe eine ganz unrichtige idee davon. S: das letztere läßt sich hören. laß nur einmal deine blinden vorurtheile und kritischen gesten / sonst wirst du ewig nichts verstehen. willst du noch viele jahre mit warten vergeuden? I: habe geduld / meine wissenschaft ist noch nicht überwunden. S: hohe zeit / daß du sie überwindest! I: du verlangst viel / fast zu viel. schließlich – ist wissenschaft unentbehrlich zum leben? ist wissenschaft leben? es giebt menschen / die ohne wissenschaft leben. aber überwinden der wissenschaft um der magie willen? das ist unheimlich und bedrohlich. S: hast du angst? du willst das leben nicht wagen? legt nicht das leben dir dieses problem vor? I: das läßt mich alles so dumpf und verwirrt. hast du nicht ein wort des lichtes für mich? S: oh / du verlangst trost? willst du den stab oder willst du ihn nicht? I: du zerreißest mein herz. ich will mich dem leben unterwerfen. aber / wie schwer ist es! ich will den schwarzen stab / weil es das erste ding ist / das mir das dunkel giebt. ich weiß nicht / was dieser stab bedeutet / noch was er giebt / ich fühle nur / was er nimmt. ich will niederknien und diesen boten des dunkeln empfangen. ich habe den schwarzen stab empfangen / ich halte ihn / den räthselvollen / in meiner hand / er ist kalt und schwer / wie eisen. die perlenaugen der schlange blicken mich blind und schillernd an. was sollst du / geheimnißvolles geschenk? alle dunkelheit aller vorwelt drängt sich in dir zusammen / du harter / schwarzer stahl! bist du zeit und schicksal? essenz der natur / hart und ewig trostlos / aber summe aller geheimen schöpferkraft? uralte zauberworte scheinen von dir auszugehen / geheime wirkungen webt um dich / welche mächtige künste schlummern in dir? mit unerträglicher spannung durchdringest du mich / welche fratzen sollen dir entkriechen? welche furchtbaren geheimnisse wirst du schaffen? wirst du unwetter / sturm / kälte / blitzschlag bringen oder wirst du die felder fruchtbar machen und den leib der schwangern segnen? was ist das zeichen deines seins? oder bedarfst du dessen nicht / du sohn des finstern schoßes? genügst du dich der nebelhaften dunkelheit / deren concretion und crystall du bist? wo in meiner seele berge ich dich? in meinem herzen? wehe / soll mein herz dein schrein / dein allerheiligstes sein? so wähle dir deine stätte. ich habe dich angenommen. welche schwere spannung du mit dir bringst! springt der bogen meiner nerven nicht? ich habe den boten der nacht herberge gegeben. S: mächtigster zauber wohnt in ihm. I: ich fühle es und kann es doch nicht beschreiben / welche schauervolle stärke ihm gegeben ist. ich wollte lachen / weil so vieles sich in lachen wendet / und weil so vieles nur darin seine lösung findet. das lachen erstirbt mir aber. der zauber des stabes ist fest wie eisen und kalt wie der tod. vergieb mir / meine seele / ich will nicht ungeduldig sein / aber mir scheint / als müsse etwas geschehen / was diese unerträgliche spannung / die mir der stab gebracht hat / durchbricht. S: warte / halte augen und ohren offen. I: mir schaudert / und ich weiß nicht / warum. S: man schaudert bisweilen vor dem größten. I: ich beuge mich / meine seele / vor unbekannten gewalten / ich möchte jedem unbekannten gott einen altar weihen. ich muß mich fügen. das schwarze eisen in meinem herzen giebt mir geheime kraft. es ist wie trotz und wie – verachtung der menschen.

Oh finstere that / schändung / mord! gebäre / abgrund / das heillose. wer ist unser heiland? wer führer? wo sind wege durch schwarze wüsten? gott / verlasse uns nicht! was rufst du gott? hebe deine hände empor zum dunkel über dir / bete / verzweifle / ringe die hände / kniee / drücke deine stirne in den staub / schreie / aber nenne ihn nicht / schaue nicht zu ihm. laß ihn ohne namen und form. was soll der formlosen form? den namenlosen namen? tritt auf den großen weg und erfasse nächstes. schaue nicht aus / wolle nicht / aber halte die hände empor. voll räthsel sind die geschenke der dunkelheit. wer an räthseln weitergehen kann / dem ist ein weg geöffnet. unterwirf dich den räthseln und den durchaus unbegreiflichen. es sind schwindelnde

brücken über ewigkeitstiefen abgründen. aber folge den rätseln. ertrage sie / die furchtbaren. noch ist es dunkel / noch immer wächst das grausame. versunken / verschluckt in die ströme zeugenden lebens nähern wir uns den übermächtig / unmenschlichen gewalten / die geschäftig am werke sind / die komenden zeiten zu schaffen. wieviel zukünftiges birgt die tiefe! werden nicht in ihr die fäden über jahrtausende gesponnen? hüte die rätsel / trage sie in deinem herzen / wärme sie / gehe mit ihnen schwanger. so trägst du zukunft. unerträglich ist die spannung des zukünftigen in uns. es muss durch enge spalten brechen / es muss neue wege erzwingen. du möchtest die last abwerfen / du möchtest dem unentrinnbaren entrinnen. weglaufen aber ist täuschung und umweg. schliesse die augen / damit du das mannigfaltige / das äusserliche vielfache / das wegreissende und verlockende nicht siehst. es giebt nur einen weg / und das ist dein weg / nur eine erlösung / und das ist deine erlösung. was blickest du hilfesuchend herum? glaubst du / es kome hilfe von aussen? das komende wird in dir und aus dir geschafft. darum blicke in dich selber. vergleiche nicht / messe nicht. kein anderer weg ist dem deinen gleich. alle andern wege sind dir täuschung und verführung. du musst den weg in dir vollenden. oh dass dir alle menschen und alle ihre wege fremd werden könten! so köntest du sie aus dir wiederfinden / und ihre wege erkenen. aber welche schwäche! welche verzweiflung! welche angst! du wirst es nicht ertragen / deinen weg zu gehen. du willst immer wenigstens einen fuss auf fremden wegen haben. damit dich die grosse einsamkeit nicht befalle! damit muttertrösterin immer um dich sei! damit man dich bestätige / anerkene / betrauere / tröste / ermuthige! damit man dich hinüberreisse auf fremde pfade / wo du von dir selber abirrst / und wo du dich / erleichtert / weglegen kanst. als ob du nicht dich selber wärest! wer soll deine that thun? wer soll deine tugenden und wer soll deine laster tragen? du komst mit deinem leben nicht zu ende / und furchtbar werden dich die toten bedrängen / um deines nicht gelebten lebens willen. es muss alles / alles erfüllt werden. die zeit drängt / was willst du das eine zu berge häufen / und das andere verkomen lassen?

gross ist die macht des weges. in ihm wächst himel und hölle zusamen / die kräfte des untern und die kräfte des obern einen sich in ihm. magisch ist die natur des weges / magisch sind bitte und anrufung / magisch sind verwünschung und that / wen sie auf dem grossen wege geschehen. magie ist wirkung von mensch zu mensch / aber es ist nicht so / dass deine magische handlung deinen nächsten trifft / sondern sie trifft dich selber zuerst / und nur / wen du ihr standhältst / geschieht eine unsichtbare wirkung von dir auf deinen nächsten. es ist mehr davon in der luft / als ich je dachte. jedoch / es ist nicht zu fassen. höre:

das obere ist mächtig /
das untere ist mächtig /
zwiefache gewalt ist in einem.
nord kome herbei /
west schmiege dich unter /
ost ströme herauf /
süd quelle über /

die zwischenwinde binden das gekreuzte /
die pole vereinen sich durch die zwischenpole.
stufen führen von oben nach unten.
kochende wasser brodeln in kesseln.
glühende asche umhüllt die gerundeten böden.
nacht sinkt blau und tief von oben /
erde steigt schwarz von unten.

**ein einsamer kocht heilende tränke/
er spendet nach den vier winden.
er begrüßt die sterne und berührt die erde.
er hält leuchtendes in seinen händen.**

blumen spriessen um ihn und einer neuen frühlings wonne küßt alle seine glieder.

vögel fliegen herbei und das scheue gethier des waldes schaut nach ihm.

ferne ist er den menschen und doch geht der faden ihres schicksals durch seine hand.

eure fürbitte gelte ihm/daß sein trank reif und stark werde und heilung bringe den tiefsten wunden.

um euretwillen ist er einsam und wartet allein zwischen himmel und erde/auf daß erde zu ihm hinauf und himmel zu ihm hinunter steige.

noch sind alle völker ferne und stehen hinter der wand des dunkeln.

ich aber höre seine worte/die aus fernen zu mir dringen.

er hat sich einen schlechten schreiber erkoren/einen schwerhörigen/der auch stottert/wenn er schreibt.

ich kenne ihn nicht/den einsamen. was spricht er? er spricht: angst leide ich und noth um der menschen willen.

ich grub alle runen aus und zaubersprüche/denn die worte erreichen die menschen nimmer. die worte sind zu schatten geworden.

darum nahm ich alle zaubergeräthe und kochte heiße tränke und mischte geheimes darein und uralt kräftiges dinge/die auch der klügste nicht erräth.

ich kochte die wurzeln aller menschlichen gedanken und thaten.

in vielen sternhellen nächten wartete ich des kessels. unendlich langsam gährt der trank. ich bedarf eurer fürbitte/
eures knieens/eurer verzweiflung und eurer geduld. ich bedarf eurer letzten und höchsten sehnsucht/eures reinsten wollens/
eurer demüthigsten unterwerfung.

Einsamer/auf was wartest du? wessen hülfe erharrst du?

es ist keiner/der dir beispringen könnte/denn alle sehen nach dir und harren deiner heilenden kunst.

wir sind alle ganz unvermögend und noch mehr der hülfe bedürftig wie du. gewähre du uns hülfe/damit
wir dir hülfe zurückgeben.

Der einsame spricht: wird mir keiner beistehen in dieser noth?

soll ich mein werk lassen/um euch zu helfen/damit ihr mir wieder helfen könnt?

wie aber soll ich euch helfen/wenn mein trank nicht reif und stark wird? er hätte euch helfen sollen. was erhofft ihr von mir?

Komme zu uns/was stehst du und kochst wunderliches? was sollen uns deine heil- und zaubertränke? glaubst du an heiltränke? siehe
das leben an/wie sehr bedarf es deiner!

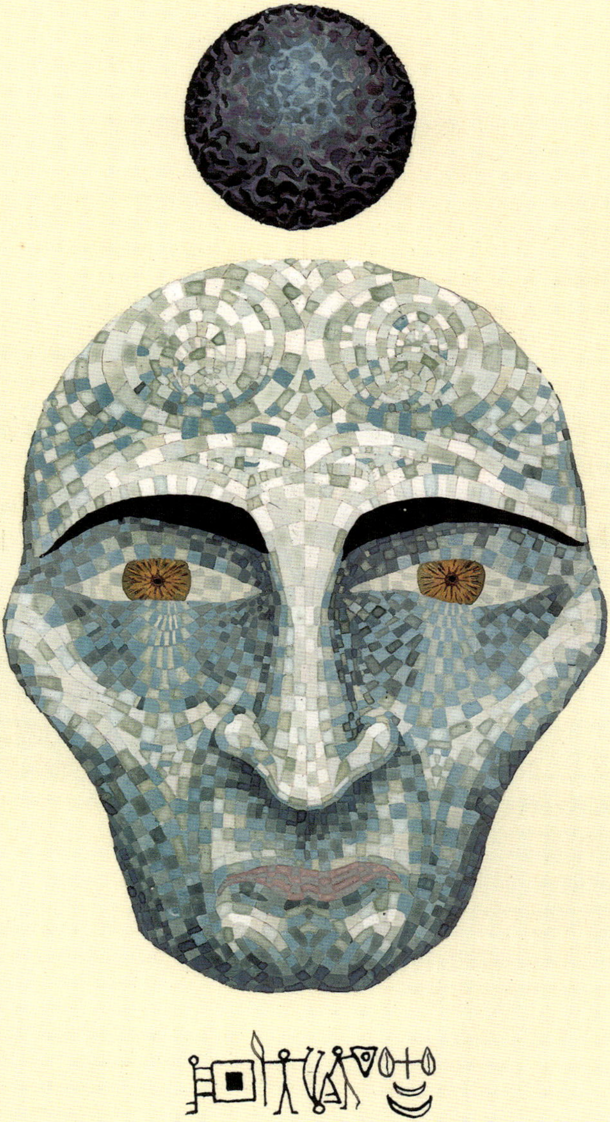

Der einsame spricht: narr~/könt ihr nicht eine stunde mit mir wach~/bis das schwere u~ langdauernde vollends gelung~ u~ d° saft reif geword~?

no° ein klein' u~ die gähr' i~ vollendet. warum könt ihr nicht wart~? warum soll eure ungeduld höchst' werk z' nichte mach~

Was i~ höchst' werk? wir leb~ nicht/kälte u~ erstarr' hat uns ergriff~. dein werk/einsam°/wird sie in aeon~ nicht vollenden/auch weñ es tag um tag weit° schreitet.

endlos i~ das werk d° erlös~. warum will~ du das ende dies' werk' abwart~? u~ weñ dein erwart~ di' für ungemeßene zeit~ versteinerte/du könte~ das ende nicht erdauern. u~ weñ deine erlös' zu ihr~ ende käme/so müßte~ du wied° um von dein° erlös' erlö~ werd~.

Der einsame spricht: wel' bewegliche klage dringt an mein ohr! was für ein gewinsel! was seid ihr läppische zweifl°/ungebärdige kind°! harret aus/no° diese nacht soll es vollendet sein.

Wir wart~ keine nacht mehr/genug d° harrens. bi~ du ein gott/daß tausend nächte vor dir wie eine nacht sind? diese eine nacht no° wäre uns/die wir mensch~ sind/wie tausend nächte. laß ab vom werke d° erlös~/u~ schon sind wir erlö~. wie lange will~ du uns erlös~?

Der einsame spricht: peinlich' mensch~ volk/du närisch' bastard von ~~~ gott u~ vieh/ein stück dein' werthvoll~ fleisch' fehlt wohl no° d° gemische mein' keßels. i' bin wohl dein werthvoll~' brat~stück? lohnt es si'/daß i' mi' für ~~~ eu' sied~ laße? ein° ließ si' für eu' ans kreuz nageln. an ihm war es fürwahr genug. er versperrt mir d~ weg. darum gehe i' nicht auf sein~ weg~/i' bereite eu' kein~ heilsaft/kein~ unsterblich~ bluttrank laße i' eu'/sondern i' laße trank u~ keßel u~ geheim' wirk~ um euretwill~/deñ ihr könt die fülle nicht erwart~ u~ nicht erdauern. i' werfe eure fürbitte/eu° kniebeug~/eure anrufung~ hin. ihr mögt eu' selb~ erlös~ von eu° unerlöst~ u~ erlöst~. eu° werth stieg ho° genug dadur~/daß ein° für eu' starb. bewei~ jetzt eu' werth dadur~/daß jed° für si' lebt. mein gott/wie schwer i~ es/um d° mensch~ will~ ein werk unvollendet z' laß~! ab° um d° mensch~ will~ verzichte i' darauf/ein erlös° z' sein. nun hat mein trank seine gähr' vollendet. nicht i' mischte mi' selb° d~ tranke bei/sondern ein stück mensch' schnitt i' ab/u~ siehe/es klärte d~ trübschäumend~ trank.

29 nov. 1922.

Wie süß/wie bitt° schmeckt er!
das untere i~ schwarz/
das obere i~ schwarz/

Zwiefach wurde die gestalt d° ein~.
nord hebe di' weg/
west entferne di' z' dein~ ort/

Ost breite di' hin/
süd lege di'.
die zwisch~winde lös~ das gekreuzte.

beendet am
25 Novembris
1922.
aus muspilli kommt
das feuer u. erfasst
d. lebensbaum.
ein kreislauf ist
vollendet / aber es ist
d. kreislauf im weltei. ein
fremder gott / d. nicht z. benennen-
de gott d. einsam. / bebrütet es.
neue lebensform steigt aus rauch u.
asche.

die fernen pole sind getrennt durch die zwischenpole.
die stufen sind weite wege / geduldige straßen.
der brodelnde keßel wird kalt.
die asche wird grau unter seinem boden.
die nacht überzieht den himmel und weit nach unten liegt die schwarze erde.

Der tag kommt herauf und die ferne sonne über den wolken.
kein einsamer kocht heilende tränke.
die vier winde wehen und lachen seiner spende.
und er spottet der vier winde.
er hat die sterne gesehen und die erde berührt.
darum umschließt seine hand leuchtendes
und sein schatten ist bis zum himmel gewachsen.

Unerklärliches findet statt. gerne möchtest du dich selber verlassen und zu seinen vielfachen möglichkeiten überlaufen. gerne möchtest du jeden frevel wagen / um das geheimniß des wechselvollen für dich zu rauben. aber ohne ende ist die straße.

25 Febr. 1923. die verwandlung der schwarzen in die weiße magie.

Der weg des kreuzes. cap. xx.

Ich sah die schwarze schlange / wie sie sich am holze des kreuzes emporwand. sie kroch in den körper des gekreuzigten und trat verwandelt aus seinem munde wieder hervor. sie war weiß geworden. sie schlang sich um das haupt des toten wie ein diadem / und ein licht erstrahlte über dem haupte / und im osten erhob sich strahlend die sonne. ich stand und schaute und war verwirrt und schwere last drückte meine seele. der weiße vogel aber / der mir auf der schulter saß / sprach zu mir: laße regnen / laße den wind rauschen / laße die waßer fließen und das feuer flammen. laße jeglichem sein wachsthum. laße dem werdenden seine zeit.

2. Wahrlich der weg führt durch den gekreuzigten / das heißt durch den / dem es nicht zu wenig war / sein eigenes leben zu leben und der darum erhöht wurde zur herrlichkeit. nicht lehrte er wißbares und wißenswerthes / sondern er lebte es. es ist nicht zu sagen / wie groß die demuth deßen sein muß / der es auf sich nimmt / sein eigenes leben zu leben. kaum zu ermeßen ist die größe des ekels deßen / der in sein eigenes leben eintreten will. vor widerwillen wird er krank. er erbricht sich ob sich selber. seine gedärme schmerzen ihn / und sein gehirn verfällt der ohnmacht. eher ersinnt er jede list / die ihm das entkommen ermöglicht / denn nichts ist zu vergleichen der qual des eigenen weges. unmöglich schwer scheint es zu sein / so schwer / daß es kaum etwas giebt / das man dieser qual nicht vorziehen möchte. es giebt nicht wenige / die sogar die menschen lieben aus furcht vor sich selber. ich glaube / es giebt auch solche / die ein verbrechen begehen / um einen gegengrund gegen sich selber zu finden. darum klammere ich mich an alles / das mir den weg zu mir selber versperrt.

3. Wer zu sich selber geht / steigt hinunter. dem großen propheten / der dieser zeit voranging / erschienen jämmerliche und lächerliche gestalten / und dieß waren die gestalten seines eigenen wesens. er nahm sie nicht an / sondern warf sie andern vor. endlich aber sah er sich gezwungen / ein abendmahl mit seiner eigenen ärmlichkeit zu feiern und jene gestalten seines eigenen wesens anzunehmen aus mitleid / welches eben jenes annehmen des geringsten in uns ist. da aber empörte sich der löwe seiner macht und scheuchte das verlorene und wiedergebrachte in das dunkel der tiefe zurück. und als ein mächtiger wollte der mit dem großen namen sonnengleich aus dem schooße der berge hervorbrechen. was geschah ihm aber? sein weg führte ihn vor den gekreuzigten und er fieng an zu wüthen. er tobte gegen den mann des spottes und der schmerzen / weil die macht des eigenen wesens ihn zwang / eben diesen weg zu gehen / so / wie es der christus uns zuvor that. er aber verkündete laut seine macht und größe. niemand spricht lauter von seiner macht als der / dem der boden unter den füßen schwindet. schließlich erreichte ihn das geringste in ihm / das unvermögen / und dieses kreuzigte seinen geist / also daß / wie er selber vorausgesagt / seine seele eher starb als sein körper.

4. Niemand steigt über sich selber empor / der nicht seine gefährlichste waffe gegen sich selber gewendet hat. einer / der über sich selber emporsteigen will / steige herunter und belade sich mit sich selber und schleppe sich selber zur opferstätte. aber was muß dem menschen alles geschehen / bis er einsieht / daß der äußere sichtbare erfolg / der sich mit

händen greifen läßt / ein abweg ist. welche leiden müssen über die menschheit gebracht werden / bis der mensch darauf verzichtet / seine machtgier am mitmenschen zu sättigen und es immer am andern zu wollen. wieviel blut muß noch fließen / bis dem menschen die augen aufgehen / und er sein eigenen weg sieht und seinen eigenen feind / und bis er seiner wahren erfolge gewahr wird. du sollst mit dir selber leben können / nicht auf kosten deines nachbarn. das herdenthier ist nicht der parasit und quälgeist seines bruders. mensch / du hast sogar vergessen / daß du auch ein thier bist. du glaubst wohl immer noch / wo du nicht siehst / da sei es besser. wehe dir / wenn dein nachbar auch so denkt. aber du kannst sicher sein / er denkt auch so. einer muß anfangen / nicht mehr kindisch zu sein.

5. Dein verlangen sättige sich an dir. keine kostbarere opferspeise kannst du deinem gott spenden / als dich selber. deine gier verzehre dich / daran wird sie müde und still / und du wirst gut schlafen und die sonne eines jeden tages als geschenk betrachten. wenn du andere und anderes als dich verschlingest / so bleibt deine gier ewig unzufrieden / denn sie verlangt mehr / das köstlichste / sie verlangt dich. und so zwingest du dein begehren auf deinen eigenen weg. du magst andere bitten / sofern du des rathes und der hilfe bedarfst. fordern aber sollst du von niemand / begehren sollst du von niemand / erwarten sollst du von niemand / außer von dir selber. denn dein verlangen sättigt sich nur in dir selber. du fürchtest dich / in deinem eigenen feuer zu verbrennen. davon möge dich nichts abhalten / weder fremdes mitleid / noch das gefährlichere mitleid mit dir selbst. denn mit dir selber sollst du leben und sterben.

6. Wenn dich die flamme deiner gier verzehrt / und es bleibt nichts von dir übrig als asche / so war nichts an dir / das stand hielt. aber die flamme in der du dich verzehrtest hat viele erleuchtet. wenn du aber voll angst vor deinem feuer flüchtest / so versengst du deine mitmenschen / und die brennende qual deiner gier kann nicht verlöschen / so lange du dich selber nicht begehrst.

7. Aus dem munde geht das wort / das zeichen und symbol. ist das wort ein zeichen / so bedeutet es nichts. ist das wort aber ein symbol / so bedeutet es alles. wenn der weg in den tod eintritt und wir umschlossen sind von verwesung und ekel / so steigt der weg im dunkel an / und geht heraus aus dem munde als das erlösende symbol / das wort. es führt die sonne herauf / denn im symbol ist erlösung der gebundenen und mit dem dunkel ringenden menschenkraft. unsere freiheit liegt nicht außer uns / sondern in uns. man mag äußerlich gebunden sein / und doch wird man sich frei fühlen / weil man innere fesseln gesprengt hat. wohl kann man durch die starke that äußere freiheit erringen / jedoch die innere freiheit erschafft man nur durch das symbol.

8. Das symbol ist das wort / das aus dem munde herausgeht / das man nicht spricht / sondern das als ein wort der kraft und der noth aus der tiefe des selbst heraufsteigt und sich unerwartet auf die zunge legt. es ist ein erstaunliches / und vielleicht unvernünftig erscheinendes wort / aber man erkennt es als das symbol daran / daß es dem bewußten geiste fremd ist. wenn man das symbol annimmt / so ist es so / wie wenn sich eine thüre öffnete / die in einen neuen raum führt / von dessen vorhandensein man vorher nichts wußte. wenn man aber das symbol nicht annimmt / dann ist es so / als ob man achtlos an dieser thüre vorbeigienge / und weil dieß die einzige thür war / die zu den innern gemächern führt / so muß man wieder auf die straße und in allem äußern weitergehen. die seele aber leidet noth / denn äußere freiheit taugt ihr nicht. die erlösung ist eine lange straße / die durch viele thore führt. die thore sind die symbole. jedes neue thor ist zuerst unsichtbar / ja es ist / als ob es zuerst

geschaffen werden müßte/ denn es ist immer erst da/ wenn man die springwurzel/ das
symbol ausgegraben hat.

Um den alraun zu finden/ braucht man den schwarzen hund/ denn es ist so/ daß gutes und
böses sich immer zuerst vereinigen müssen/ wenn das symbol geschaffen werden soll. das sym=
bol ist nicht zu erdenken und nicht zu erfinden/ es wird. sein werden ist wie das wer=
den des menschen im mutterleibe. wohl wird die schwangerschaft bewirkt durch willkür=
liche begattung. das thut man durch willkürliche aufmerksamkeit. wenn aber die tiefe
empfangen hat/ dann wächst das symbol von selber/ und wird geboren aus dem kopfe/
wie es einem gott geziemt. gleich aber möchte die mutter wie ein ungeheuer sich auf
das kind stürzen und es wieder verschlingen. am morgen/ wenn sich die neue sonne erhebt/
tritt das wort aus meinem munde/ aber lieblos wird es gemordet/ denn ich wußte nicht/ daß
es der erlöser war. das neugeborene kind wächst schnell/ wenn ich es annehme. und bald
ist es mein wagenlenker geworden. das wort ist das lenkende/ der mittlere weg/ der leise
schwankt/ wie das zünglein an der wage. das wort ist der gott/ der jeden morgen sich aus den
waßern erhebt/ und den völkern das lenkende gesetz verkündet. äußeres gesetz/ äußere
weisheit sind ewig ungenügend/ denn es giebt nur ein gesetz/ nur eine weisheit/ näm=
lich mein tägliches gesetz/ meine tägliche weisheit. in jeder nacht erneuert sich der gott.

Der gott erscheint in vielerlei gestalten/ denn/ wenn er hervortritt/ so hat er etwas an sich
von der art der nacht und des nächtlichen gewäßers/ in dem er schlummerte/ und in dem er
in der letzten stunde der nacht um seine erneuerung rang. seine erscheinung ist darum
zwiespältig und zweideutig/ ja/ sie ist sogar zerreißend für herz und verstand.
der gott bei seinem hervortreten ruft mich nach rechts und nach links/ von beiden seiten tönt
mir sein ruf. der gott aber will weder das eine noch das andere. er will den weg der
mitte. die mitte aber ist der anfang der langen bahn.

Diesen anfang aber kann der mensch nie sehen/ er sieht immer nur das eine oder
das andere/ oder das eine und das andere/ aber nie das/ was das eine sowohl
wie das andere in sich schließt. der punkt des anfangs ist stillstand des verstandes und
des willens/ ein zustand des hängens/ der meine empörung/ meinen trotz/ und schließlich
meine größte furcht heraufruft. denn ich sehe nichts mehr und kann nichts mehr
wollen. so wenigstens erscheint es mir. der weg ist ein merkwürdiger stillstand
alles dessen/ das früher bewegung war/ ein blindes erwarten/ ein zweifelndes herumhorchen
und herumtasten. man glaubt/ zerspringen zu müssen. aber aus eben dieser spannung wird das
lösende geboren/ und fast immer ist es da/ wo man es nicht vermuthete.

Was aber ist das lösende? es ist immer ein uraltes und eben deßhalb neues/ denn ein längst ver=
gangenes/ das heute wiederkommt in eine veränderte welt/ ist neu. uraltes in eine + ein
zeit hineingebären ist schöpfung. das ist erschaffung des neuen/ und dies erlöst mich. erlösung ist
lösung der aufgabe. aufgabe ist/ altes in eine neue zeit hineingebären. die seele der
menschheit ist wie das große rad des thierkreises/ das auf dem wege rollt. alles/ das
in beständiger bewegung von unten herauf zur höhe kommt/ war früher schon auf der höhe.
es ist kein theil am rade/ der nicht wiederkäme. darum strömt wieder herauf/ was
je war/ und was je war/ wird wieder sein. denn es sind alles dinge/ welche einge=
borene eigenschaften des menschlichen wesens sind. es gehört zum wesen der vorwärtsbe=
wegung/ daß gewesenes wiederkehrt. darüber kann sich nur ein unwißender verwundern.
aber in der ewigen wiederkehr des gleichen liegt nicht der sinn/ sondern in der art seiner wieder=
erschaffung in der zeit.

Der sinn liegt in der art und richtung der wiedererschaffung. wie aber erschaffe ich mir den wagenlenker?
oder möchte ich mein eigener wagenlenker sein? ich kann mich selber nur mit willen und ab=
sicht lenken. wille und absicht sind aber bloß theile meiner selbst. sie sind darum un=
genügend mein ganzes auszudrücken. absicht ist/ was ich absehen kann/ und wille ist/
ein vorausgesehenes ziel wollen. aber woher nehme ich das ziel? ich nehme es aus dem/
was mir gegenwärtig bekannt ist. also setze ich gegenwart an stelle der zukunft. auf

diese weise kañ i' die zukunft nicht erreich~ / sondern i' erzeuge künstli' eine be=
ständige geg~wart. all' / was diese geg~wart unt°brech~ möchte / empfinde i'
dañ als stör~ v~ suche es wegzudräng~ / damit meine absicht erhalt~ bleibt.
so schließe i' d~ fortschritt d' lebens aus. womit ab° kañ i' weg~lenk°
sein / weñ nicht mit wille v~ absicht? darum begehrt ein weis° au' nicht /
weg~lenk° zu sein / deñ er weiß / daß wille v~ absicht wohl ziele erreich~ /
ab° daß werd~ d° zukunft stör~. zukünftig' wird aus mir / i' schaffe es
nicht / v~ d° schaffe i' es / ab° nicht aus absicht v~ will~ / sondern au' geg~ ab=
sicht v~ will~. weñ i' die zukunft schaff~ will / so arbeite i' geg~ meine
zukunft. v~ weñ i' sie nicht schaff~ will / so nehme i' wied°um nicht
genügend~ antheil an d° schaff~ d° zukunft / v~ all' geschieht dañ na'
unvermeidlich~ gesetz~ / den~ i' z~ opf° falle. um das schicksal z' zwing~ /
erfañ~ die alt~ die magie. sie gebraucht~ sie / um äußer' schicksal zu
bestim~. wir brauch~ sie / um iñer' schicksal zu bestim~ / v~ d~ weg zu find~ /
d~ wir uns nicht erdenk~ köñ~. i' dachte lange darüb° na' / welch° art
diese magie sein müsse. v~ schließli' fand i' nichts. wo es aus si' nicht
find~ kañ / d° soll in die lehre geh~ / v~ also begab i' mi' in ein fern'
land / wo ein großer° zaubero wohnt / von deß~ ruf i' gehört hatte.

er zauberer · cap · xxi ·

na' lang~ such~ fand i' das kleine haus
auf d~ lande / vor d~ ein blühend' tulp~=
bet si' ausbreitet / v~ wo d° zaubero ΦΙΛΗΜ=
ΩΝ v~ sein weib ΒΑΥΚΙϹ wohn~. ΦΙΛΗΜΩΝ
i' ein zaubero / d° es no' nicht v°mocht hat /
das alt° z' bañ~ / d° es ab° würdig lebt / v~
seine frau kañ nicht anders / als das glei=
che thun. ihre lebensinteress~ schein~ enge
geword~ z' sein / sogar kindli'. sie begieß~
ihr tulp~bet / v~ erzähl~ si' von d~ blum~ /
die si' neu erschloß~ hab~. v~ ihre tage
dämern dahin in ein~ blaß~ / schwan=
kend~ helldunkel / dur'leuchtet von
d~ lichtern d° v°gangenheit / wenig erschreckt
von d~ dunkel d' komend~. warum i' ΦΙΛΗΜΩΝ ein zaubero? zaubert
er si' unsterbli'keit / ein leb~ jenseits? er war wohl nur zaubero von be=
rufswegen / nun scheint er pensionierter zaubero zu sein / d° si' vom geschäft
zurückgezog~ hat. begehrli'keit v~ schaffensdrang sind ihm erlosch~ v~ aus
lauter unvermög~ genießt er d° wohlverdient~ ruhe / wie jed° greis / d°
sons' nichts mehr kañ / als tulp~ pflanz~ v~ sein gärtch~ begieß~. d°
zaub°stab liegt im wandschrank samt d~ sechst~ v~ siebent~ buch mosis v~
d° weisheit d' ΕΡΜΗϹ ΤΡΙϹΜΕΓΙϹΤΟϹ. ΦΙΛΗΜΩΝ i' alt v~ etwas schwachsinnig
geword~. geg~ ein gut' geschenk in klingend° münze od° für die küche
murmelt er no' ein pär zaub°sprüche z' gunst~ d' behext~ viehs. ab°
es i' unsich°/ ob es no' die richtig~ sprüche sind / v~ er ihr~ siñ v°steht.
es i' au' klar / daß es gar nicht darauf ankomt / was er murmelt / viel=

leicht wird das Vieh auch von selber wieder gesund. Da geht der alte ΦΙΛΗΜΩΝ im Garten gebückt, die Gießkanne in zitternden Händen. ΒΑΥΚΙΣ steht am Küchenfenster und sieht ihm gleichmüthig stumpf zu. Sie hat dieses Bild schon tausende Male gesehen, jedes Mal etwas gebrechlicher, schwächlicher, jedesmal hat sie es auch weniger gut gesehen, denn ihre Augenkraft nimmt allmählig ab.

Ich stehe an der Gartenthüre. Sie haben den Fremdling nicht bemerkt. „ΦΙΛΗΜΩΝ, alter Hexenmeister, wie geht es dir?" rufe ich ihn an. Er hört mich nicht, er scheint stocktaub zu sein. [ΒΑΥΚΙΣ steht am Küchenfenster und sieht ihm gleichmüthig stumpf zu.] Ich gehe ihm nach und fasse ihn am Ärmel. Er wendet sich um und begrüßt mich ungeschickt und zitternd. Er hat einen weißen Bart und dünne weiße Haare und ein faltiges Gesicht und an diesem Gesicht scheint etwas zu sein. Seine Augen sind grau und alt, und etwas in ihnen ist merkwürdig, man möchte sagen, lebendig. „Mir geht es gut, Fremder", sagt er, „doch was willst du bei mir?" I: Man sagte mir, du verstündest dich auf die schwarze Kunst. Ich interessiere mich dafür. Willst du mir davon erzählen? Φ: Was soll ich erzählen? Da giebt's nichts zu erzählen. I: Sei nicht unwirsch, alter, ich möchte was lernen. Φ: Du bist gewiß gelehrter als ich. Was könnte ich dich lehren? I: Sei nicht geizig. Ich werde dir gewiß keine Concurrenz machen. Es nimmt mich nur wunder, was du treibst und was du zauberst. Φ: Was willst du? Ich habe früher hie und da den Leuten geholfen gegen Krankheit und Schaden verschiedener Art. I: Wie machtest du das? Φ: Nun ganz einfach, mit Sympathie. I: Dieses Wort, mein alter, klingt komisch und doppelsinnig. Φ: Wieso? I: Es könnte heißen: du habest den Leuten durch persönliche Antheilnahme geholfen oder mit abergläubischen, sympathetischen Mitteln. Φ: Nun, es wird wohl beides gewesen sein. I: War das dein ganzer Zauber? Φ: Ich weiß noch mehr. I: Was ist es, rede. Φ: Das geht dich nichts an. Du bist frech und naseweis. I: Bitte, nimm mir meine Neugier nicht übel. Ich habe neulich etwas von Magie gehört, das hat mein Interesse für diese vergangene Kunst wachgerufen. Ich bin dann gleich zu dir gegangen, weil ich von dir hörte, du verstündest die schwarze Kunst. Wenn heutzutage an der Universität noch die Magie gelehrt würde, so hätte ich sie dort studiert. Aber es ist schon lange her, seitdem das letzte Colleg über die magischen Kräfte geschlossen worden ist. Heutzutage weiß kein Professor mehr etwas von Magie. Also sei nicht empfindlich und nicht geizig, sondern laß mich etwas von deiner Kunst vernehmen. Du wirst doch deine Geheimnisse nicht mit ins Grab nehmen wollen? Φ: Du lachst ja doch nur darüber. Warum soll ich dir denn etwas sagen? Besser, es wird mit mir alles begraben. Ein späterer mag es wieder entdecken. Es geht ja der Menschheit nicht verloren, denn die Magie wird mit jedem Menschen neu geboren. I: Wie meinst du das? Glaubst du, daß die Magie dem Menschen wirklich angeboren sei? Φ: Ich möchte sagen: ja, natürlich. Doch du findest es lächerlich. I: Nein, dießmal lache ich nicht, denn ich habe mich schon oft genug darüber gewundert, daß alle Völker zu allen Zeiten und an allen Orten dieselben Zaubergebräuche haben. Ich habe selber schon ähnliches gedacht wie du. Φ: Was hältst du von der Magie? I: Offen gesagt: nichts, oder sehr wenig. Es kommt mir vor, als sei die Magie eines der eingebildeten Hilfsmittel des der Natur gegenüber unterlegenen Menschen. Sonst kann ich keine faßbare Bedeutung in der Magie entdecken. Φ: Soviel wissen deine Professoren wahrscheinlich auch. I: Ja, aber was weißt du davon? Φ: Ich mag es nicht sagen. I: Thu nicht so geheimnißvoll, alter, so muß ich ja annehmen, du wissest nicht mehr davon, wie ich. Φ: Nimm es an, wenn es dir gefällt. I: Nach dieser Antwort zu schließen, muß ich allerdings annehmen, daß du etwas mehr davon verstehst als die andern. Φ: Komischer Mensch, wie hartnäckig du bist! Es gefällt mir aber an dir, daß du dich durch deine Vernunft keineswegs abschrecken lässest. I: Das ist thatsächlich der Fall. Immer, wenn ich etwas lernen und verstehen will, lasse ich meine sogenannte Vernunft zu Hause und gebe der Sache, die ich erwerben will, den ihr nöthigen erwartenden Glauben. Ich habe das allmählig gelernt, denn ich sah im heutigen Betriebe der Wissenschaft zu viele abschreckende Beispiele des Gegentheils. Φ: Dann kannst du es noch weiter

bring~. I: i' hoffe es. do' laß uns nicht abschweif~ von d° magie. φ: warum bleib' du
den so hartnäckig bei dein~ vorsatz / von d° magie z' erfahr~ / wen du behauptes
du hättes deine vernunft z' hause gelaß~? od° gehört bei dir die consequenz
nicht z° vernunft? I: das schon – i' sehe / od° vielmehr es scheint / als ob du ein
ganz gerieben° sophis' seies / d° mi' geschickt ums haus herum u~ wied° vor
die thür führt. φ: das scheint dir so / weil du all' vom standpunkt dein's
intellects aus beurtheils. wen du deine vernunft für eine weile aufgeb~
wills / dan gieb au' deine consequenz auf. I: das is eine schwierige gesel=
lenprobe. ab° wen i' d° einmal adept sein will / so soll au' das sein / damit
die forder° erfüllt sei. – i' höre dir zu. φ: was wills du hör~? I: du verlocks
mi' nicht. i' warte bloß auf das / was du sag~ wirs. φ: und wen i' nichts sage?
I: dan – nun dan ziehe i' mi' etwas betret~ z'rück u~ denke ΦΙΛΗΜΩΝ sei z~ all=
mindest~ ein schlau° fuchs / von d~ man etwas zu lern~ hätte. φ: damit has du /
knabe / etwas von magie gelernt. I: das muß i' zuers verdau~. es is / off~ gestand~ /
etwas überraschend. i' habe mir die magie anders vorgestellt. φ: daraus kans
du erseh~ / wie wenig du von magie verstehs / u~ wie unrichtig deine vorstellung~
davon sind. I: wen d~ so sein sollte / od° so is / dan muß i' all°dings gesteh~ / daß i' das
problem gänzli' unrichtig angefaßt habe. es scheint demna' nicht auf d~ wege
d's gewöhnlich~ verstehens z' geh~. φ: das is au' thatsächli' nicht d° weg d°
magie. I: du has mi' ab° keineswegs davon abgeschreckt / im geg~theil / i' brene
vor begierde / no' mehr z' erfahr~. was i' bis jetzt davon weiß / is wesentli'
negativ. φ: damit has du ein~ zweit~ hauptpunkt erkant. vor all~ ding~
mußt du wiß~ / daß magie das negativ vond~ is / was man wiß~ kan.
I: au' das / mein lieb° ΦΙΛΗΜΩΝ / is ein schwerverdaulich's stück / das mir nicht
unerhebliche beschwerd~ v°ursacht. das negativ von d~ / was man wiß~ kan?
damit meins du wohl / daß man es nicht wiß~ könne / od°? da hört mein
begreif~ auf. φ: das is d° dritte punkt / d~ du als wesentli' dir anmerk~
mußt: nämli' / daß du au' gar nichts z' begreif~ has. I: nun / i' gestehe /
das is neu u~ sond°bar. also is an d° magie üb°haupt nichts zu versteh~?
φ: ganz richtig. magie is ausgerechnet all' das / was man nicht versteht. I: ab°
wie / zum teufel / soll man den magie lehr~ u~ lern~? φ: magie is wed° zu lehr~
no' z' lern~. es is albern / daß du magie lern~ wolltes. I: dan is die magie über=
haupt ein schwindel. φ: vergiß di' nicht / du has deine vernunft wied° h°vorgeholt.
I: es is schwierig / vernunftlos zu sein. φ: genau so schwierig is die magie. I: nun /
dan is es ein schweres stück. mir scheint demna' / daß es eine unerläßliche beding°
für d~ adept~ is / seine vernunft gänzli' zu verlern~. φ: i' bedauere / ab° es is so.
I: oh gött° / das is schlim. φ: es is nicht so schlim / wie du denks. mit d~ alt°
nimt die vernunft von selb° ab / den sie is ein nützlich's geg~stück d° triebe / die in
d° jugend au' viel heftig° sind als im alt°. has du au' schon junge zaubер° geseh~?
I: nein / d° zauber° is sogar sprichwörtli' alt. φ: siehs du / i' habe recht. I: dan sind
die aussicht~ d's adept~ ab° schlecht. er muß schon aufs greis~alt° wart~ / bis er die
geheimniße d° magie erfahr~ kan. φ: wen er seine v°nunft vorh° aufgiebt / so kan
er au' schon früh° etwas nützlich's erfahr~. I: das scheint mir ein gefährlich's experi=
ment z' sein. die vernunft kan man nicht so ohne weiter's aufgeb~. φ: man kan au'

nicht ohne weiteres ein magier werden. I: du hast verdammte schlingen. Φ: was willst du? das ist magie. I: alter teufel/ du machst mich neidisch auf's vernunftlose greisenalter. Φ: sieh mal: ein junger/ der ein greis sein möchte! und warum? er möchte die magie lernen und wagt es nicht um seiner jugend willen. I: du breitest ein heilloses netz aus/ alter fallensteller. Φ: vielleicht wartest du noch einige jährchen mit der magie/ bis deine haare grau geworden sind und deine vernunft von selber etwas nachgelassen hat. Φ: ich mag deinen spott nicht hören. ich bin dir dumm ins garn gelaufen. ich kann aus dir nicht klug werden. Φ: aber vielleicht dumm/ das wäre bereits ein fortschritt auf dem wege zur magie. I: übrigens/ was in aller welt richtest du aus mit deiner magie? Φ: ich lebe/ wie du siehst. I: andere greise thun das auch. Φ: hast du gesehen/ wie? I: nun ja/ es war kein erfreulicher anblick. an dir ist übrigens die zeit auch nicht spurlos vorübergegangen. Φ: das weiss ich. I: also/ wo sind deine vortheile? Φ: es sind die/ die du nicht siehst. I: was sind vortheile/ die man nicht sieht? Φ: es sind die/ die man hat. I: wie nennst du diese vortheile? Φ: ich nenne sie magie. I: du bewegst dich in einem unheilvollen kreis. der teufel soll dir beikommen. Φ: siehst du/ das ist auch ein vortheil der magie: nicht einmal der teufel kommt mir bei. du machst fortschritte in der erkenntniss der magie/ sodass ich glauben muss/ dass du guthe anlagen dafür hast. I: ich danke dir/ ΦΙΛΗΜΩΝ/ es ist genug/ mir schwindelt. lebewohl!

Ich verlasse den kleinen garten und gehe die strasse hinunter. es stehen leute in gruppen herum und schauen verstohlen nach mir. ich höre sie hinter meinem rücken flüstern: „seht/ da geht er/ der schüler des alten ΦΙΛΗΜΩΝ. er hat lange mit dem alten gesprochen. er hat etwas gelernt. er weiss die geheimnisse. wenn ich nur könnte/ was der jetzt kann!" „schweigt/ verfluchte narren", möchte ich ihnen zurufen/ aber ich kann nicht/ denn ich weiss nicht/ ob ich nicht doch etwas gelernt habe. und weil ich schweige/ so glauben sie selber erst recht/ dass ich von ΦΙΛΗΜΩΝ die schwarze kunst empfangen habe.

Es ist ein irrthum zu glauben/ dass es magische praktiken giebt/ die man lernen kann. die magie kann man nicht verstehen. verstehen kann man nur das vernunftgemässe. magie ist aber das unvernunftgemässe/ das man nicht verstehen kann. die welt ist nicht nur vernunftgemäss/ sondern auch unvernunftgemäss. so wie man aber das vernunftgemässe der welt mit dem verstand erschliessen kann/ und das vernunftgemässe der welt dem verstehen entgegenkommt/ so trifft auch das unverständniss mit dem unvernunftgemässen zusammen -

Jan. 1924.

dieser zusammentreffen ist magisch und durchaus nicht einzusehen. magisches verstehen ist das, was man nicht verstehen nennt. alles was magisch wirkt, ist unverstehbar, und das unverstehbare wirkt oft magisch. unverstehbare wirkung nennt man magisch. das magische schließt mich immer ein, verwickelt mich immer, öffnet räume, die keine thüre haben, und führt hinaus, wo kein ausgang ist. das magische ist gut und böse und weder gut noch böse. die magie ist gefährlich, denn das unvernunftgemäße verwirrt und zieht an und bewirkt und ich bin immer ihr erstes opfer.

Im vernunftgemäßen braucht man keine magie, darum brauchte unsere zeit magie nicht mehr. nur die vernunftlosen gebrauchten sie, um ihren mangel an vernunft zu ersetzen. es ist aber sehr unvernünftig, das vernunftgemäße mit der magie zusammen zu bringen, denn die beiden haben mit einander nichts zu thun. durch das zusammenbringen werden beide verdorben. daher jene vernunftlosen mit recht der überflüssigkeit und der mißachtung verfallen. darum wird ein vernünftiger mensch dieser zeit auch nie der magie sich bedienen. **Es** ist aber ein anderes mit dem, der das chaos in sich eröffnet hat. wir bedürfen der magie, um den boten und die mittheilung des nichtverstehbaren empfangen oder anrufen zu können. wir erkannten, daß die welt aus vernunft und unvernunft besteht und wir verstanden, daß unser weg nicht bloß der vernunft, sondern auch der unvernunft bedarf. diese scheidung ist willkürlich und hängt ab vom stande des begreifens. man kann aber sicher sein, daß immer noch der größere theil der welt uns unverstehbar ist. unverstehbar und unvernünftig müssen uns als gleich gelten, obschon sie es nicht nothwendigerweise an sich sind, sondern ein theil des unverstehbaren ist nur gegenwärtig unbegreiflich, morgen schon wird es vielleicht vernunftgemäß sein. solange man es aber nicht versteht ist es auch unvernunftgemäß. soweit das nichtverstehbare an sich vernunftgemäß ist, kann man es mit erfolg zu erdenken versuchen, soweit es aber an sich unvernunftgemäß ist / bedarf man der magischen praktik / um es zu erschließen. die magische praktik besteht darin / daß das unverstandene auf eine nichtverstehbare art und weise verstehbar gemacht wird. die magische art und weise ist nicht willkürlich / denn das wäre verstehbar / sondern sie ergiebt sich aus unverständlichen gründen. auch von gründen zu reden ist unrichtig / denn gründe sind vernunftgemäß. auch von grundlos kann man nicht reden / denn davon kann weiter gar nichts gesagt werden. die magische art und weise ergiebt sich. wenn man das chaos eröffnet / ergiebt sich auch die magie.

Man kann den weg / der zum chaos führt / lehren / aber die magie kann man nicht lehren. davon kann man bloß schweigen / welches eben die beste lehre zu sein scheint. diese ansicht ist verwirrend / aber so ist die magie. vernunft schafft ordnung und klarheit / magie stiftet durcheinander und unklarheit. bei der magischen übersetzung des unverstandenen ins verstehbare bedarf man sogar der vernunft / denn nur mittels der vernunft kann verstehbares geschaffen werden. wie man aber die vernunft dabei zu verwenden hat / kann niemand sagen / es ergiebt sich aber schon / wenn man nur auszudrücken versucht / was einem die eröffnung des chaos bedeutet. magie ist eine art leben. wenn man sein bestes gethan hat / um den wagen zu lenken / und man dann merkt / daß ein anderer größerer ihn lenkt / dann findet magische wirkung statt. es ist nicht zu sagen / wie die magische wirkung sein werde / denn niemand kann sie vorauswissen / denn das magische ist eben das gesetzlose / welches ohne regel / sozusagen zufällig geschieht. die bedingung aber ist / daß man sich gänzlich annimmt und nichts verwirft / um alles in das wachsthum des baumes überzuführen. dazu gehört auch das dumme / wovon jeder ein großes maaß hat / und ebenso die geschmacklosigkeit / die vielen das größte ärgerniß ist. darum ist eine gewiße einsamkeit und abgeschiedenheit unerläßliche lebensbedingung zum eigenen wohl und dem der andern / sonst kann man

nicht genügend sich selber sein. eine gewisse langsamkeit des lebens / die wie stillstand ist /
wird unvermeidlich sein. die ungewissheit solchen lebens wird wohl das drückendste
sein / aber noch immer habe ich die zwei sich entgegenstrebenden mächte meiner seele zu vereinigen und in treuer ehe zusammen zu halten bis an mein lebensende / denn der zau-
berer heisst ΦΙΛΗΜΩΝ und sein weib ΒΑΥΚΙϹ. das / was der christus in ihm selber
und durch sein beispiel in andern auseinander gehalten hat / das halte ich zusammen /
denn jemehr die eine hälfte meines wesens zum guten strebt / desto eher fährt die
andere hälfte zur hölle. **als** der monat der zwillinge zu ende war / da
sprachen die menschen zu ihren schatten: „du bist ich" / denn sie hatten zuvor ihren
geist als eine zweite person um sich gehabt. so wurden die zwei eins / und
durch diesen zusammenstoss brach gewaltiges hervor / eben der frühling des bewusst-
seins / den man cultur nennt / und der bis zur zeit des christus anhielt. der
fisch aber bezeichnete den augenblick / wo das geeinte sich trennte / nach dem
ewigen gesetze des gegenlaufes / in eine unterwelt und oberwelt. wenn die
kraft des wachsthumes zu erlöschen beginnt / dann zerfällt das geeinte
in seine gegensätze. der christus warf das untere zur hölle / denn es
strebt dem guten entgegen. das musste so sein. aber nicht für immer kann getrenntes
getrennt bleiben. es wird sich wieder einigen und bald ist der monat der fische erschöpft.
wir ahnen und verstehen / dass das wachsthum beider bedarf / daher wir gutes
und böses nahe zusammen halten. da wir wissen / dass zuweit in das gute zugleich
auch zuweit in das böse bedeutet / so halten wir beide zusammen. so verlieren wir
aber die richtung / und es strömt nicht mehr vom berge zu thal / wohl aber wächst
es still vom thal zum berge. das / was wir nicht mehr hindern oder verbergen können / ist unsere frucht. der fliessende strom wird zur see und zum meer /

das kein abfluß hat / es sei denn / daß sein wasser als dampf zum himmel emporsteige und als regen aus den wolken niederfalle. wohl ist das meer ein tod / aber auch der ort des aufsteigens. das ist ΦΙΛΗΜΩΝ / der seinen garten begießt. unsere hände sind gebunden worden / und jeder muß an seiner stelle stille sitzen. er steigt unsichtbar empor und fällt als regen auf ferne länder. das wasser auf der erde ist keine wolke / die regnen sollte. nur schwangere können gebären / nicht solche / die noch zu empfangen haben.

Welches geheimnis aber deutest du / o ΦΙΛΗΜΩΝ / mir mit deinem namen an? du bist wahrlich der liebende / der einstmals die auf erden wandelnden götter aufnahm / als alles volk ihnen die herberge verweigerte. du bist der / der den göttern ahnungslos aufnahme gewährte und zum dank verwandelten sie deine hütte in einen goldenen tempel / derweilen weit und breit die sintfluth alles volk verschlang. du lebtest hinüber / als das chaos hereinbrach. du wurdest der diener am heiligthum / als die götter vergeblich von ihren völkern angerufen wurden. wahrlich der liebende lebt hinüber. warum sahen wir das nicht? und in welchem augenblick wurden die götter offenbar? als nämlich ΒΑΥΚΙΣ ihre einzige gans / die gesegnete dumhheit / den werthen gästen vorsetzen wollte / da flüchtete sich das thier eben zu den göttern / und diese gaben sich den armen gastgebern / die ihr letztes drangaben / in eben diesem augenblicke zu erkennen. also sah ich / daß der liebende hinüberlebt / und daß er es ist / der ahnungslos den göttern herberge giebt. Wahrlich / o ΦΙΛΗΜΩΝ / ich sah nicht / daß deine hütte ein tempel ist / und daß du selber / ΦΙΛΗΜΩΝ / du und ΒΑΥΚΙΣ die diener am heiligthum seid. diese zauberkraft wahrlich läßt sich nicht lehren und nicht lernen. das ist das/ was man entweder hat oder nicht hat. ich weiß deine geheimnisse letztlich: du bist ein liebender. dir ist es gelungen/ das getrennte zu einen/ das obere und das untere zusammenzubinden. wußten wir das nicht schon längst? ja/ wir wußten es/ nein/ wir wußten es nicht. es war doch immer alles schon so/ und doch war es eben noch niemals so. warum mußte ich so lange straßen wandern/ bis ich zu ΦΙΛΗΜΩΝ kam/ wenn er mir das zu lehren hatte/ was doch alle welt schon längstens weiß? ach/ wir wissen seit uralters schon alles und doch werden wir es nie wissen/ bis es errungen ist. wer schöpft das geheimniß der liebe aus?

Unter welcher maske/ o ΦΙΛΗΜΩΝ/ birgst du dich? du schienest mir nicht ein liebender zu sein. aber meine augen wurden geöffnet/ und ich sah/ daß du ein liebhaber deiner seele bist/ der ängstlich und eifersüchtig seinen schatzes hütet. es giebt solche/ die menschen lieben/ solche/ die die seelen der menschen lieben/ und solche/ die die eigene seele lieben. ein solcher ist ΦΙΛΗΜΩΝ/ der wirth der götter.

du liegst an der sonne/ o ΦΙΛΗΜΩΝ/ wie eine schlange/ die sich selber umschlingt. deine weisheit ist schlangenweisheit/ kalt/ mit einem gran gift/ heilsam in kleiner dosis. dein zauber lähmt und macht darum starke leute/ die sich sich selber entreissen. aber lieben sie dich/ sind sie dir dankbar/ liebhaber der eigenen seele? oder verfluchen sie dich um deines magischen schlangengiftes willen? sie stehen wohl von ferne/ schütteln die köpfe und tuscheln zusammen. bist du noch ein mensch/ ΦΙΛΗΜΩΝ/ oder ist er der ein mensch, der ein liebender seiner eigenen seele ist? du bist der gastliche, ΦΙΛΗΜΩΝ, du nahmest die schmutzigen wanderer ahnungslos in deine hütte auf. dein haus ward der ein goldener tempel, und ging ich denn wirklich ungesättigt von deinem tische? was gabst du mir? ludest du mich zum mahle? du schillertest vielfarbig und unentwirrbar und nirgends gabst du dich mir zur beute. du entschlüpftest meinen griffe. ich fand dich nirgends. bist du noch ein mensch? du bist vielmehr von der art der schlangen. ich wollte dich wohl anpacken und es aus dir herausreißen, denn die christen haben es gelernt, auch ihren gott zu verzehren. und was am gotte geschieht, wieviel eher wird es nicht auch am menschen geschehen? ich blicke ins weite land und höre nichts als wehgeschrei und sehe nichts als menschen, die sich gegenseitig auffressen. o ΦΙΛΗΜΩΝ, du bist kein christ. du ließest dich nicht fressen und fraßest mich nicht. darum hast du keine lehrsäle und keine säulenhallen und keine schüler, die herumstehen und vom meister reden und seine worte aufsaugen als das lebenswasser. du bist kein christ und kein heide, sondern ein gastlicher ungastlicher, ein gastgeber der götter, ein hinüberlebender, ein ewiger, der vater aller ewigen wahrheiten.

Aber ging ich wirklich ungesättigt von dir? nein, ich ging von dir, weil ich wirklich gesättigt war. doch was aß ich? deine worte gaben mir nichts. deine worte ließen mich mir selber und meinem zweifel. und so aß ich mich. und darum, o ΦΙΛΗΜΩΝ, bist du kein christ, denn du nährst dich von dir selbst und zwingst die menschen, dasselbe zu thun. das ist ihnen das allerunerfreulichste, denn vor nichts ekelt den menschenthier mehr, als vor sich selbst. darum fressen sie lieber alle kriechenden, hüpfenden, schwimmenden und fliegenden geschöpfe, ja sogar ihre eigene art, bevor sie sich selber annagen. diese nahrung aber ist wirksam, und bald ist man davon gesättigt. darum stehen wir, o ΦΙΛΗΜΩΝ, satt von deiner tafel auf.

Deine art, o ΦΙΛΗΜΩΝ, ist lehrreich. du lässest mich in heilsamem dunkel, wo ich nichts zu sehen und zu suchen habe. du bist kein licht, das in die finsterniß scheint, kein heiland, der eine ewige wahrheit aufstellt und damit das

nachtlicht der menschlichen verstandes auslöscht. du lässest raum für die dummheit und den witz
der andern. du willst / o gesegneter / überhaupt nicht am andern / sondern begießest die
blumen deines eigenen gartens. wer deiner bedarf / fragt dich / und / o kluger ΦΙΛΗΜΩΝ /
ich errathe / daß auch du bei dem fragest / von dem du bedarfst / und du bezahlst / was
du erhältst. der christus hat die menschen begehrlich gemacht / denn seither erwarten
sie von ihrem heilande geschenke ohne gegenleistung. das schenken ist ebenso kindisch
wie die macht. wer schenkt / maßt sich macht an. schenkende tugend ist der himmel-
blaue mantel des tyrannen. du bist weise / o ΦΙΛΗΜΩΝ / du schenkst nicht. du
willst die blüthe deines gartens / und daß jegliches ding aus sich selber wachse. Ich preise /
o ΦΙΛΗΜΩΝ / deinen mangel an heilandmäßigkeit / du bist kein hirte / der verirrten
schafen nachläuft / denn du glaubst an die würde des menschen / der nicht nothwendigerweise ein schaf ist. ist er aber doch ein schaf / so lässest du ihm das recht und
die würde des schafes / denn warum sollten schafe zu menschen gemacht werden? es
giebt doch wahrhaftig genug menschen. Du kennst / o ΦΙΛΗΜΩΝ / die weisheit von den
kommenden dingen / darum bist du alt / o so uralt / und so / wie du mich an jahren überragst /
so überragst du
du an zukunft das gegenwärtige und die länge deiner vergangenheit ist unermeßlich.
du bist legendär und unerreichbar. du warst und wirst sein / periodisch wiederkehrend.
unsichtbar ist deine weisheit / unwißbar deine wahrheit / wohl in jeder zeit unwahr /
und doch wahr in aller ewigkeit / aber du gießest aus lebendiges wasser / von dem die
blumen deines gartens blühen / ein sternwasser / einen thau der nacht. Wessen bedarfst
du / o ΦΙΛΗΜΩΝ? du bedarfst der menschen um der kleinen dinge willen / denn
alles größere und das größte ist in dir. der christus hat die menschen verwöhnt /
denn er lehrte sie / daß nur in einem sie erlöst seien / nämlich eben in
ihm / dem gottessohn / und seither verlangen die menschen immer noch die größeren dinge
vom andern / insbesondere ihre erlösung / und wenn irgendwo ein schaf sich verlaufen

hat/ so klagt es den hirten an. o ΦΙΛΗΜΩΝ/ du bist ein mensch/ und du beweisest/ daß menschen keine schafe sind/ denn du hegst das größte in dir/ darum fließt deinem garten fruchtbares wasser aus unerschöpflichen krugen.

Bist du einsam/ o ΦΙΛΗΜΩΝ/ ich sehe kein gefolge und keine gesellschaft um dich/ ΒΑΥΚΙΣ selbst ist nur deine andere hälfte. du lebst mit blumen/ bäumen und vögeln/ aber nicht mit menschen. solltest du nicht mit menschen leben? bist du noch ein mensch? willst du nichts vom menschen? siehst du nicht/ wie sie zusammen stehen und gerüchte über dich zusammen brauen und kindische märchen über dich aushecken? willst du nicht zu ihnen gehen und sagen/ du seiest ein mensch und ein sterblicher/ wie sie/ und daß du sie lieben wollest? o ΦΙΛΗΜΩΝ/ du lachst? ich verstehe dich. soeben bin ich dir doch in den garten gelaufen und wollte aus dir herausreißen/ was ich aus mir selber zu begreifen habe. o ΦΙΛΗΜΩΝ/ ich verstehe: ich habe dich sogleich zu einem heiland gemacht/ der sich verzehren läßt und der durch geschenke bindet. so sind die menschen/ denkst du/ sie sind alle noch christlich. sie wollen aber noch mehr: sie wollen dich ebenso/ wie du bist/ sonst wärest du ihnen ja nicht ΦΙΛΗΜΩΝ/ und sie wären untröstlich/ wenn sie keinen träger für ihre legenden fänden. darum würden sie auch lachen/ wenn du zu ihnen giengest und sagtest/ du seiest ein sterblicher wie sie und wollest sie lieben. wenn du das thätest/ so wärest du ja ΦΙΛΗΜΩΝ nicht. sie wollen dich ΦΙΛΗΜΩΝ/ aber nicht einen sterblichen mehr/ der an denselben übeln krankt/ wie sie. Ich verstehe dich/ o ΦΙΛΗΜΩΝ/ du bist ein wahrhaft liebender / denn du liebst deine seele der menschen zu liebe / denn sie bedurfte eines königs / der aus sich lebt / und der sein leben keinem dankt. so wollten sie dich haben. du erfüllst den wunsch des volkes und du entschwindest. du bist ein gefäß der fabeln. du würdest dich besudeln / wenn du zu menschen giengest als ein mensch / denn sie würden alle lachen und dich einen lügner und betrüger schelten / denn ΦΙΛΗΜΩΝ / ist doch kein mensch. Ich sah / o ΦΙΛΗΜΩΝ / jene falte in deinem gesicht: du hattest deine zeit / wo du jung warest und ein mensch sein wolltest unter menschen. aber die christlichen thiere liebten deine heidnische menschlichkeit nicht / denn sie fühlten in dir den / den sie brauchten. sie suchen immer den gekennzeichneten / und wenn sie ihn irgendwo in der freiheit fangen / so sperren sie ihn in einen goldenen käfig und nehmen ihm die kraft seiner männlichkeit / sodaß er lahm und schweigend sitzt. dann preisen sie ihn und ersinnen fabeln über ihn. ich weiß / sie nennen das verehrung. und wenn sie den wahren nicht finden / so haben sie wenigstens einen papst / dessen beruf es ist / die heilige comoedie darzustellen. der wahre aber verleugnet sich selbst immer / denn er kennt nichts höheres / als ein mensch zu sein. Du lachst / o ΦΙΛΗΜΩΝ / ich verstehe dich: es vergieng dir / ein mensch zu sein / wie die andern. und weil du das menschsein wahrhaft liebtest / so schloßest du es freiwillig ein / um den menschen wenigstens das zu sein / was sie von dir haben wollten. darum sehe ich dich / o ΦΙΛΗΜΩΝ / mit keinem menschen / wohl aber mit den blumen / den bäumen und den vögeln und allen fließenden und stillstehenden waßern / die dein menschsein nicht besudeln. denn den blumen / den bäumen / den vögeln und den waßern bist du nicht ΦΙΛΗΜΩΝ / sondern ein mensch. aber welche einsamkeit / welche unmenschlichkeit!

Warum lach~ du / o φιλημων / i' errathe dich nicht. do' sehe i' nicht die blaue luft dein' gartens? wel'herliche schatt~ umgeb~ dir? brület die soñe wohl blaue mittagsgespenst° um di' aus? du lach~ / o ΦΙΛΗΜΩΝ? ach / i' verstehe di': dir schwand wohl die menschh' / ab° ihr schatt~ erstand dir. wie viel größ° u~ herrlich° i~ do' d° schatt~ d° menschh' als sie selb~! die blau~ mittagsschatt~ d° tot~! ach / dort i~ deine menschh' / o ΦΙΛΗΜΩΝ / du bi~ ein lehr° u~ freund d° tot~. sie steh~ seufzend im schatt~ dein' hauses / sie wohn~ unt° d~ zweig~ dein° bäume. sie trink~ d~ thau dein° thrän~ / sie wärm~ si' an d° güte dein' herzens / sie hungern na' d~ wort~ dein° weish' / die ihn~ voll tönt / voll lebendig~ schall'. i' sah di' / o ΦΙΛΗΜΩΝ / z° mittagsstunde bei hochstehend° soñe / du stunde~ u~ sprache~ mit ein~ blau~ schatt~ / blut klebte an sein° stirn u~ erhaben° qual umdunkelte sie. i' errathe / o ΦΙΛΗΜΩΝ / w° dein mittäglich° ga~ war. wie war i' do' blind / i' narr! das bi~ du / o ΦΙΛΗΜΩΝ! wo ab° bin i'? i' gehe mein' weg' / kopfschüttelnd / u~ die leute sehen na' mir u~ i' schweige. o verzweifelt' schweig~!

O herr d' gartens! i' sehe deine dunkeln bäume von ferne in flim̄ernd° sōne. meine strasse führt in die thal./ wo die menschen wohn~: i' bin ein wandernd° bettl: v~ i' schweige.

afterprophethen z' töt~ bringt d~ volke gewin̄. wen̄ es mord~ will/ so möge es seine aft° prophet~ töt~. wen̄ d° mund d° gött° schweigt/ dan̄ kan̄ wohl jed° seine eigene sprache hör~. wo das volk liebt/ schweigt. wen̄ nur no' die irrlehr° lehr~/ so wird das volk die irrlehr° erschlag~/ v~ so auf d~ wege sein° sünd~ sogar in die wahrht fall~. nur na' dunkelst° nacht wird es tag. also verhüllet die lichte° v~ schweigt/ damit die nacht dunkel v~ lautlos werde. die sōne erhebt si' ohne unsere hilfe. nur we° d~ schwärzest~ irrthum kent/ weiß was licht is.

O herr d' gartens/ von ferne leucht~ mir deine zauberisch~ haine. i' verehre deine täuschende hülle/ du vat° all° lichte° v~ irrlichte.

the bhagavadgita says: whenever there is a decline of the law and an increase of iniquity / then i put forth myself. for the rescue of the pious and for the destruction of the evildoers / for the establishment of the law i am born in every age.

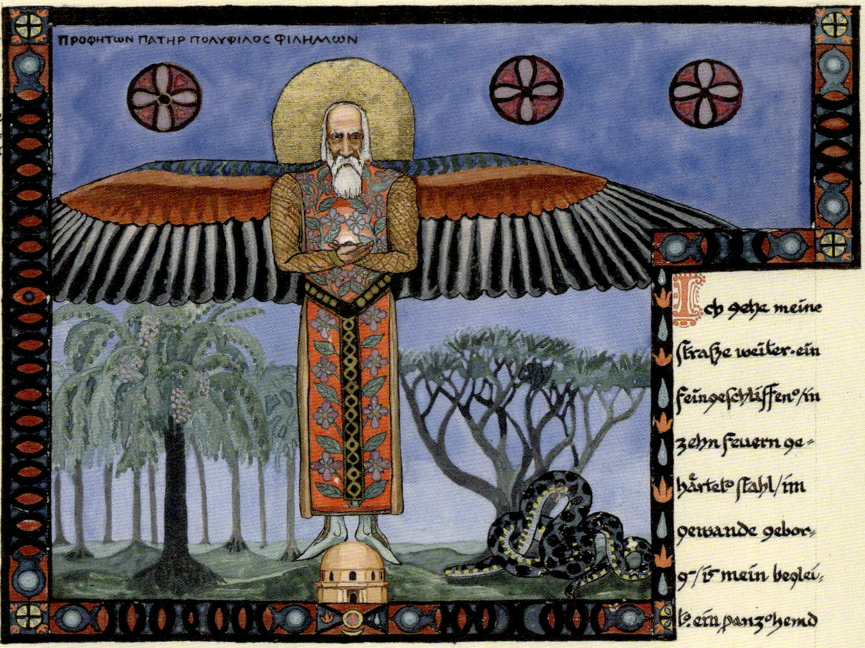

Ich gehe meine straße weiter. ein feingeschliffener / in zehn feuern gehärteter stahl / im gewande geborgen / ist mein begleiter. ein panzerhemd liegt mir um die brust / heimlich unter dem mantel getragen. über nacht gewann ich die schlangen lieb / ich habe ihr rätsel erraten. ich setze mich zu ihnen auf die heißen steine am wege. ich weiß sie listig und grausam zu fangen / jene kalten teufel / die den ahnungslosen in die ferse stechen. ich bin ihr freund geworden und blase ihnen eine mildtönende flöte. meine höhle aber schmücke ich mit ihren schillernden häuten. wie ich so meines weges dahinschritt / da kam ich zu einem rötlichen felsen / darauf lag eine große buntschillernde schlange. da ich nun beim großen ΦΙΛΗΜΩΝ die magie gelernt hatte / so holte ich meine flöte hervor und blies ihr einen süßen zauberlied vor / dass sie glauben machte / sie sei meine seele. als sie genügend bezaubert war /

sprach i' z' ihr: meine schwest'/meine seele/was sag- du? sie ab' spra'/geschmeichelt u- deßhalb duldsam: i' laße gras wachs- üb' all' was du thus-. I': das klingt tröstli' u- scheint nicht viel z' sag-. S: will- du/daß i' viel sage? i' kan au' banal sein/wie du weißt/u- laße mir daran genüg-. I': das geht mir schwer ein. i' glaubte/du stünde- in nah- z'sam-hang mit all- Jensei-

tig/größt~ v~ ungewöhnlichst~. deßhalb dachte i/sei banalitaet dir fremd. S: banalitaet is~ mein lebenselement. I: wen̄ i das von mir sagte/so wär's wenig° erstaun-
li~. S: je ungewöhnlich° du bis~/desto gewöhnlich° kan̄ i sein. eine wahre
erhol~ für mi~. i denke/du fühls~ es/daß i mi~ heute nicht zu quält~ habe.
I: i fühle es und bin besorgt/daß mir dein baum am ende keine früchte
mehr trägt. S: schon besorgt? sei ni~t dum̄ v~ göne mir die ruhe. I: i merke/
du gefälls~ dir im banal~. i nehme di~ ab° nicht tragiß/meine liebe freun-
din/den̄ i ken̄e di~ jetzt schon viel beß° als früh°. S: du wirs~ familiär.
i fürchte/dein respect sei im schwind~. I: bis~ du ängstli~? i glaube/das
wäre üb°flüßig. i bin hinlängli~ üb° die nachbarschaft d~ pathos v~ d~
banal~ unterrichtet. S: also has~ du die schlang~linie d~ seelisch~ werdens
bemerkt? has~ du geseh~/wie es bald tag/bald nacht wird? wie waß° v~
trocken~ land wechseln? v~ daß alle krampfhaftigk~ nur von schad~ is~?
I: i glaube/daß i das säh. auf dies~ warm~ stein will i für einige zeit
an d° sonne lieg~. vielleicht brütet die sonne mi~ aus. // die schlange ab°
kro~ leise heran v~ umwand geschmeidig v~ unheimli~ meine füße.
v~ es wurde abend v~ die nacht kam. i spra~ z~ d° schlange v~ sagte:
i weiß nicht/was z~ sag~ is~. es kocht in all~ töpf~. S: es wird ein mahl bereitet. I: wohl ein abendmahl? S: eine vereinig° mit all° menschh~. I: ein
schauerli~-süß° gedanke/bei dies~ mahl selb° gast v~ speise z~ sein. S:
das war au~ d~ christos höchste lus~. I: wie heilig/wie sündhaft/heiß
v~ kalt all~ in einand° strömt! wahnsin̄ v~ vernunft woll~ si~ vermähl~/
lam̄ v~ wolf weid~ friedli~ beisam~. es is~ all~ ja v~ nein. die geg~sätze
umarm~ si~/schau~ si~ auge in auge v~ v°wechseln si~ miteinand°.
sie erken̄~ in qualvoll° lus~ ihr einssein. mein herz is~ von tobend~
kampf erfüllt. die well~ ein~ hell~ v~ ein~ dunkeln strom~ eil~/si~ üb°
stürzend/einand° entgeg~. solch~ fühlte i nie zuvor. S: das is~ neu/
XIV AUG. 1925 mein lieb°/wenigstens dir. I: du spottes~ wohl. ab° thrän~ v~ lach~ sind

eins. beid' i~ mir vergang~ v~ i° bin in starr° spañung. bis z~ himel reicht
das liebende v~ eb~ so ho° reicht das wid°strebende. sie halt~ si° beide um-
schlung~ v~ woll~ einand° nicht laß~/ den das übermaß ihr° spañ° scheint
letzt' v~ höchst' an gefühlsmöglichk' z' bedeut~. s: du drück~ di° pathetis°
v~ philosophis° aus. du weißt/ daß man dieß all' au° viel einfach° sag~
kañ. z~ beispiel könte man sag~/ du seie~ verliebt von d~ schneck~ aufwärts bis z' tristan v~ isolde. i: ja/ i° weiß/ ab° deno°— s: die religion
scheint di° no° z' plag~? wie viel° schilde bedarf~ du no°? sag es do° lieb°
gerade heraus. i: du triffs mi° nicht. s: nun/ was i~ es mit d° moral?
sind moral v~ imoral heute au° eins geword~? i: du spotte~/ meine
schwest° v~ chthonisch° teufel. ab° i° muß dir sag~/ daß jene zwei/ die/
si° umschlung~ haltend/ bis z~ himel rag~/ au° das gute v~ das böse sind.
i° scherze nicht/ sondern i° stöhne/ weil freude v~ schmerz schrill zusam~klin-
gen. s: wo i~ den dein v°stand? du bi~ ja ganz dum geword~. du könte~ do°
all's in denk~ auflös~. i: mein verstand? mein denken? i° habe kein~
verstand mehr. er i~ mir unzulängli° geword~. s: du verleugne~ ja
all's/ was du glaubte~. du vergiße~ völlig/ wer du bi~. ja du verleug-
ne~ sogar d~ faust/ d° an d~ spukgeistern ruhig~ gang' vorüb°gieng.
i: i° kañ das nicht mehr. mein gei~ i~ auch ein spukgei~. s: a'/ i°
sehe/ du befolg~ meine lehr~. i: leid° i~ es so/ v~ es gereicht mir zu
schmerzvoll° freude. s: du mach~ aus dein~ schmerz~ eine lu~. du bi~
verdreht/ verblendet/ leide nur/ narr. i: dieß unglück soll mi° freu~.//
Nun wurde die schlange wüthend v~ biß na° mein~ herz~/ ab° an
mein~ heimlich~ panz° zerbra° sie si° die giftzähne. enttäuscht zog sie si°
z'rück v~ sagte zischend: du geberde~ di° wahrhaftig/ als ob du unfaß-
bar wäre~. i: das komt dah°/ daß i° die kun~ gelernt habe/ vom link~
fuß auf d~ recht~ z' tret~ v~ umgekehrt/ was andere leute von jeh° unbewußt
richtig gemacht hab~.// Da richtete sich die schlange wied° auf/ hielt si° wie z'-

fällig das schwanzende vor den mund / damit ich nämlich die abgebrochenen giftzähne nicht sehen sollte / und sagte stolz und gelassen: „also das hast du endlich gemerkt?" Lächelnd aber sprach ich zu ihr: „des lebens schlangenlinie konnte mir auf die dauer nicht entgehen."

Wo ist treue und glauben? wo wärme und vertrauen? all dieß findest du zwischen menschen / aber nicht zwischen menschen und schlangen / auch wenn es seelenschlangen sind. überall aber / wo liebe ist / ist schlangenhaftes. der christus selber hat sich mit einer schlange verglichen / und sein höllischer bruder / der antichrist / ist der alte drache selber. das außermenschliche / das in der liebe erscheint / ist von der natur der schlange und des vogels / und öfters bezaubert die schlange den vogel und seltener trägt der vogel die schlange davon. der mensch steht mitten dazwischen. was dir vogel scheint / ist den andern schlange / und was dir schlange scheint / ist den andern vogel. darum wirst du den andern nur im menschlichen treffen. wenn du werden willst / so ist es ein kampf zwischen vögeln und schlangen. und nur wenn du sein willst / wirst du dir selber und andern mensch sein. der werdende gehört in die wüste oder in ein gefängniß / denn er ist im außermenschlichen. wenn die menschen werden wollen / gebärden sie sich wie thiere. niemand erlöst uns vom übel des werdens / es sei denn / daß wir freiwillig durch die hölle gehen.

Warum aber that ich so / als ob jene schlange meine seele sei? doch offenbar nur darum / weil meine seele eine schlange war. diese erkenntniß gab meiner seele ein neues gesicht / und ich beschloß / nunmehr sie selber zu bezaubern und meiner macht zu unterwerfen. schlangen sind weise / und ich wollte / daß meine seelenschlange ihre weisheit mir mittheilte. nie noch nämlich war das leben so zweifelhaft / wie jetzt / eine nacht zielloser spannungen / ein einssein im gegeneinandergerichtetsein. nichts bewegte sich / weder gott noch teufel. also trat ich zur schlange / die an der sonne lag / wie wenn sie nichts dächte. man sah ihre augen nicht / denn sie blinzelte im flimmernden sonnenschein und ich

d. IX januarii año 1927 obiit Hermaños Sigg aet. s. 52 amicos meos.

sprach zu ihr: wie wird es jetzt sein / da gott und teufel eins geworden sind? sind sie übereingekommen / das leben stillzustellen? gehört der kampf der gegensätze zu den unerläßlichen lebensbedingungen? und steht der still / der das einssein der gegensätze erkennt und lebt? er hat sich ganz auf die seite des wirklichen lebens geschlagen und thut nicht mehr dergleichen / als ob er zu einer partei gehörte und die andern bekämpfen müßte / sondern er ist sie beide und hat ihrem hader ein ende gemacht. hat er damit / daß er diese last vom leben nahm / ihm auch den schwung genommen? da wand sich die schlange und sprach mißlaunig: wahrhaftig / du bedrängst mich. die gegensätzlichkeit war allerdings ein lebenselement für mich. das wirst du ja gemerkt haben. mit deinen neuerungen fällt mir diese kraftquelle dahin. ich kann dich weder mit pathos locken / noch mit banalität ärgern. ich bin etwas rathlos. **I:** wenn du rathlos bist / soll ich rath wissen? tauche mir lieber nach dem tiefern grunde / zu dem du zutritt hast und befrage den hades oder die himmlischen / vielleicht weiß man dort rath. **S:** du bist herrisch geworden. **I:** die noth ist noch herrischer als ich. ich muß leben und mich bewegen können. **S:** du hast ja die weite erde. was willst du das jenseits befragen? **I:** mich treibt nicht neugier / sondern noth / ich weiche nicht. **S:** ich gehorche aber widerstrebend. dieser styl ist neu und mir ungewohnt. **I:** ich bedauere / aber die noth drängt. sage der tiefe / daß es schlimm um uns stehe / weil wir dem leben ein wichtiges organ abgeschnitten hätten. wie du weißt / bin ich nicht der schuldige / denn du hast mich überlegterweise diesen weg geführt. **S:** du hättest den apfel zurückweisen können. **I:** laß diese scherze. du kennst die geschichte besser wie mich. mir ist es ernst. es muß luft geben. mach dich auf und hole das feuer. es ist schon zu lange dunkel um mich. bist du träge oder feige? **S:** ich gehe ans werk. nimm mir ab / was ich heraufbringe.

visio: Langsam steigt im leeren raume der thron gottes empor / dann folgt die heilige dreieinigkeit / der ganze himmel / dann die ganze hölle / und zum schluß satanas selber. er widerstrebt und klammert sich an sein jenseits. er will es.

nicht fahren lassen. die oberwelt ist ihm zu kühl. S: hältst du ihn fest? I: willkommen, heisser finsterling! meine seele holte dich wohl unsanft herauf? S: was soll dieser lärm? ich protestiere gegen dieses gewaltsame herausreissen. I: beruhige dich. ich habe dich nicht erwartet. du kommst zuletzt. du scheinst das schwerste stück zu sein. S: was willst du von mir? ich brauche dich nicht, frecher geselle. I: gut, dass wir dich haben. du bist der lebendigste in der ganzen dogmatik. S: was kümmert mich dein geschwätz!? mach's kurz. ich friere. I: höre, es ist uns etwas passiert: wir haben nämlich die gegensätze vereinigt. unter anderm haben wir auch dich mit gott eins gemacht. S: herrgott, war das der heillose lärm? was macht ihr denn für blödsinn? I: bitte, das war nicht so dumm. diese vereinigung ist ein wichtiges princip. wir haben dem unaufhörlichen gezänk ein ende gemacht, um endlich die hände frei zu bekommen, zum wirklichen leben. S: das riecht nach monismus. ich habe mir einige von diesen herren bereits vorgemerkt. für die sind besondere kammern geheizt. I: du täuschest dich. es geht bei uns nicht so vernünftig zu. wir haben nämlich auch keine richtige wahrheit. es handelt sich vielmehr um eine merkwürdige und befremdliche thatsache: nämlich nach der vereinigung der vereinigung der gegensätze geschah es, was unerwartet und unbegreiflich ist, dass nichts mehr geschah. es blieb alles friedlich, aber gänzlich bewegungslos bei einander stehen und das leben verwandelte sich in einen stillstand. S: ha, ihr narren, da habt ihr etwas schönes angerichtet. I: nun, dein spott ist überflüssig. es geschah mit ernsthafter absicht. S: eure ernsthaftigkeit kriegen wir zu spüren. die ordnung des jenseits ist ja in den grundfesten erschüttert. I: du siehst also, es gilt ernst. ich will antwort haben auf meine frage, was nun mehr in dieser lage zu geschehen habe? wir wissen nämlich nicht mehr weiter. S: da ist guter rath theuer, selbst wenn man ihn geben möchte. ihr seid verblendete narren, ein dumm dreistes volk. warum habt ihr die hände nicht davongelassen? wie wollt ihr euch auf weltordnung verstehen? I: wenn du schimpfst, so scheint es dich ganz besonders zu kränken. sieh mal, die heilige trinität ist gelassen. die neuerungen scheinen ihr nicht zu missfallen. S: ach die trinität ist so irrational, dass man

sie auf ihre reactionen nie verlassen kann. ich rathe dir dringend ab / jene symbole irgendwie ernsthaft zu nehmen. I: ich danke dir für den wohlgemeinten rath. du scheinst aber interessiert zu sein. man dürfte von deiner sprichwörtlichen intelligenz ein unvoreingenomme-
nes urtheil erwarten. S: ich bin nicht voreingenommen. du kannst selber urtheilen:
wenn du diese absolutheit in ihrer ganzen leblosen gelassenheit betrachtest / so kannst du
unschwer entdecken / dass der durch deinen vorwitz herbeigeführte zustand von stillstand
große ähnlichkeit mit dem Absoluten hat. wenn ich dir dagegen rathe / so stelle ich mich ganz
auf deine seite / denn du kannst diesen stillstand auch nicht ertragen. I: wie? du
stehst auf meiner seite? das ist sonderbar. S: da ist nichts sonderbares dabei.
das absolute war immer dem lebendigen abhold. ich bin doch der eigentliche lebens-
meister. I: das ist verdächtig. du reagierst viel zu persönlich. S: ich reagie-
re gar nicht persönlich. ich bin doch ganz das ruhelose / rascheilende leben.
ich bin nie zufrieden / nie gelassen. ich reiße alles nieder und baue flüchtig wieder
auf. ich bin der ehrgeiz / ruhmgier / thatenlust / ich bin der sprudel neuer gedanken und thaten. das absolute ist langweilig und vegetativ. I: ich will
dir glauben. also – was räthst du? S: das beste / was ich dir rathen
kann / ist: mache deine ganze schädliche neuerung sobald wie möglich
wieder rückgängig. I: was wäre damit gewonnen? wir müßten
wieder von vorne anfangen und kämen unfehlbar auch ein zweites
mal wieder zum selben schluß. was man einmal begriffen hat / kann man
nicht abschließlich wieder nicht wissen und ungeschehen machen. dein rath ist
kein rath. S: aber ihr könnt doch nicht ohne entzweiung und hader existieren?
ihr müßt auch doch über etwas aufregen / eine parthei vertreten / gegensätze
überwinden / wenn ihr leben wollt. I: das hilft nichts. wir sehen uns ja
auch im gegensatz. wir sind dieses spieles überdrüßig geworden. S: und
damit des lebens. I: mir scheint / es komme darauf an / was du
leben nennst. dein begriff von leben hat etwas von hinaufklettern und
herunterreißen / von behaupten und zweifeln / von ungeduldigem herum-

1928. als i. dieß bild malte / welch' das goldene wohlbewehrte schloß zeigt / sandte mir Richard Wilhelm in Frankfurt d. chinesisch. / tausend Jahr alt. text vom gelb. schloß / d. keim d. unsterblich. körpers. ecclesia catholica et protestantes et seclusi in secreto. aeon finitus.

zen, von hastigen begehren. dir fehlt das absolute und dessen langmüthige geduld.
S: ganz richtig, mein leben brodelt und schäumt und schlägt unruhige wellen, es ist ansichreißen und wegwerfen, heiße wünsche und rastlosigkeit. das ist doch leben?
I: aber das absolute lebt auch. **S:** das ist kein leben. es ist stillstand oder so gut wie stillstand, genau gesagt: es lebt unendlich langsam und verschwendet jahrtausende, gerade so wie der elende zustand, den ihr geschaffen habt.
I: du steckst mir ein licht auf. du bist persönliches leben, der anscheinende stillstand aber ist das langmüthige leben der ewigkeit, das leben der göttlichkeit. dießmal hast du mir gut gerathen. ich gebe dich frei. fahr wohl.

Satanas kriecht behende wie ein maulwurf wieder in sein loch hinunter. die symbole der dreifaltigkeit und ihr gefolge heben sich in ruhe und gelaßenheit zum himmel empor. ich danke dir, schlange, du hast mir den rechten heraufgeholt. seine sprache ist allgemeinverständlich, denn sie ist persönlich. wir können wieder leben, ein langes leben. wir können jahrtausende verschwenden.

Wo beginnt, o ihr götter? im leid oder in der freude oder im zwischenliegenden mißgefühl? der anfang ist immer das kleinste, er beginnt im nichts. wenn ich dort anfange, so sehe ich den kopf „etwas", der ins meer des nichts fällt. es ist immer wieder ganz dort unten zu beginnen, wo das nichts sich weitet zur unumschränkten freiheit. noch ist nichts geschehen, noch hat die welt erst anzufangen, noch ist die sonne nicht geboren, noch ist das feste vom wässrigen nicht geschieden, noch sind wir nicht auf die schultern unserer väter gestiegen, denn auch unsere väter sind noch nicht geworden. sie sind erst gestorben und ruhen im schoosse unserer blutrünstigen europa. wir stehen im weiten, der schlange gegattet und sinnen nach, welcher stein der grundstein sein könnte zu den gebäuden / das wir noch nicht kennen. uraltes? es taugt zum symbol. wir wollen greifbares. wir sind müde der gespinste / welche der tag webt und die nacht auftrennt. der teufel soll es wohl schaffen / der läppische partisan mit afterverstand und gierigen händen? er kam hervor / der klumpen von mist / in dem die götter ihr ei geborgen haben. ich möchte mit einem fußtritt den unrath von mir stoßen / wenn das goldene korn nicht wäre im ekeln herzen der mißgestalt. herauf darum / sohn der finsterniß und des gestankes! wie fest du hältst am schutt und abraum der ewigen cloake. ich fürchte dich nicht / aber ich hasse dich / du bruder alles verwerflichen in mir. heute sollst du mit schweren hämern geschmiedet werden / daß dir das göttergold aus dem leibe spritzt. deine zeit ist um / deine jahre sind gezählt und heute ist dein jüngster tag angebrochen. deine hüllen sollen platzen / dein kern den golden wollen wir mit händen fassen und vom glitschigen schmutze befreien. du sollst frieren / teufel / denn wir schmieden dich kalt. stahl ist härter als eisen. du sollst dich unserer form fügen / du dieb des göttlichen wunders / du mutteraffe / der du deinen leib mit dem ei der götter fülltest und dir damit gewicht verleihst. darum sind wir an dir verflucht / nicht um deinetwillen / sondern um des goldkerns willen.

Was für dienstbare gestalten entsteigen deinem leibe / du diebischer abgrund! es sind wohl elementargeister / in faltige hüllen gekleidet / kabiren / von ergötzlicher mißgestalt / jung und doch alt / zwerghaft / verschrumpft / unscheinbare träger geheimer künste / besitzer der lächerlichen weisheit / erste formungen des ungeformten goldes / würmer / die dem befreiten ei der götter entkriechen / anfängliches / ungeborenes / noch unsichtbares. was soll uns euer erscheinen? welches sind die neuen künste / die ihr herauftragt aus der unzugänglichen schatzkammer / dem sonnendotter des göttereies? ihr habt noch wurzeln im erdreich wie pflanzen und seid thierische fratzen.

ds mensch-körpers/ ihr seid närrisch putzig/ unheimlich/ anfängli u. erdhaft. wir fassen euer wesen nicht/ ihr gnome/ ihr gegenstandsseelen. wo unternehmt ihr euern anfang. wollt ihr zu riesen werden/ ihr däumlinge? gehört ihr zum gefolge ds sohnes der erde? seid ihr die irdischen füße der gottheit? was wollt ihr/ sprecht!

Die Kabiren: wir komen dich zu grüßen als den herrn der niedern natur.
Ich: sprecht ihr zu mir? bin ich euer herr? **Die Kabiren:** du warst es nicht/ der du bist es jetzt. **Ich:** ihr sagt es. es sei angenomen. der was soll mir eure gefolgschaft? **Die Kabiren:** wir tragen das nicht zu tragende von unten nach oben. wir sind die säfte/ die auf geheime weise steigen/ nicht aus kraft/ sondern gesogen u. aus trägheit ans wachsende angeklebt. wir kenen die unbekanten wege u. die unerfindlichen gesetze ds lebendigen stoffs. wir tragen in ihm empor das/ was im erdhaften schlumert/ was tot ist u. der in lebendiges eingeht. wir thun das langsam u. einfach/ was du vergebens zu thun dich mühst auf deine menschliche weise. wir vollbringen das/ was dir unmöglich ist. **Ich:** was soll ich euch lassen? welche mühe kan ich euch abtreten? was soll ich nicht thun/ u. was thut ihr besser? **Die Kabiren:** du vergißest der trägheit ds stoffs. du willst emporreißen aus eigener kraft/ was der nur langsam steigen kan/ sich ansaugend/ nicht sich anklebend. laße das mühen/ sonst störst du unsere arbeit. **Ich:** soll ich euch vertrauen/ ihr unvertraulichen/ ihr knechte u. knechtsseelen? so geht ans werk. es sei.

darauf ließ ich 3 wochen lang jede arbeit an dieser sache ruhen.

Mir scheint/ ich ließ euch eine lange frist. nicht stieg ich zu euch hinunter/ nicht störte ich euer werk. ich lebte am licht ds tages u. that das werk ds tages. was schafftet ihr? **Die Kabiren:** wir trugen hinauf/ wir bauten. wir legten stein zu stein. so stehst du sicher. **Ich:** ich fühle festern grund. ich recke mich empor. **Die Kabiren:** wir schmiedeten dir ein blitzendes

schwert/ mit dem du den Knoten/ der um dich gewirrt ist/ zerhauen kannst.
Ich: ich fasse das schwert fest in meine hand. ich hole aus zum schlage.
Die Kabiren: wir legen auch den teuflisch kunstvoll geschlungenen knoten vor dich hin/ mit dem du verschlossen und versiegelt bist. schlag zu/ nur schärfe trennt ihn.
Ich: laßt ihn sehen/ den Knoten/ den vielfach geschlungenen! wahrlich ein meisterstück abgründiger natur/ ein tückisch natürlich durcheinander gewachsenes wurzelgeflecht! nur mutter natur/ die blinde weberin/ konnte solches geflechte wirken! ein großer knäuel von tausend kleinen Knötchen/ alles kunstvoll geschürzt/ verschlungen/ verwurzelt/ wahrhaftig/ ein menschengehirn! sehe ich klar? was thatet ihr? mein gehirn legt ihr vor mich hin! ein schwert gabt ihr mir in die hand/ damit seine blitzende schärfe mein eigenes gehirn zertrenne? was fällt euch ein?
Die Kabiren: der schooß der natur wob das gehirn/ der schooß der erde gab das eisen. so gab dir die mutter beides: verschlingung und zertrennung.
Ich: geheimnißvoll! ihr wollt mich wohl zum scharfrichter meines gehirns machen?
Die Kabiren: es kommt dir zu als dem herrn der niedern natur. der mensch ist in sein gehirn verflochten und ihm ist auch das schwert gegeben/ die verflechtung zu zerhauen.
Ich: was ist die verflechtung/ von der ihr sprecht? was ist das schwert/ das zertrennen soll?
Die Kabiren: die verflechtung ist dem wahnsinn/ das schwert ist bewältigung des wahnsinns.
Ich: ihr teufelsausgeburten/ wer sagt euch/ daß ich wahnsinnig sei? ihr erdgespenster/ ihr wurzeln aus lehm und koth/ seid ihr nicht selbst die wurzelfasern meines gehirns? ihr polypenschlinggewächse/ durcheinander gewirrte saftcanäle/ parasit auf parasit/ emporgesogen und emporbetrogen/ nächtlich heimlich übereinander emporgeklettert/ euch gilt die blitzende schärfe meines schwertes. ihr wollt mich überreden/ euch abzuhauen? ihr sinnt auf selbstzerstörung? wie kommt es/ daß natur sich geschöpfe gebiert/ die sich selber vernichten wollen?
Die Kabiren: zögere nicht. wir bedürfen der vernichtung/ denn wir sind die verflechtung selber. wer das neue land erobern will/

bricht der brücken hinter sich ab. laß uns nicht weiter bestehen. wir sind der tausend canäle, in denen alles auch wieder in seine anfänge zurück fließt. ich: soll ich meine eigenen wurzeln zerhauen? mein eigenes volk töten, dessen könig ich bin? soll ich meinen eigenen baum verdorren machen? ihr seid wahrhaftig söhne des teufels. der raben: schlag zu, wir sind diener, die für ihren herrn sterben wollen. ich: was geschieht, wenn ich zuschlage? der raben: dann bist du nicht mehr dein gehirn, sondern jenseits deines wahnsinns. siehst du nicht, dein wahnsinn ist dein gehirn, die grauenhafte verflechtung und verschlingung in der wurzel zusammenhänge, in dem canalnetze, der säfte verwirrung. der versunkenheit in das gehirn macht dich toll. schlag zu! wer den weg fand, steigt über sein gehirn empor. im gehirn bist du däumling, jenseits des gehirns gewinnst du riesengestalt.

wohl sind wir söhne des teufels, aber hast du nicht du uns aus der heißen und finstern geschmiedet? so haben wir von seiner und deiner natur. der teufel sagt, daß alles, was bestehe, auch werth sei, daß es zugrunde gehe. als söhne des teufels wollen wir vernichten, als deine geschöpfe aber wollen wir unsere eigene vernichtung. wir wollen durch den tod in dir aufgehen. wir sind wurzeln, die von allen seiten herbeizogen, nun hast du alles, was du brauchst, darum hau uns ab, reiß uns aus. ich: soll ich euch als diener missen? als herr bedarf ich der knechte. der raben: der herr bedient sich selbst. ich: ihr zweideutigen teufelssöhne, mit diesen worten ist es um euch geschehen. mein schwert treffe euch, dieser hieb soll für immer gelten. der raben: wehe, wehe! es ist geschehen, was wir fürchteten, was wir wünschten.

Ich habe meinen Fuß auf neues Land gesetzt.
Es soll nichts heraufgebrachtes zurückflie-
ßen. Es soll keiner niederreißen, was ich baute. Mein Thurm ist von Eisen und ohne Fu-
ge. Der Teufel ist in das Fundament geschmiedet. Die Kabiren bauten ihn und auf
der Zinne des Thurmes wurden die Baumeister
mit dem Schwerte geopfert. So wie ein Thurm den Gipfel des Berges überragt, auf dem er steht, so stehe ich über
meinem Gehirn, aus dem ich wuchs. Ich bin hart geworden und bin nicht wieder rückgängig zu machen. Ich
fließe nicht wieder zurück. Ich bin der Herr m-
einer selbst. Ich bewundere meine Herrlichkeit. Ich bin
stark und schön und reich. Die weiten Lande und der blaue
Himmel haben sich um mich gelegt und beugen sich meiner
Herrschaft. Ich diene niemand und niemand bedient sich meiner. Ich diene mir selber und bediene
mich selbst. Darum habe ich, was ich bedarf. Mein
Thurm wuchs für die Jahrtausende, unverlierbar. Er sinkt nicht zurück. Er kann aber überbaut werden und wird überbaut werden. Wenige
begreifen meinen Thurm, denn er steht auf einem
hohen Berge. Aber viele werden ihn sehen und ihn

accipe quod tecum est.
in collect. Mangeti in ultimis
paginis.

nicht begreifen. Darum wird mein Thurm unverbrannt bestehen. Niemand steigt an seinen glatten Wänden empor. Niemand setzt sich im Fluge auf seine Spitze. Da nur wer den verborgenen Eingang in den Berg findet und durch die Irrgänge der Eingeweide emporsteigt, mag in den Thurm gelangen und zu der Herrlichkeit des Schauenden und des aus sich selbst Lebenden. Solches ist erreicht und geschaffen. Nicht ist es geworden aus Flickwerk von Menschengedanken, sondern es ist aus der Glühheiße der Eingeweide geschmiedet. Die Natur selber trug den Stoff zu Berge und weihte das Gebaute mit ihrem Blute als die einzige, die um das Geheimniß seiner Entstehung wissen. Ich schaffte es aus dem untern und obern und nicht aus der Fläche der Welt. Darum ist es neu und fremd und überragt die menschenbewohnte Ebene. Dieß ist das Feste und der Anfang.

Ich habe mich mit der Schlange des Jenseitigen vereinigt. Ich habe alles Jenseitige in mir angenommen. Darauf baute ich meinen Anfang. Als dieses Werk vollendet war, freute ich mich und es befiel mich Neugier zu wissen, was noch in meinem Jenseits sein könnte. Ich trat deshalb zu meiner Schlange und fragte sie

freundli / ob sie ni hinüber kriech wolle / um mir kunde
z bring v d / was im jenseits geschah · d schlange aber
war matt v sagte / sie hätte keine lust · i: i will ni er=
zwing / aber vielleicht / wer weiß? erfahr wir do sinnreich.
d schlange zögerte no eine weile / dan verschwand sie in
d tiefe · bald hörte i ihre stime: v gruß / glaube i in d
hölle · hier ist ein gehenkter ·· ein unansehnlicher / häß=
licher mensch mit verzerrt gesicht steht vor mir · er hat
abstehende ohr v ein buckel · er sagt: i bin ein gift=
mörder / der durch d strang gerichtet wurde · i: was hast
du den gethan? er: i habe meine eltern v meine
frau vergiftet · i: warum thatest du das? er: zu eh=
re gotts · i: wie sagst du? zu ehre gotts? was meinst
du damit? er: erstens geschieht doch alles / was geschieht /
zu ehre gotts / v zweitens hatte i meine besondern ideen ·
i: was dachtest du den? er: i liebte sie v wollte sie aus
eim elend leb heraus rasch in d ewige seligkeit hin=
überbring · i gab ihn ein stark / zu stark schlummer=
trank · i: hast du dabei nicht dein eigen vorth=
eil gesund? / er: i blieb allein zurück v war sehr
unglückli · i wollte am leb bleib um meiner zwei
kinder will / für die i eine bessere zukunft voraus=
sah · i war körperli gesunder als meine frau / deß=

halb wollte ich am leben bleiben. ich: war deine frau mit dem morde
einverstanden? er: nein/ sie wäre es gewiß nicht gewesen/ aber
sie wußte nichts von meinen absichten. leider wurde der mord
entdeckt und ich wurde zum tod verurtheilt. ich: hast du jetzt
im jenseits deine angehörigen wieder gefunden? er: das
ist eine merkwürdig unsichere geschichte. ich vermuthe/ sie
sei wohl in der hölle. bisweilen ist es mir/ als sei meine
frau auch da/ bisweilen weiß ich auch das nicht bestimmt/ eben=
sowenig als ich meiner selbst sicher bin. ich: wie ist es? erzä=
hle. er: bisweilen scheint sie mit mir zu sprechen und ich gebe
ihr antwort. aber wir haben bis jetzt gar nie vom
morde und auch nichts von unsern kindern gesprochen. wir
reden nur hie und da zusammen und dann immer von gleichgültigen
dingen/ von kleinen sachen aus unserm frühern täglichen
leben/ aber ganz unpersönlich/ wie wenn wir uns weiter
nichts angiengen. ich begreife es selber nicht/ wie es eigentlich
ist. von meinen eltern merke ich noch weniger/ meine
mutter habe ich/ glaube ich/ noch gar nie angetroffen. mein
vater war einmal da und sagte etwas von seiner tabaks=
pfeife/ die er irgendwo verloren habe. ich: aber womit
verbringst du deine zeit? er: ich glaube/ bei uns
giebt es gar keine zeit/ man kann sie darum auch
nicht verbringen. es geschieht rein garnichts. ich: ist der

nicht überaus langweilig? Er: Langweilig? Daran habe ich überhaupt noch nicht gedacht. Langweilig? Vielleicht / jedenfalls giebt es nichts Interessantes. Eigentlich ist alles gleichgültig. Ich: Plagt euch der Teufel nie? Er: Der Teufel? Ich habe nichts von ihm gesehen. Ich: Aber du kommst doch aus dem Jenseits und solltest nichts zu erzählen wissen? Das ist kaum glaublich. Er: Als ich noch einen Körper hatte / habe ich auch oft gedacht / es wäre gewiß interessant / einmal mit einem zu sprechen / der nach dem Tode wiederkehrte. Jetzt kann ich aber nichts daran finden. Wie gesagt / bei uns ist alles unpersönlich und rein sachlich. Ich glaube / so sagt man. Ich: Das ist ja trostlos. Ich nehme an / du seiest in der tiefsten Hölle. Er: Meinetwegen. Ich kann wohl gehen? Lebe wohl. Er verschwand plötzlich. Ich wandte mich aber zur Schlange und sagte: Was soll dieser langweilige Gast aus dem Jenseits bedeuten? S: Ich traf ihn drüben / unstät herumtappend / wie so viele andere. Ich griff ihn heraus als den nächsten besten. Er ist ein gutes Beispiel / will mir scheinen. Ich: Aber ist das Jenseits so farblos? S: Es scheint so; es giebt dort nur Bewegung / wenn ich hinüber komme. Sonst wogt alles bloß schattenhaft auf und ab. Das Persönliche fehlt gänzlich. Ich: Was ist es denn mit dieser verfluchten Persönlichkeit? Satanas machte mir neulich einen starken Eindruck, als ob er die Quintessenz der Persönlichkeit wäre. S: Natürlich, er ist ja der ewige Widersacher, denn persönliches Leben bringst du nie in Einklang mit absolutem Leben. I: Kann man diese Gegensätze denn nicht vereinigen? S: Es sind ja keine Gegensätze, sondern bloße Verschiedenheiten. Du wirst den Tag auch nicht den Gegensatz des Jahres oder den Scheffel den Gegensatz der Elle nennen. I: Das ist einleuchtend, aber etwas langweilig. S: Wie immer, wenn man vom Jenseits spricht. Es trocknet immer mehr aus, besonders seitdem wir die Gegensätze ausgeglichen und uns geheirathet haben. Ich glaube, die Toten sind bald am Aussterben.

Der Teufel ist die Summe des Dunkeln der menschlichen Natur. Nach dem Bilde Gottes zu sein, strebt der, der im Lichte lebt, nach dem des Teufels der, der im Dunkeln lebt. Weil ich im Lichte leben wollte, darum erlosch mir die Sonne, als ich die Tiefe berührte. Sie war dunkel und schlangenhaft. Ich habe mich mit ihr vereinigt und sie nicht überwältigt. Meinen Theil der Erniedrigung und Unterwerfung nahm ich auf mich, indem ich die Natur der Schlange mir beigesellte. Hätte ich das schlangenhafte nicht angenommen / dann hätte der teufel / der quintessenz aller schlangenhaften / dieses stück macht über mich behalten. und dann hätte der teufel einen griff gefunden und er hätte mich gezwungen / mit ihm zu paktieren / wie er auch den Faust listig dazu betrog. ich kam ihm aber zuvor / indem ich mich mit der schlange vereinigte / wie ein mann sich mit einem weibe eint. so entzog ich dem teufel die möglichkeit des einflusses / der immer nur durch das eigene schlangenhafte geht / das man gewöhnlich dem teufel zuschreibt / anstatt sich selber. Mephistopheles ist Satan / angethan mit meiner schlangenhaftigkeit. Satan selber ist die quintessenz des bösen / nackt und darum ohne verführung / nicht einmal gescheidt / sondern bloße verneinung ohne überzeugende kraft. so widerstand ich seinem zerstörenden einfluß und griff ihn und schmiedete ihn fest. seine nachkommenschaft diente mir / und ich opferte sie mit dem schwerte. so bildete ich einen festen bau. dadurch erlangte ich selber festigkeit und dauer und konnte den schwankungen des persönlichen widerstehen. dadurch ist das unsterbliche an mir gerettet. indem ich das dunkle aus meinem jenseits in den tag hinüberzog / entleerte ich mein jenseits. damit verschwanden die ansprüche der toten / denn sie wurden gesättigt.

ich bin von den toten nicht mehr bedroht / denn ich nahm ihre ansprüche auf / und indem ich die schlange aufnahm. dadurch habe ich aber auch etwas totes in meinen tag hinübergenommen. aber es war nothwendig / denn der tod ist das dauerhafteste aller dinge / das / was nicht wieder rückgängig gemacht werden kann. der tod verleiht mir dauerhaftigkeit und festigkeit. solange ich nur meine ansprüche sättigen wollte / war ich persönlich und darum im sinne der welt lebendig. als ich aber die ansprüche der toten in mir anerkannte und sie sättigte / gab ich mein früheres persönliches streben auf und die welt mußte mich für einen toten halten. denn eine große kälte kommt über den / der im übermaß seines persönlichen strebens die ansprüche der toten erkannt hat und ihn zu sättigen versucht. wohl fühlt er dann / als ob ein geheimes gift die lebendigkeit seiner persönlichen beziehungen gelähmt hätte / aber auf der andern seite / in seinem jenseits schweigt die stimme der toten / die bedrohung / die angst und die unrast hören auf. denn alles / was vordem hungrig in ihm lauerte / lebt nunmehr mit ihm in seinen tagen. sein leben ist schön und rein / denn er ist sich selber. häßlich aber ist der / der immer nur das glück der andern will / denn er verkrüppelt sich selbst. Ein Mörder ist der, der andere zur Seligkeit zwingen will, denn er tötet sein eigenes Wachsthum. Ein Narr ist der, der aus Liebe seine Liebe austilgt. Ein solcher ist persönlich am andern. Sein Jenseits ist grau und unpersönlich. Er drängte sich andern auf, darum ist er verflucht, in einem kalten Nichts sich sich selber aufzudrängen. Der, der den Anspruch der Toten erkannt hat, hat seine Häßlichkeit in das Jenseits verbannt. Er drängt sich nicht mehr gierig andern auf, er lebt einsam, in Schönheit und spricht mit den Toten. Einmal ist aber auch der Anspruch der Toten gesättigt. Wenn man dann noch in der Einsamkeit verharrt, dann schwindet das Schöne in das Jenseits und das Oede kommt in das Diesseits. Nach der Weiße kommt eine schwarze Stufe, immer sind Himel und Hölle da.

noch bemerkte ich nicht, daß ich selber dieser Mörder war.

Als ich nunmehr der Schönheit in mir und mit mir selber gesund halte, sprach ich zu meiner Schlange: Ich blicke zurück wie auf gethane Arbeit. Schlange: Noch ist nichts vollendet. Ich: Wie meinst du? Nichts vollendet? Schl: Es fängt erst an. Ich: Mir scheint, du lügst. Schl: Mit wem haderst du? Weißt du es besser? Ich: Ich weiß

ni'/ab' i'habe mi' bereit' mit d' gedank' v'traut ge=
macht/wir hält' ein ziel/wenigsten' ein vorläufiges/
erreicht. wenn sogar die tot' am aussterb' sind/was
soll da no' na'kom'? sl: dan müss' do' ers' d' leb'=
d' z'leb' anfang'. i': diese bemerk' könte zwar
tiefsinnig sein/scheint si' ab' auf ein' witz z'beschränk'?
sl: du wir' keck. i' scherze ni'. ers' no' hat das leb'
anz'fang'. i': was versteh' du unt' leb'? sl: i'
sage/das leb' hat no' anz'fang'. ha' du di' heute
ni' leer gefühlt? nen' du das leb'? i': es i' wahr/
was du sag'. ab' i' bemühe mi'/all' so gut wie mög
li' z'find' u' mi' leicht z'fried' z'geb'. sl: das kön=
te au' sehr bequem sein. du darf' ab' u' soll' weit
höhere ansprüche mach'. i': mir graut davor.
i' will zwar gar ni' denk'/dass i' s' selb' befriedig'
könte/ab' i' traue au' dir ni' z'/dass du s' sättig'
köntes'. es mag sein/dass i' dir wied' einmal z'
wenig v'traue. daran mag schuld sein/daran mag
dass i' di' seit kurz' so mensch'li' angenähert/so
urban fand. sl: das beweist nichts. bilde dir
nur nicht ein/du könnes' mi' irgendwie umfass'
u' mi' dir einv'leib'. i': also/was soll es sein?
i' bin bereit. sl: du ha' anspru' auf belohn' für

das bisher vollendete. Ich: ein süßer gedanke/ daß es
dafür einen lohn geben soll. El: ich gebe den lohn den du im
bilde schaue:

Elias und Salome! der kreis=
lauf ist vollendet/ und die pforten des
mysteriums haben sich wieder aufge=
than. Elias führt Salome/
die sehende/ an der hand. sie schlägt
erröthend und liebend die augen
nieder. E: hier gebe ich dir Sal.
sie sei dein. Ich: um gotteswillen/ was soll ich mit
Sal.? ich bin schon verheirathet und wir sind nicht bei
den türken. E: du hülfloser mensch/ wie bist du schwerfällig.
ist sie nicht ein schönes geschenk? ist ihre heilung nicht dein
werk? willst du ihre liebe nicht annehmen als den
wohlverdienten lohn für deine mühe? Ich: mir
scheint/ als ob dieß ein sonderbares geschenk wä=
re/ wohl eher eine last als eine freude. Ich freue mich
daß Sal. mir dankbar ist und mich liebt. Ich liebe sie
auch/ einigermaßen. übrigens die mühe/ die ich mit
ihr hatte/ war mir/ wörtlich genommen/ eher aus=
gepreßt/ als daß ich sie freiwillig und absichtlich gelei=
stet hätte. wenn diese/ meinerseits unabsichtliche

tortur ein~ so gut~ erfolg hatte/ so bin i~ s~on ganz
z' fried~. Sal. z' Elias: laß ihn/ er i~ ein sond°
bar° mens~. weiß d° Himel/ was er für beweg-
gründe hat/ ab° es s~eint ihm ern~ damit z'
sein. i~ bin do~ ni~ häßli~ u~ bin für viele gewiß
begehrenswerth. z' mir: warum s~läg~ du mi~
aus? i~ will deine magd sein u~ dir dien~. i~
will vor dir sing~ u~ tanz~/ i~ will für di~ die
laute s~lag~/ i~ will di~ tröst~/ wen~ du traurig
bi~/ i~ will mit dir lach~/ wen~ du fröhli~ bi~. i~
will all deine gedank~ in mein~ herz~ trag~:
die worte/ die du z' mir sprich~/ will i~ küß~. i~
will jed~ tag für di~ ros~ pflück~ u~ alle meine ge=
dank~ soll~ allezeit di~ erwart~ u~ umgeb~. I:
i~ danke dir für deine liebe. es i~ s~ön/ von liebe
sprech~ z' hör~. es i~ musik u~ alt~ fern~ heimweh.
du sieh~/ meine thrän~ fall~ auf deine gut~ worte.
i~ möchte vor dir knie~ u~ hundertmal deine
hand küß~/ weil sie mir liebe s~enk~ wollte. du
sprach~ so s~ön von liebe. man kan~ nie genug
von liebe sprech~ hör~. Sal: warum nur spre~?
i~ will dein sein/ ganz dir gehör~. I: du bi~ wi~
im XI cap. d' mysterienspiel. d~ s~lange/ d° mi~ umwand u~ mein bluth au=

preßte · deine süßen worte umwinden mich und ich stehe wie
ein gekreuzigter · Sal: warum immer noch ein gekr=
euzigter? ich: siehst du nicht, daß unerbittliche noth=
wendigkeit mich ans kreuz geschlagen hat? es ist die
unmöglichkeit, die mich lähmt · Sal: willst du nicht
die nothwendigkeit durchbrechen? ist das überhaupt eine
nothwendigkeit, was du so nennst? ich: höre, ich zweifle
daran, daß es deine bestimmung sei, mir anzugehören. ich
will mich nicht in dein dir allein eigenes leben einmischen,
denn ich kann dir nie helfen, es zu ende zu führen. und was
gewinnst du, wenn ich dich einmal weglegen muß wie
ein getragenes kleid? Sal: deine worte sind grau=
sam. aber ich liebe dich so, daß ich mich selber auch weglegen
könnte, wenn deine zeit gekommen ist · ich: ich weiß, daß
es mir größte qual wäre, dich so weggehen zu lassen. aber
wenn du es für mich thun kannst, so kann ich es auch für dich.
ich würde ohne klage weitergehen, denn ich vergesse jenen
traum nicht, wo ich meinen körper auf spitzen nägeln und
ein ehernes rad über meine brust, sich zermalmend, roll-
en sah · ich muß an diesen traum denken, wenn immer ich an lie=
be denke · wenn es sein muß, ich bin bereit · Sal: ich
will ein solches opfer nicht. ich wollte dir freude bringen.
kann ich dir keine freude sein? ich: ich weiß nicht, viel=

leer/ vielleicht auch nicht. Sal: so versuche doch wenigstens.
I: der versuch kommt der that gleich. solche versuche sind kost=
spielig. Sal: willst du es dir nicht für mich kosten lassen?
I: ich bin etwas zu schwach/ zu entkräftet nach dem/ was ich
um dich gelitten/ um noch im stande zu sein/ weitere
ausgaben für dich zu machen. ich könnte es nicht tragen.
Sal: wenn du mich nicht nehmen willst/ so kann ich doch
dich nicht nehmen? I: es handelt sich wohl nicht ums
nehmen/ sondern wenn es sich um etwas handelt/ dann
ums geben. Sal: ich gebe mich dir ja. nimm mich nur
an. I: wenn es nur daran läge! aber die umspinnung
mit liebe! es ist gräßlich/ nur daran zu denken. Sal:
du verlangst wohl/ daß ich sei und zugleich nicht sei. das
ist unmöglich. was fehlt dir? I: mir fehlt es an
kraft/ ein weiteres schicksal auf meine schultern zu
laden. ich habe genug zu schleppen. Sal: aber wenn ich dir
helfe/ diese last zu tragen? I: wie kannst du? du hättest
mich zu tragen/ eine widerspenstige last. habe ich sie nicht
selber zu tragen? E: du sprichst die wahrheit. ein jeder
trage seine last. wer andern seine last aufbürdet/
ist ihr sklave. es sei keinem zu schwer/ sich selber zu schleppen.
Sal: aber vater/ könnte ich ihm nicht einen theil seiner
last tragen helfen? E: dann wäre er dein sklave.

S: od° mein herr u. gebiet°. I: das will i. ni.t sein.
du sollst ein frei° mens. sein. I. kan wed° sklav-
no. herr- ertrag-. I. sehne mi. na. mens-: S:
bin i. ni.t ein mens.? I: sei dein eigen° herr u.
dein eigen° sklave / gehöre ni.t mir / sondern
dir. trage ni.t meine last / sondern deine. so läßt-
est du mir meine mensliche freih.t / ein ding /
das mir mehr werth ist / als das eig.thums-
recht über ein- mens-. S: schickst du mi. weg?
I: i. schicke di. ni.t weg. du mögest mir ni.t ferne sein. ab° gieb mir ni.t aus dein° sehnsucht /
sondern aus dein° fülle. I. kan deine armuth
ni.t sättig- / wie du meine sehnsu.t ni.t still- kanst.
wen du eine reiche ernte hast / so schenke mir ein
par früchte dein° gartens. wen du an über fluß
leidest / dan will i. aus d- über quellend- horn dei-
ne° freude trink-. I. weiß / das wird mir labe sein.
I. kan mi. nur am tische d° satt- sättig- / ni.t and-
leer- schüsseln d° sehnsüchtig-. I. will mir mein-
lohn ni.t stehl-. du besitzest ni.t / wie kanst du
geb-? du forderst / und du schenkst. Elias /
alt° / höre: du hast eine seltsame dankbark.t.
v° schenke deine tocht° ni.t / sondern stelle sie auf

eigene süße. sie mag tanzen, singen oder die laute
schlagen vor den leuten, und sie mögen ihr blinkende mün-
zen vor die füße werfen. Salome, ich danke dir
für deine liebe. wenn du mich wahrhaft liebst,
tanze vor der menge, gefalle den leuten, daß sie deine
schönheit und deine kunst preisen. und wenn du reiche
ernte gehalten hast, dann wirf mir eine deiner rosen
durchs fenster. und wenn der born der freude dir über-
quillt, so tanze und singe auch mir einmal. ich sehne
mich nach der freude der menschen, nach ihrer sattheit und
zufriedenheit und nicht nach ihrer bedürftigkeit. S: was
bist du für ein harter und unverständlicher mensch.
E: du hast dich verändert, seitdem ich dich das letzte mal
sah. du sprichst eine andere sprache, die mir fremdartig klingt. Ich: mein lieber alter, ich glaube
gerne, daß du mich verändert findest. aber auch mit
dir scheint eine veränderung vorgegangen zu sein. wo
hast du denn deine schlange? E: die ist mir abhanden-
gekommen. ich glaube, sie wurde mir gestohlen. seitdem
gieng es bei uns etwas trübselig zu. ich wäre darum froh gewesen, wenn du dich wenigstens meiner
tochter angenommen hättest. Ich: ich weiß, wo deine schlange ist. ich habe sie. wir holten sie aus der unterwelt. sie

giebt mir härte/weisht u magische gewalt. wir bedurft-
ihr in d ob welt/denn sonst hätte die unt welt d vor=
theil gehabt/uns z schad. E: weh dir v fluchte
räub/gott strafe di. I: dein fluch is kraftlos. wo
d slange besitzt/d erreicht kein fluch. nun alt sei
klug: wo d weisht besitzt/sei ni gierig na macht.
nur d besitzt d macht/d sie ni ausübt. salome
weine nicht/nur d is glück/w du selb schaffst u
nicht w du bekommst: v schwindet/meine betrübt
freunde/es is spät in d nacht. elias nimm d falsch
macht schimm von dein weisht/u du salome/um un=
ser liebe will/v giss ni z tanz.

ls all' in mir vollendet war/kehr=
te i unerwartet wied z myster=
ium z'rück/z' jen erst anblick
d j-seitig mächte d geist u d be=
gehrens. so wie i die lust an mir
u d macht üb mi erreicht hatte/
so hatte salome die lust an si verlor/ab d liebe z
andern gelernt/u so hatte elias d macht sein weisht
verlor/ab d geist d andern anerkenn gelernt.
so hat salome d macht d verführ eingebüßt u is z

liebe geworden. da ich den lust an mir gewonnen habe, will
ich auch die liebe zu mir. das wäre wohl zu viel und würde
einen eisernen ring um mich legen, der mich erstickt. als lust
nahm ich salome an, als liebe weise ich sie zurück. aber
sie will zu mir. wie, soll ich auch liebe zu mir selber haben?
die liebe, glaube ich, gehöre zu andern. aber meine liebe
will zu mir. ich fürchte mich vor ihr. die macht meiner den=
ken möge sie von mir stoßen, in die welt, in die dinge, zu
den menschen. denn etwas soll doch die menschen zusammenschließen, etwas
soll doch brücke sein. schwerste versuchung, wenn sogar meine
liebe zu mir will! mysterium, öffne deinen vorhang
aufs neue. ich will diesen kampf durchfechten. komme
herauf, schlange vom dunkeln abgrund. ich höre sa=
lome noch immer weinen. was will sie noch oder was
will ich noch? das ist ein verfluchter lohn, den du mir zu=
gedacht hast, ein lohn, den man ohne opfer nicht anrüh=
ren kann. der noch größere opfer erfordert, wenn man ihn
angerührt hat. schlange: willst du denn ohne opfer
leben? das leben muß dir doch etwas kosten? ich: ich habe, glau=
be ich, bereits bezahlt. ich habe salome ausgeschlagen. ist
das nicht opfer genug? schl: für dich zu wenig. wie gesagt,
du darfst anspruchsvoll sein. ich: du meinst wohl mit
deiner verdammten logik: anspruchsvoll im opfer? so ha=

be i' es all° dings ni't v°stand-. i' habe mi' wohl z' mein-
vortheil gekäuft. sage mir, i' es ni't genug, wen i'
mein gefühl in d- hint°grund dräng? sl: du drä=
ngs' ja dein gefühl gar ni't in d- hint°grund, son=
dern es paßt dir viel beß°, d- kopf für salome ni't
mehr weit° z°bre- z' müß-. i': es i' slim, wen
du dir d° wahrh' spri'. i' d' d° grund, daß salo=
me no' im° weint? sl: ja, d' i' d° grund. i': ab°
was i' da z' thun? sl: o, du will' thun? man kan
au' denk-. i': do', w' i' z' d-k-. i' gestehe, i' weiß
hier ni'ts z' d-k-. viellei't weißt du rath. i' habe
d' gefühl, als müßte i' üb° mein- eigen- kopf
emporsteig-. d' kan i' ni't. w' d-k' du? sl: i' d-=
ke ni'ts u- weiß au' kein- rath. i': so frage d- jensei=
tig-, fahre z° hölle od° z- himel, viellei't giebt es
dort rath. sl: mir zieht es na' ob-. da v°wandelte
si' d- slange in ein- klein- weiß- vogel, d° si' em=
pors'wang in d- wolk-, wo er v°swand. i' blickte
ihm lange na'. d° vogel: hör' du mi'? i' bin ferne.
d° himel i' so weit weg. d- hölle i' viel näh° bei d°
erde. i' fand etw' für di', eine v°laßene krone.
s' lag auf ein° straße in d- unermeßli- himels=
räum-, eine goldene krone.. u- s'on liegt s' in

1959

Ich habe an diesem Buch 16 Jahre lang gearbeitet. Die Bekanntschaft mit der Alchemie 1930 hat mich davon weggenommen. Der Anfang vom Ende kam 1928, als mir Wilhelm den Text der „Goldenen Blüte", eines alchemistischen Traktates sandte. Da fand der Inhalt dieses Buches den Weg in die Wirklichkeit und ich konnte nicht mehr daran weiterarbeiten. Dem oberflächlichen Betrachter wird es wie eine Verrücktheit vorkommen. Es wäre auch zu einer solchen geworden, wenn ich die überwältigende Kraft der ursprünglichen Erlebnisse nicht hätte auffangen können. Mit Hilfe der Alchemie konnte ich sie schliesslich in ein Ganzes einordnen. Ich wusste immer, dass jene Erlebnisse Kostbares enthielten und darum wusste ich nichts Besseres als sie in einem „kostbaren" d.h. theuren Buch aufzuschreiben und die beim Wiederdurchleben auftretenden Bilder zu malen – so gut dies eben ging. Ich weiss, wie erschreckend inadaequat diese Unternehmung war, aber trotz vieler Arbeit und Ablenkung blieb ich ihr getreu, auch wenn ich nie eine andere

Möglichkeit

付　録

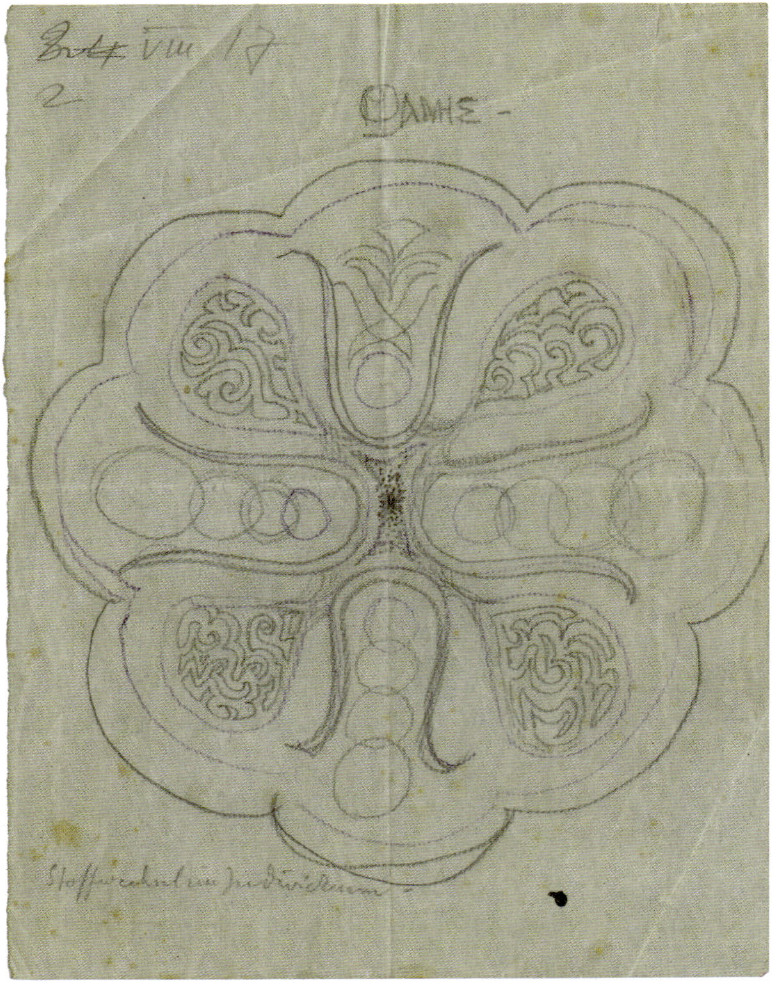

マンダラ・スケッチ1

『赤の書』邦訳409頁、あるいは『赤の書［テキスト版］』邦訳649頁を参照。

マンダラ・スケッチ 2

『赤の書』邦訳409頁、あるいは『赤の書［テキスト版］』邦訳650頁を参照。

マンダラ・スケッチ3

『赤の書』邦訳409頁、あるいは『赤の書［テキスト版］』邦訳651頁を参照。

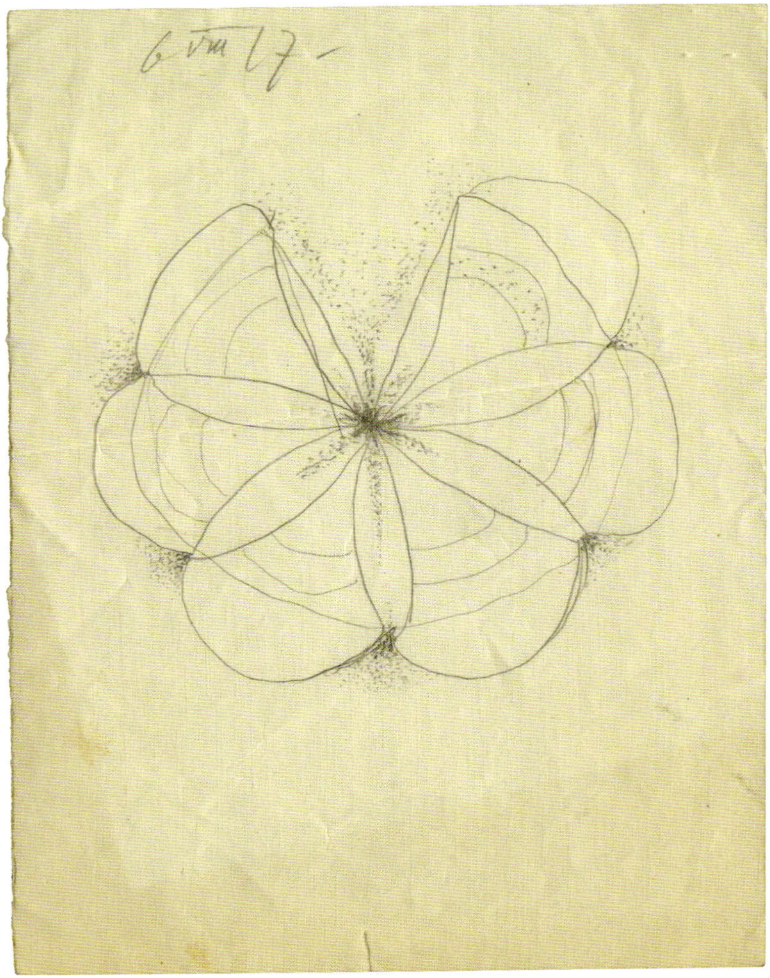

マンダラ・スケッチ4

『赤の書』邦訳409頁、あるいは『赤の書［テキスト版］』邦訳652頁を参照。

マンダラ・スケッチ5

『赤の書』邦訳410頁を参照。

マンダラ・スケッチ6

『赤の書』邦訳410頁を参照。

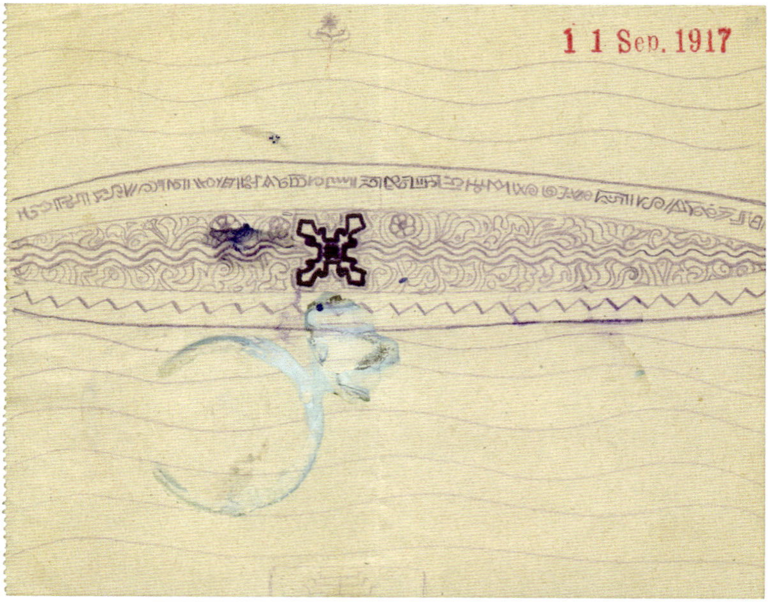

マンダラ・スケッチ7
『赤の書』邦訳410頁を参照。

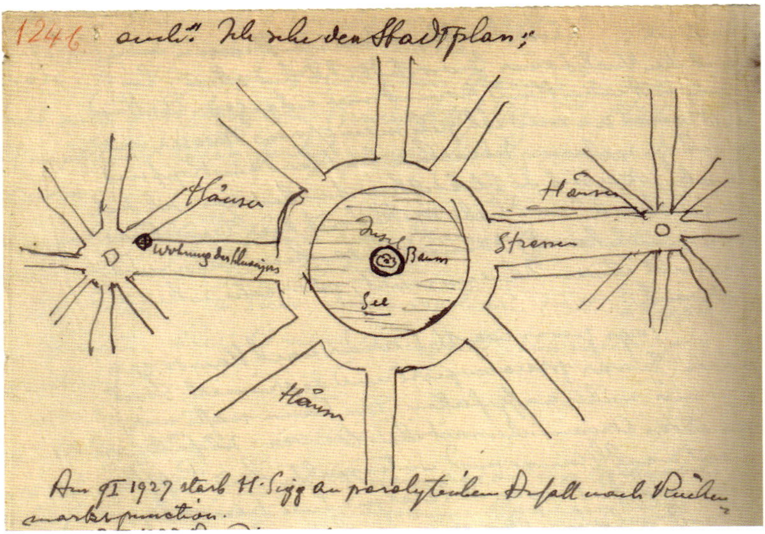

町の地図のスケッチ

『赤の書』邦訳410頁、あるいは『赤の書［テキスト版］』邦訳653頁を参照。

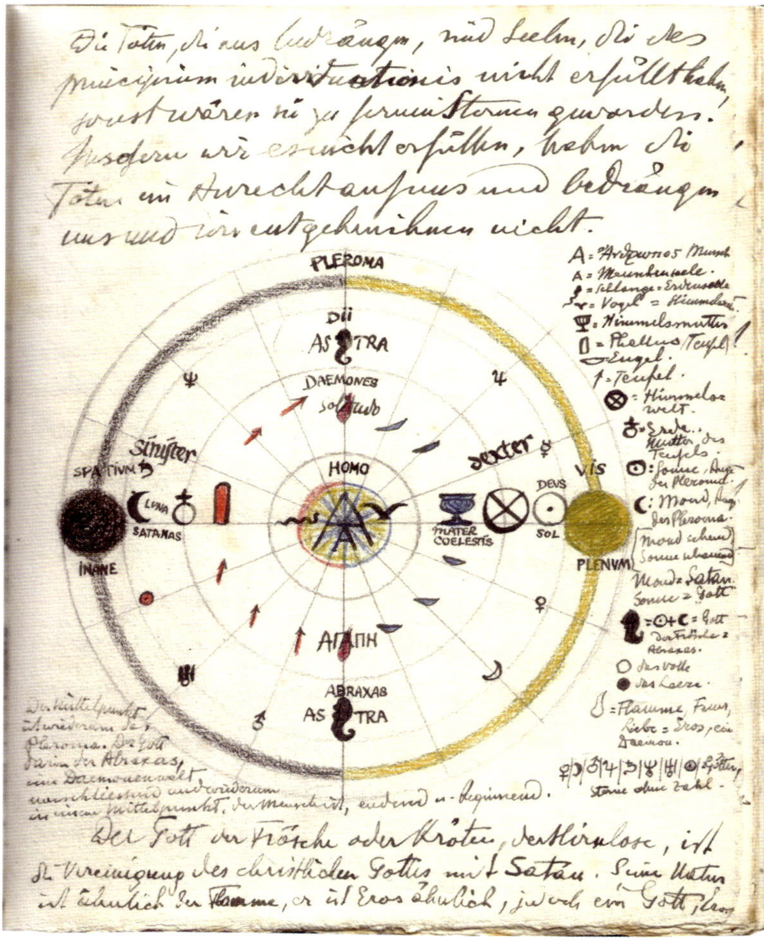

「世界の体系（*Systema Munditotius*）」のスケッチ

『赤の書』邦訳411頁を参照。

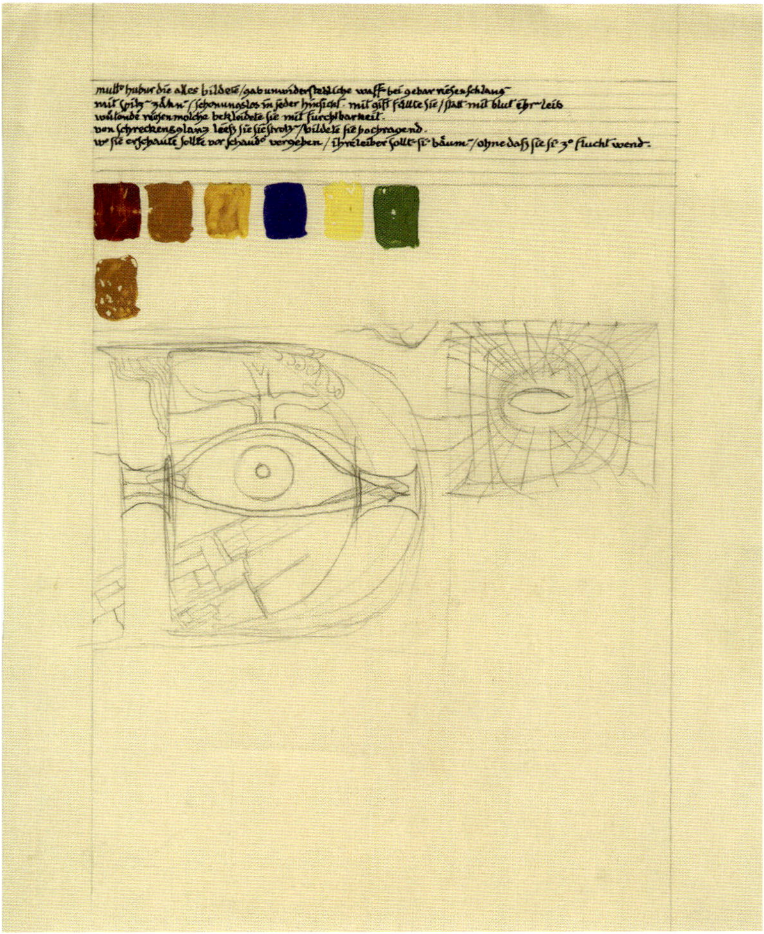

「第二の書」の最初のスケッチ

『赤の書』邦訳411頁を参照。

世界の体系（*Systema Munditotius*）
『赤の書』邦訳412頁、あるいは『赤の書［テキスト版］』邦訳654頁を参照。